ÁLVARO **ANDRINI**
MARIA JOSÉ **VASCONCELLOS**

PRATICANDO
MATEMÁTICA

edição
renovada

4ª edição
São Paulo, 2018

Dados Internacionais de Catalogação na Publicação (CIP)
(Câmara Brasileira do Livro, SP, Brasil)

Andrini, Álvaro
 Praticando matemática 6 / Álvaro Andrini, Maria José Vasconcellos. – 4. ed. renovada. – São Paulo: Editora do Brasil, 2018. – (Coleção praticando matemática)

 Suplementado pelo manual do professor.
 Bibliografia
 ISBN 978-85-10-06853-6 (aluno)
 ISBN 978-85-10-06854-3 (professor)

 1. Matemática (Ensino fundamental)
 I. Vasconcellos, Maria José. II. Título. III. Série.

18-16822   CDD-372.7

Índices para catálogo sistemático:
1. Matemática: Ensino fundamental 372.7
Maria Alice Ferreira - Bibliotecária - CRB-8/7964

© Editora do Brasil S.A., 2018
Todos os direitos reservados

Direção geral: Vicente Tortamano Avanso

Direção editorial: Felipe Ramos Poletti
Gerência editorial: Erika Caldin
Coordenação de arte: Cida Alves
Supervisão de revisão: Dora Helena Feres
Supervisão de iconografia: Léo Burgos
Supervisão digital: Ethel Shuña Queiroz
Supervisão de controle de processos editoriais: Marta Dias Portero
Supervisão de direitos autorais: Marilisa Bertolone Mendes

Supervisão editorial: Valéria Elvira Prete
Edição: Igor Marinho Guimarães da Nóbrega
Assistência editorial: Andriele de Carvalho Landim e Cristina Silva dos Santos
Auxílio editorial: Fernanda Carvalho
Coordenação de revisão: Otacilio Palareti
Copidesque: Gisélia Costa e Ricardo Liberal
Revisão: Alexandra Resende, Andréia Andrade, Elaine Fares e Maria Alice Gonçalves
Pesquisa iconográfica: Elena Ribeiro e Thais Falcão
Assistência de arte: Leticia Santos
Design gráfico: Andrea Melo
Capa: Patrícia Lino
Imagem de capa: Ivansmuk/Dreamstime.com com pesquisa iconográfica de Daniel Andrade
Ilustrações: DAE, Danillo Souza, Estúdio Ornintorrinco, Hélio Senatore, Ilustra Cartoon, Jorge Zaiba, Leonardo Conceição, Marcelo Azalim, Paulo José, Pedro Sotto, Reinaldo Rosa, Reinaldo Vignati, Ronaldo Barata e Zubartez.
Produção cartográfica: DAE e Sônia Vaz
Coordenação de editoração eletrônica: Abdonildo José de Lima Santos
Editoração eletrônica: Adriana Albano, Armando F. Tomiyoshi, Débora Jóia, Gabriela César, Gilvan Alves da Silva, José Anderson Campos e Sérgio Rocha
Licenciamentos de textos: Cinthya Utiyama, Paula Harue Tozaki e Renata Garbellini
Controle de processos editoriais: Bruna Alves, Carlos Nunes, Jefferson Galdino, Rafael Machado e Stephanie Paparella

4ª edição / 1ª impressão, 2018
Impresso na Meltingcolor Gráfica e Editora Ltda.

Rua Conselheiro Nébias, 887
São Paulo, SP – CEP 01203-001
Fone: +55 11 3226-0211
www.editoradobrasil.com.br

APRESENTAÇÃO

Prezado aluno,

Você já deve ter perguntado a si mesmo, ou a seu professor:
"Para que eu devo estudar Matemática?"
Há três respostas possíveis:

1. A Matemática permite que você conheça melhor a realidade.
2. A Matemática pode ajudar você a organizar raciocínios.
3. A Matemática pode ajudar você a fazer descobertas.

Este livro e as orientações de seu professor constituem um ponto de partida.
O caminho para o conhecimento é você quem faz.

Os autores

"Não há ramo da Matemática, por mais abstrato que seja, que não possa um dia vir a ser aplicado aos fenômenos do mundo real."

Lobachevsky

Agradecemos ao professor
Eduardo Wagner
pelos comentários e sugestões
que contribuíram para a melhoria
deste trabalho.

SUMÁRIO

UNIDADE 1 – Sistema de numeração decimal

1. Um pouco da história dos números............ 7

2. Criando símbolos e regras..................... 10

3. O sistema de numeração decimal e os algarismos indo-arábicos...................... 14

4. Leitura e escrita de números no sistema de numeração decimal.................. 16

UNIDADE 2 – Números naturais

1. Os números naturais e os processos de contagem............................ 25

2. A reta numérica e os números naturais...... 28

UNIDADE 3 – Adição e subtração de números naturais

1. As ideias da adição e da subtração............ 35

2. Cálculo mental nas adições e nas subtrações............................. 40

3. Estimando por arredondamento................. 42

UNIDADE 4 – Multiplicação e divisão de números naturais

1. As ideias da multiplicação................................. 49

2. As ideias da divisão....................................... 54

3. Expressões numéricas..................................... 62

4. Propriedade distributiva da multiplicação... 66

5. Vamos resolver mais problemas?................. 68

6. Medindo o tempo 71

UNIDADE 5 – Potenciação e raiz quadrada de números naturais

1. Potenciação... 79

2. Quadrados, cubos e potências..................... 81

3. O expoente 0 e o expoente 1....................... 82

4. Raiz quadrada.. 84

UNIDADE 6 – Múltiplos e divisores

1. Sequência dos múltiplos de um número... 91

2. Fatores ou divisores de um número natural.. 93

3. Critérios de divisibilidade – economizando cálculos............................ 95

4. Números primos...................................... 99

5. Quando os múltiplos se encontram 103

6. Divisores comuns e o mdc 106

UNIDADE 7 – Dados, tabelas e gráficos de barras

1. Para que servem os gráficos?....................... 113

2. Vamos fazer uma pesquisa estatística?................................. 119

UNIDADE 8 – Observando formas

1. As formas da natureza e as formas criadas pelo ser humano 123

2. Formas planas e não planas.......................... 125

3. Investigando os blocos retangulares......... 130

4. Perspectivas e vistas.................................... 133

UNIDADE 9 – Ângulos

1. Falando um pouco sobre ângulos..........141

2. Ângulos – elementos e representação....................142

3. Medidas de ângulos.....................144

4. Utilizando o transferidor 147

5. Retas perpendiculares e retas paralelas....................149

6. Os esquadros...........................151

UNIDADE 10 – Polígonos e circunferências

1. Polígonos.............................157

2. Triângulos.............................160

3. Quadriláteros 161

4. Polígonos regulares 164

5. Perímetro 166

6. Circunferências 168

7. Simetria nos polígonos e no círculo........................171

UNIDADE 11 – Frações

1. Inteiro e parte do inteiro....................177

2. Frações de uma quantidade.....................180

3. Números mistos e frações impróprias......................182

4. Frações equivalentes...............185

5. Comparação de frações 188

6. Operações com frações..........191

7. Inversa de uma fração.............196

8. Potenciação e raiz quadrada de frações.......................199

UNIDADE 12 – Números decimais

1. A notação decimal.....................205

2. Números decimais e o registro de medidas....................210

3. Números decimais na forma de fração......................212

4. Comparando números decimais............212

5. Adição e subtração de números decimais....................214

6. Multiplicando por 10, 100, 1 000.................216

7. Multiplicação de números decimais.......218

8. Divisão de números naturais com quociente decimal................221

9. Divisão de números decimais.....................222

UNIDADE 13 – Porcentagens

1. O que é porcentagem?....................231

2. Calculando porcentagens....................234

3. A forma decimal das porcentagens..........238

UNIDADE 14 – Medidas

1. O que é medir?....................243

2. Comprimentos no sistema métrico decimal....................245

3. Medindo superfícies.................250

4. A área do retângulo................251

5. Volumes..............................256

6. Quando usamos cada unidade?................259

7. Medidas de massa................261

Sugestões de livros e *sites*........273

Referências 276

Moldes e malhas........277

Respostas dos exercícios..........284

UNIDADE 1
Sistema de numeração decimal

1. Um pouco da história dos números

Hoje, podemos responder à pergunta acima com facilidade, mas nem sempre foi assim. A humanidade levou centenas de milhares de anos para construir a ideia de número.

É isso mesmo! Antigamente, a Matemática não existia na forma que conhecemos hoje. Na maior parte da história da humanidade, as pessoas não sabiam contar!

E como elas aprenderam?

Provavelmente a partir de suas necessidades práticas. Quando as antigas civilizações começaram a criar animais e a plantar, contar passou a ser importante para que pudessem controlar o que possuíam.

Aprendendo a contar

Veja uma situação que pode ter acontecido em um tempo bem distante...

De manhã, o pastor separava uma pedrinha para cada ovelha que levava para pastar. Essas pedrinhas eram guardadas em um saquinho.

À tarde, o pastor comparava a quantidade de ovelhas que voltava do pasto com a quantidade de pedrinhas do saquinho. Se não sobrassem pedrinhas após a passagem do rebanho, ele sabia que todas as ovelhas haviam voltado.

Desde a utilização das pedrinhas, muito tempo se passou. Várias civilizações contribuíram com a criação de métodos de contagem e símbolos para representar quantidades. Hoje, usamos os números para contar, medir, ordenar, identificar... Vale sempre a pena lembrar quanto a humanidade trabalhou para chegar até aqui!

Em certa sala de aula, o número de carteiras é igual ao número de alunos. Um dia, ao chegar na sala, o professor observou duas carteiras vazias e comentou que dois alunos haviam faltado. O comentário dele tem relação com o processo de contagem usado pelo pastor dos quadrinhos acima? Justifiquem a resposta no caderno.

Número e numeral

Numeral é a forma usada para expressar um **número**.
O numeral pode ser um símbolo gráfico, uma palavra ou um gesto.

Para representar um mesmo número, podemos usar numerais diferentes.
Veja alguns numerais que representam o número cinco:

   cinco   five   V   5 |||||

Na linguagem comum, costumamos usar a palavra **número** no lugar da palavra **numeral**.

EXERCÍCIOS

1. Observe as ilustrações.

Responda:

a) Em qual situação há menos jogadores do que bolas?
b) Em qual situação há mais jogadores do que bolas?
c) Em qual situação há o mesmo número de jogadores e de bolas?
d) Para responder a essas perguntas é preciso saber contar?

Foi fazendo a **correspondência um a um** que durante muitos anos o ser humano pré-histórico pôde praticar a contagem, antes mesmo de estabelecer o que é número.

2. A quantidade de latas de refrigerante consumidas durante uma festa, num restaurante, foi registrada de dois modos:

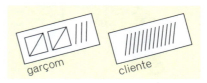

Em qual dessas anotações é mais fácil ler o resultado? Por quê?

3. Carlos gosta de brincar com palitos de fósforo usados. Para representar a quantidade de palitos que reunia em cada caixinha, ele inventou o seguinte código:

| = 1   — = 5   ⬤— = 10

Para escrever um número, bastava somar os valores de cada símbolo. Veja os exemplos:

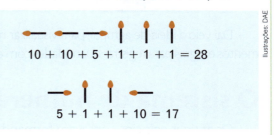

$10 + 10 + 5 + 1 + 1 + 1 = 28$

$5 + 1 + 1 + 10 = 17$

Agora é a sua vez! Identifique o número representado em cada situação.

a)
b)
c)
d)
e)
f)
g)

4. Se 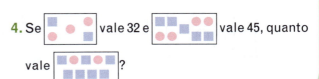 vale 32 e ... vale 45, quanto vale ... ?

2. Criando símbolos e regras

Outra dificuldade que as pessoas provavelmente encontravam, há milhares de anos, era trabalhar com grandes quantidades. Afinal, registrar essas quantidades empilhando pedras ou fazendo marcas na madeira devia ser difícil e pouco prático.

Daí veio a ideia de agrupar, para visualizar melhor as quantidades, criando símbolos especiais para esses agrupamentos e regras para registrar quantidades com esses símbolos. Surgiam, então, os primeiros **sistemas de numeração**.

O sistema de numeração egípcio

Os antigos egípcios contavam formando grupos de 10 elementos.
Observe, no papiro, que cada símbolo representa 10 vezes o que o símbolo anterior representa:

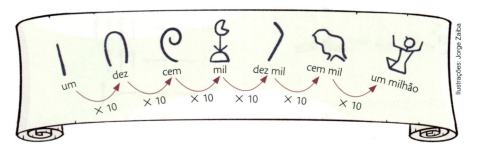

Nesse sistema, um mesmo símbolo poderia ser repetido até 9 vezes. Cada agrupamento de 10 era trocado por um novo símbolo.

No sistema egípcio, a posição ocupada pelo símbolo não altera seu valor. Veja o exemplo:

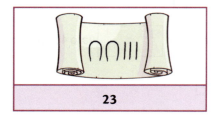
23

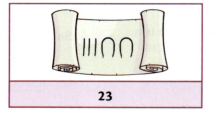
23

23

Representação do número 999 no sistema egípcio:

A repetição de símbolos faz os registros ficarem longos!

Pintura que representa a colheita de linho no Egito Antigo.
A civilização egípcia contribuiu bastante para o conhecimento matemático.

Veja a adição 86 + 47 no sistema egípcio:

Fazer operações no sistema egípcio é trabalhoso!

EXERCÍCIOS

NO CADERNO

5. Com base nas informações do texto sobre o sistema de numeração egípcio, responda:

a) Quantos símbolos eram usados?

b) Quantas vezes era permitido repeti-los?

c) Havia símbolo para o zero?

d) A posição em que os símbolos eram colocados para representar um número influía no valor desse número?

e) O valor do número era dado pela soma dos valores dos símbolos usados?

f) Os números eram representados de forma resumida (poucos símbolos)?

g) Isso facilitava os cálculos (somar, subtrair etc.)?

6. Copie e complete a tabela.

Símbolo egípcio	Número
∩∩∩∩∩ııı	
	26
ℓℓ ıııı	
	345
ℓℓℓℓ∩ı	
	2 352
𓆎ℓℓℓℓℓℓ∩∩ııııııı	
	10 231

7. O Nilo é um dos maiores rios do mundo. Ele tem 6741 quilômetros de extensão e corta o Egito de norte a sul. Como os egípcios representavam esse número antigamente?

SISTEMA DE NUMERAÇÃO DECIMAL

O sistema de numeração romano

Os antigos romanos também tinham um sistema de numeração formado por sete símbolos:

I V X L C D M

Observe exemplos de números escritos em nosso sistema e no sistema romano:

Sistema de numeração romano (forma moderna)							
1	I	10	X	100	C	1 000	M
2	II	20	XX	200	CC	2 000	MM
3	III	30	XXX	300	CCC	3 000	MMM
4	IV	40	XL	352	CCCLII	4 000	$\overline{IV}$
5	V	50	L	400	CD	5 000	$\overline{V}$
6	VI	60	LX	500	D	5 700	$\overline{V}$DCC
7	VII	70	LXX	600	DC	10 000	$\overline{X}$
8	VIII	80	LXXX	700	DCC	16 500	$\overline{XVI}$D
9	IX	90	XC	800	DCCC	1 000 000	$\overline{M}$

> Os antigos romanos registravam o 4 assim: IIII, pois IV eram as duas primeiras letras do nome Júpiter (deus romano): não se podia invocar esta palavra em vão. Aqui usaremos a **forma moderna** do sistema romano, na qual cada símbolo será repetido até três vezes.

No sistema romano encontramos:

VIII = V + III, ou seja, 8 é representado com 5 + 3.

No entanto, para representar o 9, em vez de VIIII, escreve-se IX.

IX = 9
10 − 1
I antes do X

Da mesma forma:

XL = 40
50 − 10
X antes do L

XC = 90
100 − 10
X antes do C

Observe que usamos a subtração para não repetir o mesmo símbolo mais de três vezes seguidas.

Durante mais de 1 000 anos, o sistema de numeração romano foi utilizado na Europa. Por volta do século XIII, com a expansão do comércio e das navegações, os símbolos romanos foram substituídos pelos algarismos indo-arábicos.

Hoje, a numeração romana ainda é utilizada em algumas situações, como nos mostradores de alguns relógios, na escrita dos números dos séculos, na numeração de capítulos de livros e de leis, na designação de reis ou papas de mesmo nome etc.

INTERAGINDO

Com base nas informações do quadro anterior, você e seus colegas devem responder oralmente às questões.

1. Todos os símbolos romanos podem ser repetidos?

2. Quais os símbolos que podem ser repetidos?

3. O que acontece com o símbolo do número VI quando colocamos um traço horizontal sobre ele?

4. Como registramos 99 no sistema romano? E 999?

EXERCÍCIOS

8. No sistema de numeração romano moderno, usamos a subtração para não repetir o mesmo símbolo mais de três vezes seguidas.

   a) Usando esse raciocínio, escreva como se representa 900 no sistema romano.
   b) O número CM tem o mesmo valor que MC?
   c) Observando o item anterior, podemos concluir que no sistema romano a posição do símbolo é importante?
   d) Qual número está escrito na fachada desta casa?

9. Descubra o segredo da sequência e continue-a.

   a) | V | X | XV | | | | |

   b) | III | VI | IX | | | | |

10. Copie e complete o quadro.

26	
	LXXIII
505	
	DCCCII
1 034	
	MCDIX

11. Estou lendo o capítulo 49 de um livro. Como podemos representar esse número no sistema romano?

12. Descubra o menor número que se pode escrever com os símbolos I, V, X e L.

13. Para escrever os séculos, por exemplo, usamos os símbolos romanos. Veja o quadro e faça o que se pede.

Ano	Século
1 a 100	I
101 a 200	II
201 a 300	III
301 a 400	IV
e assim por diante...	

   a) Em que século nasceu Vítor?

Nasci em 1992, em São Paulo.

   b) Copie o quadro e escreva o século referente às seguintes invenções:

Invenção	Ano	Século
telescópio	1609	
bicicleta	1842	

   c) Em que século Pedro Álvares Cabral chegou ao Brasil?
   d) Em que ano começou e em que ano terminará o século XXI?
   e) E o século XXX?

14. O que você descobre neste quadrado?

II	VII	VI
IX	V	I
IV	III	VIII

3. O sistema de numeração decimal e os algarismos indo-arábicos

Muitas civilizações antigas criaram seus próprios sistemas de numeração. Um deles, inventado na Índia, deu origem ao sistema de numeração que hoje usamos. Depois de aperfeiçoado, ele apresentou características que o tornaram mais prático que os outros.

Vamos resumir essas características.

- As quantidades de 1 a 9 têm símbolos diferentes para representá-las.
- O sistema é decimal ou de base 10, ou seja, agrupamos quantidades de 10 em 10.

e assim por diante.

- Possui um símbolo (o zero) para representar no número a ausência de unidades, dezenas, centenas etc.
- Com somente dez símbolos (os algarismos) é possível registrar todos os números, pois o mesmo algarismo assume valor diferente de acordo com sua posição na escrita do número.

Zero – a grande sacada!
Sem um símbolo para indicar a ausência de agrupamentos em determinada posição, fica difícil diferenciar registros feitos com os mesmos algarismos, como: 23, 203, 2 003, 230 etc.

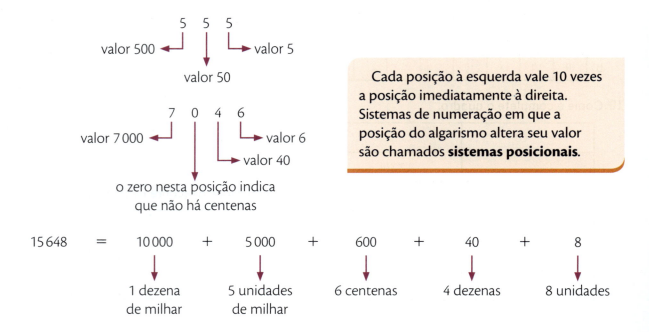

14

EXERCÍCIOS

15. (Saresp) Numa farmácia, um medicamento foi embalado em caixas onde cabem 1 000, 100, 10 e 1 unidades. O total de caixas utilizadas aparece na figura a seguir.

Quantas unidades desse medicamento foram embaladas?

16. Numa gincana ficou acertado que:

- cada ponto valeria um cartão branco;
- quando uma equipe fizesse 10 pontos, trocaria os cartões brancos por um cartão azul;
- quando uma equipe juntasse 10 cartões azuis, trocaria por 1 cartão vermelho.

Veja o resultado no final das provas:

	Equipe A	Equipe B	Equipe C
cartões vermelhos	2	2	2
cartões azuis	4	9	6
cartões brancos	4	6	6

a) Quantos pontos fez cada equipe?
b) Qual é a equipe vencedora?
c) Qual equipe fez menos pontos?
d) O que aconteceria com a equipe B se tivesse conseguido mais 2 cartões brancos?

17. Responda: verdadeiro ou falso?

a) 35 centenas são 3 500 unidades
b) 1 200 unidades são 12 dezenas
c) 18 milhares são 108 centenas
d) 23 460 unidades são 2 346 dezenas

18. Escreva o número formado por:

a) 2 centenas mais 9 dezenas;
b) 1 milhar mais 5 dezenas;
c) 8 milhares mais 6 centenas mais 6 unidades.

19. Qual número tem uma centena a mais que 13 centenas e 8 unidades?

20. Copie e complete.

a) ▨ = 5 000 + 80 + 9
b) 8 435 = 8 000 + ▨ + 30 + ▨
c) ▨ = 60 000 + 600 + 6
d) 13 076 = ▨ + 3 000 + ▨ + ▨
e) 50 555 = ▨ + 500 + ▨ + 5
f) ▨ = 400 000 + 30 000 + 600 + 2

21. Considere o número 9 580 752. Quantas unidades representa o algarismo 5 que está à esquerda do 2? E o que está à esquerda do 8?

22. Descubra o número:

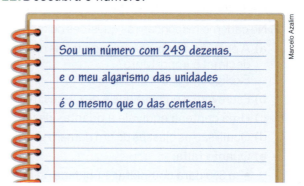

Sou um número com 249 dezenas, e o meu algarismo das unidades é o mesmo que o das centenas.

SISTEMA DE NUMERAÇÃO DECIMAL

4. Leitura e escrita de números no sistema de numeração decimal

Cheques, recibos, notícias...

É preciso saber ler e escrever os números corretamente para não ter dificuldades na vida prática!

Segundo dados do Instituto Brasileiro de Geografia e Estatística (IBGE), em certo momento do ano de 2015 a população brasileira era de 203 987 223 habitantes.

> Lê-se: duzentos e três milhões, novecentos e oitenta e sete mil, duzentos e vinte e três habitantes.

Esse número tem nove algarismos. Partindo da direita para a esquerda, cada algarismo corresponde a uma **ordem**.

Note que também separamos os algarismos da direita para a esquerda em grupos de três ordens. Cada grupo desses forma uma **classe**. Assim, temos:

2	0	3	9	8	7	2	2	3
ordem das centenas de milhão	ordem das dezenas de milhão	ordem das unidades de milhão	ordem das centenas de milhar	ordem das dezenas de milhar	ordem das unidades de milhar	ordem das centenas	ordem das dezenas	ordem das unidades
classe dos milhões			classe dos milhares			classe das unidades simples		

À esquerda da classe dos milhões vem a classe dos bilhões, depois dela, a classe dos trilhões, dos quatrilhões, e assim por diante.

1. Nas manchetes e reportagens de jornais e revistas é comum encontrarmos números.

Em dupla com um colega, procurem, recortem e colem no caderno um número que tenha:

a) 5 ordens;
b) o algarismo 4 na ordem das centenas;
c) o algarismo 2 na ordem das unidades de milhão;
d) a classe dos bilhões.

Escrevam por extenso cada um dos números encontrados.

2. No caderno respondam às questões ou faça o que se pede.

a) A posição do símbolo no registro de números no sistema de numeração decimal é importante?
Expliquem, deem exemplos.
b) Escrevam o número que é dez vezes maior que oito centenas.
c) Uma centena equivale a quantas dezenas?
d) Quais são as classes de um número escrito com oito algarismos no sistema de numeração decimal?
e) Quanto falta:
  ♦ a 350 para completar 1 unidade de milhar?
  ♦ a 1 200 para completar 1 dezena de milhar?

Nas quantias em dinheiro devemos separar as classes com um ponto.

16

EXERCÍCIOS

23. Copie e complete o quadro:

20 100	
	nove mil, seiscentos e sessenta
32 062	
1 000 001	
	doze milhões, quatro mil e cinco

24. Quando emitimos um cheque, é necessário escrevermos por extenso o seu valor. Escreva por extenso a quantia que deveria ser preenchida neste cheque.

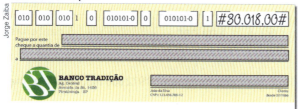

25. Ao final de um jogo de futebol, o painel eletrônico mostrou:

a) Como você escreveria por extenso esses números?

b) E como escreveria com algarismos esta outra renda:
   ◆ dois milhões e cinquenta reais?

26. No painel de controle dos automóveis podemos ler o número de quilômetros que o veículo já percorreu. Observe:

a) Quantos quilômetros esse automóvel já percorreu? Escreva por extenso.

b) Qual é o maior número que esse marcador de quilometragem pode mostrar?

Agora entendi o significado da expressão: "um zero à esquerda".

27. Considere o número 81 235.

a) Coloque um zero entre dois dos seus algarismos, de modo a obter o maior número possível.

b) Escreva a leitura do número obtido.

28. O número da credencial de Sílvia tem seis algarismos distintos. Entre eles não há 0, 4, 7 e 1. Os seis algarismos vão do menor ao maior. Qual é o número da credencial de Sílvia?

29. (CPII-RJ) Veja como o número de habitantes do Brasil foi representado em um jornal carioca:

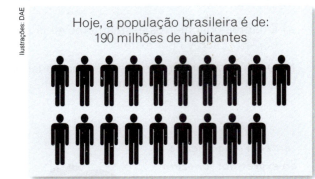

a) Escreva o número de habitantes do Brasil utilizando apenas algarismos do sistema de numeração decimal.

b) A quantos habitantes corresponde cada 👤 da representação acima?

c) Na representação abaixo, cada 👤 corresponde a 20 milhões de habitantes.

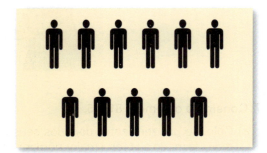

Quantos habitantes estão representados?

30. Relacione três círculos, um de cada cor, fazendo a correspondência correta entre as quantidades.
Exemplo:

Ⓐ	10 centenas	Ⓑ	50 dezenas
Ⓒ	50 milhares	Ⓓ	5 milhões
Ⓔ	500	Ⓕ	1 000
Ⓖ	5 000 000	Ⓗ	50 000
Ⓘ	5 000 dezenas	Ⓙ	50 000 centenas
Ⓚ	1 milhar	Ⓛ	5 centenas

31. Considere o número: 8 972 056 143. Nesse número:

a) Qual algarismo ocupa a ordem das dezenas de milhar?

b) Qual ordem o algarismo 8 ocupa?

c) A que classe pertence o algarismo 4? E o 9?

d) Quantas unidades vale o algarismo 2?

32. (CAP-UFPE) Sérgio tem um relógio digital que marca horas e minutos, variando de 00:00 até 23:59. Quantas vezes em um dia os algarismos 1, 2, 3 e 6 aparecerão todos juntos no visor do relógio?

a) 5 vezes
b) 6 vezes
c) 7 vezes
d) 8 vezes

A fotografia mostra uma das possibilidades.

História dos numerais indo-arábicos

Os hindus trouxeram muitas contribuições para a Matemática. O sistema de numeração decimal posicional é a mais conhecida delas.

O primeiro registro que temos de um número nesse sistema é uma data (346) escrita em um prato do ano 595.

STRUIK, Dirk J. *História concisa das matemáticas*. Lisboa: Gradiva, 1997.

Veja como a grafia dos numerais indo-arábicos foi se modificando com o passar do tempo:

	século VI (indiano)	século X (árabe oriental)	século X (europeu)	século XV (árabe oriental)	século XV (europeu)
um					
dois					
três					
quatro					
cinco					
seis					
sete					
oito					
nove					
zero					

A forma de desenhar os numerais variava porque antigamente os livros e documentos eram todos escritos à mão, obviamente com diferentes caligrafias. Somente depois da invenção da imprensa é que os símbolos foram padronizados até chegar aos que utilizamos hoje, chamados de **algarismos**.

Por que o nome **indo-arábico**?

O sistema de numeração que hoje usamos é conhecido como **sistema de numeração decimal**, ou **indo-arábico**. (*indo* porque o antigo povo indiano foi seu criador, e *arábico* porque os árabes ajudaram a aperfeiçoá-lo e também foram os responsáveis por sua divulgação, principalmente na Europa). A palavra **algarismo** vem do nome de um matemático árabe, Mohammed ibn Musa **al-Khwarizmi**, que escreveu e traduziu muitas obras matemáticas levadas pelos árabes para o Ocidente.

O sistema de numeração decimal está presente em inúmeras situações do nosso dia a dia. Escrevemos, lemos e fazemos operações com números usando seus símbolos e regras. É difícil imaginar a vida sem ele.

Trata-se de uma das mais importantes invenções da humanidade. Lembre-se sempre de quanto tempo e trabalho foram necessários para desenvolvê-lo!

Mohammed ibn Musa al-Khwarizmi.

VALE A PENA LER

Matemática – uma grande criação da humanidade

É comum as pessoas imaginarem que a Matemática foi inventada por grandes gênios, que, debruçados sobre seus livros, programavam suas criações.

Mas não é assim que as coisas acontecem... O conhecimento matemático vem sendo construído pela humanidade ao longo de milênios. Além de ter necessidade de criar ferramentas matemáticas para resolver problemas práticos, o ser humano é curioso por natureza. Gosta de investigar, descobrir e explicar coisas que acontecem ao seu redor!

Por isso, a Matemática é construída com tentativas, erros e acertos. Portanto, com muito trabalho...

Hoje, nossa sociedade utiliza esses conhecimentos, desde os mais simples, como o cálculo de um troco ou a medição de um terreno, até os sofisticados, que permitem termos computadores, radares, TV digital e aparelhos de tomografia, por exemplo.

A Matemática possibilita descrever e estudar fenômenos da natureza como o clima, o movimento dos planetas, as ligações químicas, a estrutura do DNA dos seres vivos...

Além disso, quando aprendemos e aplicamos a Matemática, desenvolvemos nossas habilidades de raciocínio e de pensamento lógico, importantes para a vida pessoal e profissional.

E então? A Matemática não é mesmo uma grande criação da humanidade? Pense nisso!

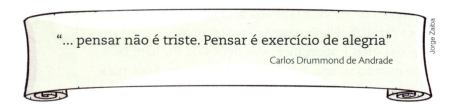

"... pensar não é triste. Pensar é exercício de alegria"

Carlos Drummond de Andrade

REVISANDO

33. É correto falar assim?

> Os telefones da minha cidade têm 8 números.

34. Reescreva a notícia representando os números com algarismos.

> Dos sete bilhões de habitantes do planeta, oitocentos milhões passam fome.

35. Os cientistas afirmam que a Terra existe há cerca de quatro bilhões e seiscentos milhões de anos.
   a) Escreva esse número usando algarismos.
   b) Escreva, por extenso, o número de séculos que a Terra tem.

36. Veja o número representado no visor da calculadora:

Escreva como se lê esse número.

37. Indique quantas vezes você vai usar a tecla 0 da sua calculadora para representar nela cada um dos seguintes números:
   a) nove mil e doze;
   b) oitenta mil e oito;
   c) quatrocentos mil e quinze.

38. Sim ou não?
   a) Os números 6 873 e 06 873 são iguais?
   b) O número 085 é considerado de dois algarismos?

39. Veja a placa de um carro:

   a) Quantos algarismos há nesta placa?
   b) Escreva por extenso o número da placa.
   c) Qual é o maior número que se pode escrever utilizando todos esses algarismos?
   d) Nesta situação, o zero pode ser suprimido?

40. Considere os números:

770	7 700	7 707
777	7 077	70 700

Quais deles têm 77 centenas?

41. Uma turma de 8 alunos brincava com feijões. Cada um tirou de uma caixa um cartão em que aparece um número escrito. Em seguida, cada um tirou, ao acaso, três feijões de um único saco com feijões pretos, vermelhos e brancos. Anteriormente, haviam combinado a seguinte regra de cores:

> 1 feijão branco vale uma unidade;
> 1 feijão vermelho vale 10 feijões brancos;
> 1 feijão preto vale 10 feijões vermelhos.

No quadro seguinte, embaixo do nome de cada participante, aparece o número que havia no cartão e os três feijões extraídos.

Ari	Carla	Lucas	Sílvia
3	12	201	21
Pedro	**Solange**	**Luís**	**Maria**
30	111	300	102

Ganharia a brincadeira quem conseguisse acertar com os três feijões o número escrito no cartão. Quem ganhou?

42. O ábaco é um instrumento que possibilita contar e calcular. No Brasil, ele é muito usado nas escolas. Os japoneses são extremamente hábeis para calcular com o ábaco, chamado por eles de *soroban*. Entre os vários tipos de ábaco, um deles é composto de hastes verticais em que são encaixadas pequenas bolinhas. O valor de cada bolinha muda de acordo com a posição da haste na qual é colocada. A haste na 1ª posição à direita representa a casa das unidades; na 2ª posição, a das dezenas; na 3ª posição, a das centenas, e assim por diante. Veja um número representado no ábaco:

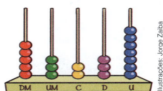

a) Como se lê esse número?
b) Quantas unidades vale o algarismo 2?
c) Na escrita do número aparece duas vezes o algarismo 3. Será que esse algarismo tem o mesmo valor em ambas as posições?

43. Paulo, Mauro e Carlos deveriam representar números num ábaco de acordo com a legenda:

- Paulo: dois mil cento e quatro
- Mauro: dez mil e cinquenta e três
- Carlos: cento e sete mil e dezoito

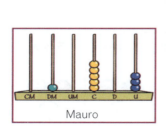
Mauro

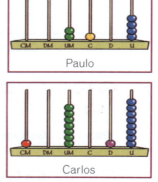
Paulo
Carlos

Quem errou?

44. Represente no sistema de numeração decimal o número formado por 1 centena de milhar mais 4 milhares mais 3 dezenas.

DESAFIOS NO CADERNO

45. Um número de cinco algarismos apresenta:

- zero nas duas primeiras ordens;
- o algarismo de maior valor posicional é 3;
- o algarismo das centenas é 5;
- o algarismo 8 tem valor posicional 8 000.

Qual é esse número?

46. No país dos quadrados, o povo desenha:

para representar 56 e

para representar 723.

Que número está representado abaixo?

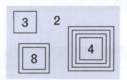

47. (OBM) Num relógio digital que marca de 0:00 até 23:59, quantas vezes por dia o mostrador apresenta todos os algarismos iguais?

a) 6
b) 7
c) 8
d) 9
e) 10

AUTOAVALIAÇÃO

Anote no caderno o número do exercício e a letra correspondente à resposta correta.

48. Se somarmos 3 centenas com 30 dezenas e com 300 unidades, quanto obtemos?

a) 333   b) 660   c) 900   d) 963

49. (Saresp) A população de uma cidade é de um milhão trezentos e oito mil e quarenta e sete habitantes. Utilizando algarismos, o total de habitantes dessa cidade é:

a) 1 308 407
b) 1 308 047
c) 1 308 470
d) 1 380 047

50. Anunciou-se que o próximo prêmio da Loto será de cinco milhões e cinquenta mil reais. Qual é outra forma de escrever essa quantia?

a) R$ 500.050,00
b) R$ 5.005.000,00
c) R$ 5.050.000,00
d) R$ 5.000.050,00

51. Em qual dos números abaixo o algarismo das dezenas de milhar é igual ao das centenas?

a) 239 459
b) 655 738
c) 835 317
d) 428 816

52. Em um número, o algarismo das unidades é 8 e o das dezenas é 5. Colocando o algarismo 6 à esquerda deles, obtemos um novo número, que é:

a) 658
b) 856
c) 586
d) 685

53. A diferença entre o maior número de 4 algarismos diferentes e o menor número também de 4 algarismos diferentes é:

a) 8 642   b) 8 853   c) 8 999   d) 9 000

54. (OM-SP) No sistema decimal de numeração, um número apresenta 3 classes e 7 ordens. Então, esse número tem:

a) 3 algarismos.
b) 7 algarismos.
c) 10 algarismos.
d) Nenhuma das anteriores.

55. (Saresp) Rubens contou e separou alguns selos. Ele registrou a quantidade de cada tipo de selo em 3 ábacos.

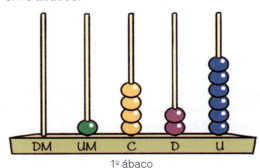
1º ábaco

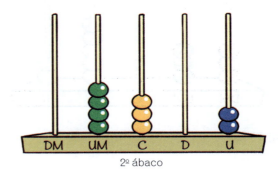
2º ábaco

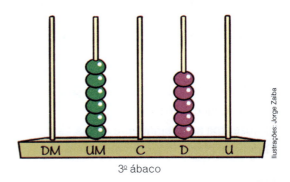
3º ábaco

Na ordem da figura, quantos selos de cada tipo havia?

a) 3 890, 583, 750
b) 1 426, 4 302, 6 050
c) 6 421, 3 402, 5 070
d) 5 735, 4 374, 4 700

56. Rodrigo deveria escrever vários números usando as palavras quarenta, duzentos, mil e quatro, uma só vez em cada número. Ele cometeu um erro em:

a) 4 240
b) 1 244
c) 40 204
d) 4 244

57. Qual das frases corresponde a uma leitura do número 8 540?

a) Oito mil e cinquenta e quatro unidades.
b) Oitocentos e cinquenta e quatro dezenas.
c) Oito mil e cinquenta e quatro centenas.
d) Oito centenas e cinquenta e quatro milhares.

58. Qual alternativa mostra o maior número possível usando os mesmos algarismos do número representado no ábaco da figura abaixo?

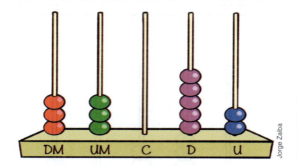

a) 70 353
b) 53 320
c) 43 302
d) 35 230

59. A leitura do número representado pela expressão

$$2 \times 1\,000\,000 + 5 \times 10\,000 + 6$$

é:

a) dois milhões quinhentos mil e seis.
b) dois milhões cinco mil e seis.
c) duzentos mil e cinquenta e seis.
d) dois milhões cinquenta mil e seis.

60. O número formado por 1 centena de milhar mais 3 milhares mais 8 dezenas é:

a) 130 080
b) 103 800
c) 103 080
d) 1 308 000

61. (Saresp) Usando os algarismos 1, 2 e 3, sem repetir nenhum, é possível formar:

a) dois números de três algarismos.
b) três números de três algarismos.
c) quatro números de três algarismos.
d) seis números de três algarismos.

62. Sou um número com o algarismo das unidades 4 e tenho 218 dezenas. Quem sou eu?

a) 2 184
b) 2 1804
c) 2 1844
d) 2 1884

63. (Prominp) Considere um sistema de representação de quantidades em que ☐ vale 1 e ☐ vale 3. Dessa forma, ☐☐ vale 4. Nesse sistema, para representar 17, precisamos de:

a) 5 ☐ e 1 ☐
b) 5 ☐ e 2 ☐
c) 5 ☐ e 3 ☐
d) 4 ☐ e 3 ☐

64. Observe o número 68 734 219 e indique a opção correta.

a) O número apresenta 3 ordens.
b) O algarismo da unidade de milhar é 8.
c) O algarismo da sexta ordem é 7.
d) Os algarismos que formam a classe dos milhões são 7, 3 e 4.

65. (Saresp) No número 1 372, foi colocado um zero entre os algarismos 3 e 7. Pode-se afirmar que, no novo número representado, o valor do algarismo 3 ficou:

a) dividido por 1.
b) dividido por 10.
c) multiplicado por 10.
d) multiplicado por 100.

66. (Obmep) Cláudia inverteu as posições de dois algarismos vizinhos no número 682 479 e obteve um número menor. Quais foram esses algarismos?

a) 6 e 8
b) 2 e 4
c) 8 e 2
d) 4 e 7

UNIDADE 2

Números naturais

1. Os números naturais e os processos de contagem

Muitas situações de nosso dia a dia envolvem contagens.

Dona Sílvia foi à padaria comprar oito pãezinhos.

Enquanto coloca os pães no saquinho, o funcionário vai contando: 1, 2, 3, 4, 5, 6, 7, 8.

Para contar, usamos os números 1, 2, 3, 4, 5, 6 etc. Eles são chamados de **números naturais**. Alguns matemáticos, mais recentemente, optaram por incluir o zero nesta sequência. Escrevemos a sequência de números naturais assim: 0, 1, 2, 3, 4, 5, 6, 7, 8, 9, 10, ...

As reticências ao fim indicam que a sequência prossegue infinitamente, pois é sempre possível escrever o **sucessor** de um número natural. Basta somar 1 a ele.

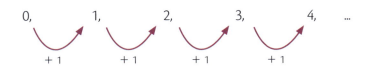

Sucessor de um número natural é o que vem imediatamente depois dele.

Observe que:
- o sucessor de 8 é 9;
- o sucessor de 13 é 14;
- o sucessor de 2 345 é 2 346, e assim por diante.

Repasse mentalmente suas ações no dia de hoje. Você utilizou os números naturais? Em quais situações?

NÚMEROS NATURAIS 25

Mais sobre os números naturais

Com base no conceito de sucessor, podemos entender o que é **antecessor** de um número natural: é o número que vem imediatamente antes dele.

- O antecessor de 10 é 9.
- O antecessor de 2 413 é 2 412, e assim por diante.

E o que seriam números naturais **consecutivos**?

Veja alguns exemplos:

- 7 e 8 são consecutivos;
- 23, 24 e 25 são consecutivos;
- 4 300, 4 301, 4 302 e 4 303 são consecutivos.

Conhecemos também a sequência dos números naturais pares:

0, 2, 4, 6, 8, 10, 12, ...

E a sequência dos números naturais ímpares:

1, 3, 5, 7, 9, 11, 13, ...

INTERAGINDO

Responda às questões a seguir no caderno. Depois discuta com os colegas as respostas.

1. Que número natural não tem antecessor?
2. Pense em um número natural bem grande. Ele tem sucessor?
3. Escreva cinco números consecutivos compreendidos entre 12 e 20. Há mais de uma possibilidade de sequência? Procurem escrever todas elas.
4. As palavras **sucessor** e **antecessor** aparecem na linguagem comum. Os sentidos atribuídos a elas são os mesmos da Matemática? Crie sentenças que exemplifiquem sua resposta.
5. Um número natural pode ter dois sucessores?
6. Quantos são os números naturais de dois algarismos?
7. O sucessor de um número par é sempre ímpar. O sucessor de um número ímpar é sempre par. Essas afirmações são verdadeiras?
8. Qual é o décimo número par?
9. Qual é o décimo número ímpar?

A seguir vemos alguns exemplos do uso de números naturais.

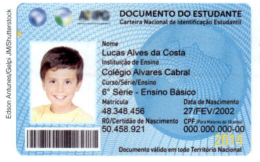

Documentos de identificação, que atribuem um número para cada pessoa, ...

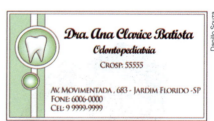

... para identificar endereços, telefones, ...

... placas de automóveis e ...

... sentido de ordem.

EXERCÍCIOS

1. Veja os números que aparecem a seguir:

Quais deles representam números naturais?

2. Responda.
a) Qual é o menor número natural?
b) Existe o maior número natural?
c) Quantos números naturais existem?

3. Copie e complete o quadro.

Antecessor	Número	Sucessor
	200 000	
	100 101	
	3 004 999	

4. Responda.
a) Qual é o sucessor do zero?
b) Todo número natural tem sucessor?
c) O 4 000 é sucessor de que número?
d) O 1 690 é antecessor de que número?

5. Descubra os números que estão faltando.

a)
| 9 | 15 | 21 | | 33 | 39 | |

b)
| 69 | 68 | 66 | 63 | 59 | | |

6. Veja os números:

| 1 011 | 1 101 | 1 110 | 1 100 | 1 001 |

a) Qual é o maior deles? E o menor?
b) Quais são menores que 1 010?
c) Quais são maiores que 1 111?
d) Qual deles é sucessor de outro?

7. Dois números naturais consecutivos somam 325. Quais são eles?

> Invente um problema parecido e peça a um colega para resolvê-lo.

8. Numa rua, a numeração das casas é indicada pela prefeitura. Para quem segue do começo para o fim da rua as casas do lado direito são as de número par, e as do lado esquerdo, as de número ímpar.

a) Qual será o número da casa azul?
b) Eu moro na casa de número 436. A casa vizinha tem um número par ou ímpar? E a casa de frente?

NÚMEROS NATURAIS 27

2. A reta numérica e os números naturais

Para visualizarmos melhor a sequência dos números naturais, vamos representá-la em uma linha reta que chamaremos de **reta numérica**.

- Escolhemos um ponto para representar o zero.
- Caminhando para a direita, a partir do zero, e considerando sempre a mesma distância, marcamos os pontos correspondentes aos números naturais 1, 2, 3, 4 e assim por diante.

Você sabe comparar números naturais e dizer quando um é maior (>), igual (=) ou menor (<) que outro. A reta numérica possibilita visualizar facilmente essa comparação.

Dados dois números, o **maior** número é o que estiver representado à **direita** do outro na reta numérica. Veja os exemplos:

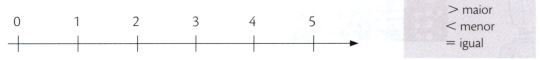

> maior
< menor
= igual

- 4 > 2 (lemos: quatro é maior que dois)
- 2 < 7 (dois é menor que sete)
- 1 > 0 (um é maior que zero)
- 5 = 5 (cinco é igual a cinco)

Observe:

- Quais são os números naturais menores que 7?

  Resposta: 6, 5, 4, 3, 2, 1, 0.

- Quais são os números naturais maiores que 7?

  Resposta: 8, 9, 10, 11, ... Existem infinitos números naturais maiores que 7.

- Quantos números naturais há **de** 3 **até** 7?

  Resposta: Há cinco números naturais: 3, 4, 5, 6 e 7.

- Quantos números naturais há **entre** 3 e 7?

  Resposta: Há três números naturais: 4, 5 e 6.

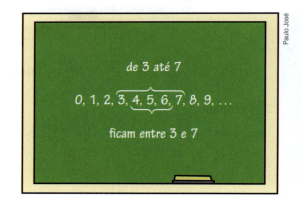

Pense e responda no caderno.
   a) Quantos números há de 38 até 46?
   b) Quantos números há entre 38 e 46?

Compare suas respostas com os exemplos acima. Você descobriu padrões? Calcule quantos números há:
   c) de 124 até 345;
   d) entre 124 e 345.

EXERCÍCIOS

9. Copie as retas numéricas e complete-as com os números que correspondem a cada um dos pontos assinalados.

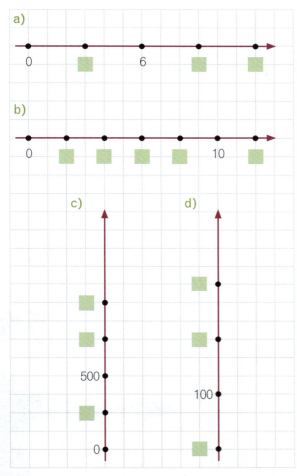

10. Encontre todos os números naturais que são maiores do que 35 e menores do que 42.

$$35 < x < 42$$

11. Copie e preencha cada ▩ com um dos números: 6 600, 6 006 ou 6 660.

$6\,000 <$ ▩ $< 6\,066 <$ ▩ $< 6\,606 <$ ▩ $< 6\,666$

> Você acabou de escrever números em **ordem crescente**.

12. Antes de dormir, Sabrina sempre lê um pouco. Sábado, ela leu do início da página 20 até o final da página 65 de um livro. Quantas páginas Sabrina leu?

13. Na tabela seguinte estão indicados os preços de alguns modelos de automóvel e o consumo de combustível aproximado, de cada um, para percorrer 100 km.

Modelo	Preço (em reais)	Consumo (em litros)
A	28 613	8
B	31 584	7
C	37 006	12
D	29 508	10
E	56 227	19

a) O modelo mais caro é o de menor consumo?
b) O modelo mais barato é o de maior consumo?
c) Ordene os modelos de automóveis em **ordem crescente** de preços.
d) Ordene os modelos de automóveis em **ordem decrescente** de consumo.

14. Descubra o nome de uma cidade paulista, colocando os números indicados em ordem decrescente.

NÚMEROS NATURAIS **29**

15. Veja, na tabela abaixo, o resultado final de uma corrida de 100 metros.

Atleta	Tempo
Lico	13 segundos
Zeca	16 segundos
Dinei	12 segundos
Dudu	15 segundos

a) Quem foi o vencedor?
b) Quem correu com menor velocidade?

16. Considere todos os números naturais de três algarismos diferentes, formados por 4, 5 e 9. Responda.

a) Quais começam por 4?
b) Quais começam por 5?
c) Quais começam por 9?
d) Quantos são no total?

17. Escreva o número em que os três amigos estão pensando.

18. Observe o gráfico.

Quantidade de habitantes em algumas capitais brasileiras

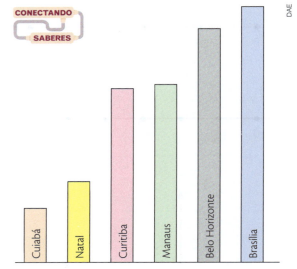

Fonte: Censo 2010/IBGE.

Manaus, AM.

a) Associe as cidades ao número que mais se aproxima da população de cada uma delas.

Ⓘ 785 722   Ⓘⱽ 530 308
Ⓘⱼ 1 678 965   Ⓥ 2 258 096
Ⓘⱼⱼ 2 469 489   Ⓥⱼ 1 718 584

b) Quais cidades têm menos de um milhão de habitantes?
c) Quais cidades têm população entre 1 milhão e 2 milhões de habitantes?
d) Qual cidade tem mais de dois milhões e seiscentos mil habitantes?

VALE A PENA LER

Senso numérico

Senso numérico é a capacidade de reconhecer e comparar pequenas quantidades.

Quando olhamos para a fruteira e dizemos que nela há 5 maçãs, normalmente fazemos isso sem precisar contar: um, dois, três, quatro, cinco. Estamos usando o senso numérico, que é diferente da capacidade de contar – capacidade mais elaborada que, em todo o reino animal, somente o ser humano tem.

Os animais não sabem contar, mas muitos têm senso numérico. Se retirarmos dois ou três ovos do ninho, o pássaro o abandona, pois percebe que a quantidade de ovos se alterou. As leoas são capazes de comparar a quantidade de elementos de seu grupo com a de um grupo de leoas invasoras e avaliar se devem defender seu território ou fugir. Podemos citar também uma espécie de vespa em que a fêmea é maior do que o macho. Quando uma vespa mãe bota seus ovos, ela coloca ao lado de cada ovo algumas larvas de inseto que servirão de alimento para quando o filhote nascer. O notável é que, de alguma maneira, a mãe sabe se um dado ovo originará uma vespa macho ou fêmea e deixa cinco larvas de insetos se for um ovo de vespa macho e dez se for ovo de vespa fêmea.

Professores da Universidade da Pensilvânia fizeram um experimento interessante com macacos. Eles ofereciam ao macaco dois pratos com pedaços de chocolate: um com sete pedaços, um com seis pedaços. O prato escolhido, na grande maioria das vezes, era o prato com sete pedaços. Os macacos começavam a errar quando o número de pedaços ficava maior do que dez, o que mostra que o senso numérico é limitado.

Por que será que a natureza, na evolução das espécies, dota os animais de senso numérico? Sobrevivência!

A capacidade de distinguir e comparar pequenas quantidades presentes no meio ambiente ajuda o animal a se alimentar melhor, fugir de seus predadores e controlar o número de filhotes de sua ninhada, fatores importantes para a perpetuação da sua espécie. A natureza é mesmo maravilhosa!

REVISANDO

19. Veja os números que aparecem neste texto:

> Lúcio foi ao médico. Ele tem 23 anos, mede 1,67 metro de altura, pesa 65 quilos e está com 38,6 °C de febre.

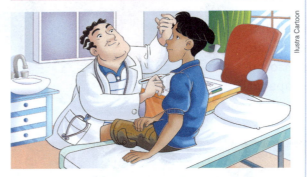

Quais desses números citados são naturais?

20. Os números naturais nem sempre representam quantidades. Em quais situações abaixo ocorre o uso do número como código?

a) b) c) d)

21. Complete as sequências, substituindo as letras pelos números convenientes:

a) 28   35   A   49   56   B

b) 4 500   C   3 500   3 000   D   2 000

c) 1 089   1 099   E   F   1 129   1 139

Invente duas sequências e peça a um colega que as complete.

22. Observe os marcadores de quilometragem de alguns carros:

a) Qual desses carros rodou mais?
b) E qual rodou menos?
c) Escreva todos esses números em ordem crescente.

23. No quadro estão registradas as distâncias, em quilômetros, entre algumas cidades brasileiras.

	Belo Horizonte	Brasília	Curitiba	Rio de Janeiro	São Paulo
Belo Horizonte		A	1 004	434	586
Brasília	716		1 366	1 148	1 015
Curitiba	1 004	1 366		B	408
Rio de Janeiro	C	1 148	852		429
São Paulo	586	1 015	408	429	

a) Quais são as distâncias representadas por A, B e C?
b) Das cidades indicadas, qual é a mais próxima de São Paulo? E a mais afastada?
c) Indique duas cidades que distam uma da outra mais de 1 200 quilômetros.

24. Veja:

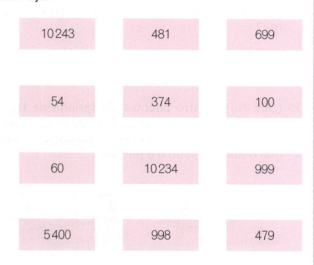

Utilize os números representados acima e indique qual deles:

a) é igual a cinco dúzias;
b) é o menor número;
c) é o maior número;
d) é o antecessor de 480;
e) é o sucessor de 480;
f) tem 100 unidades a mais que 274;
g) tem cinquenta e quatro centenas;
h) forma com 700 um par de números consecutivos;
i) é o menor número de 3 algarismos;
j) é o maior número par de 3 algarismos;
k) é o maior número de 3 algarismos;
l) é o menor número de 5 algarismos que se pode escrever sem repetição.

25. Desenhe e recorte cartões como estes:

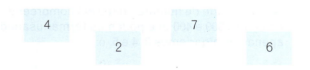

Arranje-os de modo a representar:

a) o maior número ímpar;
b) o menor número par;
c) o menor número ímpar maior que 6 000;
d) o maior número par menor que 6 000.

DESAFIOS NO CADERNO

26. Dona Romilda acabou de lavar umas camisetas. Para pendurar 5 camisetas no varal, usou 6 prendedores de roupa.

Continuando a usar os prendedores dessa maneira, em um mesmo varal, quantos prendedores serão necessários para pendurar:

a) 8 camisetas?
b) 19 camisetas?
c) 40 camisetas?
d) n camisetas?

27. Nos cartões abaixo estão escritos cinco números.

Qual é o menor número que você pode formar ao juntar os cinco cartões?

28. Quatro amigos querem saber o número que os identifica como sócios de um clube.

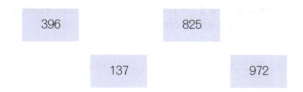

Descubra o número de cada um, sabendo que:

◆ os números de Paula e Rodrigo não são pares;
◆ o número de Rodrigo não é o menor, nem o maior de todos;
◆ o número de Luciana não é maior que o número de Rui.

NÚMEROS NATURAIS

AUTOAVALIAÇÃO

Anote no caderno o número do exercício e a letra correspondente à resposta correta.

29. O sucessor do número setenta e três milhões, cento e nove mil e sessenta e nove é:

a) 73 109 070
b) 73 109 069
c) 73 019 070
d) 73 109 068

30. São números naturais consecutivos:

a) 0, 7, 14
b) 49, 50, 51
c) 4, 5, 6, 8
d) 100, 200, 300

31. (Saresp) Ana está escrevendo uma sequência de sete números:

Os próximos números a serem escritos são:

a) 20 e 31
b) 22 e 33
c) 24 e 30
d) 24 e 31

32. Um produto ficou em promoção do dia 17 de maio ao dia 8 de junho. Quantos dias esse produto ficou em promoção?

a) 21 dias
b) 22 dias
c) 23 dias
d) 24 dias

33. Alfredo está em uma fila. Quando as pessoas na fila são contadas de trás para frente, Alfredo é o 6º. No entanto, se contadas da frente para trás, ele ocupa a 10ª posição. Quantas pessoas há nessa fila?

a) 14
b) 15
c) 16
d) 17

34. A soma de três números naturais consecutivos é igual a 90. Qual é o maior desses três números?

a) 28
b) 29
c) 31
d) 32

35. (SEE-RJ) Quatro pacotes de farinha de trigo foram entregues na padaria. O padeiro comparou os quatro pacotes em uma balança e disse que o mais pesado é o pacote:

a) 1
b) 2
c) 3
d) 4

36. Na sequência dos números naturais, considere:

- os quatro primeiros números;
- os quatro primeiros números ímpares;
- os quatro primeiros números pares.

Quantos números você considerou?

a) 7
b) 8
c) 9
d) 12

37. A quantidade de números naturais compreendidos entre 300 e 400 que podemos formar usando apenas os algarismos 3, 4 e 5, é:

a) 8
b) 9
c) 10
d) 12

38. Uma pessoa escreve os números naturais entre 1 e 100. Quantas vezes ela escreve o algarismo 6?

a) 10
b) 11
c) 19
d) 20

UNIDADE 3

Adição e subtração de números naturais

1. As ideias da adição e da subtração

A tabela a seguir apresenta o número de peças de roupa produzidas por uma fábrica nos meses de janeiro e fevereiro de 2016.

Peças	Janeiro	Fevereiro
calças	73	89
camisetas	130	110
bermudas	92	48
camisas	105	74

Para saber quantas calças foram confeccionadas no total, nos meses de janeiro e fevereiro, fazemos uma adição:

$$73 + 89 = 162$$

89 + 73 também é 162. Mudar a ordem das parcelas não altera a soma!

Adição

A **adição** está ligada à ideia de juntar, acrescentar.

Veja: a cada par de parcelas, associamos sua soma:

$$9 + 5 = 14$$

parcela   parcela   soma

Subtração

Efetuamos **subtrações** para responder às perguntas:
- Quanto resta?
- Quanto falta?
- Quanto a mais?

Numa subtração, temos:

$$12 - 7 = 5$$

minuendo   subtraendo   diferença ou resto

ADIÇÃO E SUBTRAÇÃO DE NÚMEROS NATURAIS 35

Lembrando algoritmos

Você lembra como funciona o algoritmo da adição?

Começamos pelas unidades:

$$\begin{array}{r}\overset{1}{7}3\\+\ 89\\\hline 162\end{array}$$

♦ 3 unidades + 9 unidades = 12 unidades = 1 dezena + 2 unidades

Depois adicionamos as dezenas:

♦ 7 dezenas + 8 dezenas + 1 dezena (que veio da adição das unidades) = 16 dezenas ou 1 centena e 6 dezenas

O total é de 1 centena, 6 dezenas e 2 unidades, ou seja, 162.

Para saber a produção total de peças de cada mês, também utilizamos a adição:

$$73 + 130 + 92 + 105 = 400$$

A produção de janeiro foi de 400 peças.

130 + 105 + 92 + 73 também resulta em 400. A ordem das parcelas não altera a soma!

$$89 + 110 + 48 + 74 = 321$$

A produção de fevereiro foi de 321 peças.

Vou fazer: 89 + 110 = 199, 48 + 74 = 122 e finalmente 199 + 122 = 321. Que legal! O resultado final foi o mesmo!

A fábrica produziu mais peças em janeiro que em fevereiro. Para descobrir quantas peças foram produzidas a mais, fazemos uma subtração:

$$400 - 321 = 79$$

Epa! Na subtração é diferente! 321 − 400 não resulta em um número natural! Então não dá para trocar minuendo por subtraendo!

Agora observe o cálculo:

$$\begin{array}{r}{\overset{3\;9\;1}{\cancel{4}\cancel{0}0}} \\ -\;3\;2\;1 \\ \hline 7\;9 \end{array}$$

Vamos recordar as ideias envolvidas nesse cálculo?

- Começamos pelas unidades:

  Quando trabalhamos com números naturais, não é possível tirar 1 de zero; então recorremos às dezenas. Como também não há dezenas, fazemos:

  4 centenas = 3 centenas + 10 dezenas = 3 centenas + 9 dezenas + 10 unidades
  Logo, 10 unidades − 1 unidade = 9 unidades.

- Em seguida, subtraímos as dezenas e as centenas:

  9 dezenas − 2 dezenas = 7 dezenas
  3 centenas − 3 centenas = 0 centena
  A diferença é de 7 dezenas e 9 unidades, ou seja, 79.

Adição e subtração: operações inversas

Em certa escola, o 6º ano A tem 28 alunos, entre meninos e meninas. Quantos são os meninos? Quantas são as meninas?

Somente com esses dados não podemos responder às perguntas.

No entanto:

- se soubermos que são 12 meninas, podemos calcular o número de meninos:

  ▨ + 12 = 28 ⟶ 28 − 12 = 16 meninos

- se soubermos que são 16 meninos, podemos calcular o número de meninas:

  16 + ▨ = 28 ⟶ 28 − 16 = 12 meninas

> Se da soma de dois números subtraímos um deles, obtemos o outro.
> A subtração é a operação inversa da adição.

Veja:

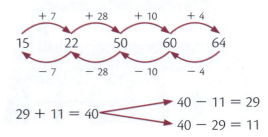

Repare como no dia a dia há ações que apresentam uma ação inversa:
- Subir 10 degraus. Descer 10 degraus.
- Dar 2 passos para a esquerda. Dar 2 passos para a direita.
- Engordar 1 kg. Emagrecer 1 kg.

ADIÇÃO E SUBTRAÇÃO DE NÚMEROS NATURAIS 37

EXERCÍCIOS

1. Considere os seguintes números:

   7700   7001   7707
   7077   7770

   Calcule e escreva os totais obtidos com:
   a) a soma dos dois números menores;
   b) a soma dos dois números maiores;
   c) a soma do número maior com o menor.

2. A diferença entre dois números é 68. Um dos números é 100.
   a) Qual é o outro?
   b) Quantas soluções haverá?

3. A figura mostra trechos de estradas de rodagem. Os números indicam quantos quilômetros há em cada trecho.

   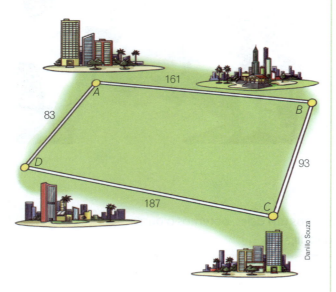

   Responda.
   a) Quantos quilômetros percorrerá um ônibus para ir de A até C passando por B?
   b) Quantos quilômetros percorrerá um automóvel para ir de A até C passando por D?
   c) A viagem mais curta é a do ônibus ou a do automóvel? A diferença é de quantos quilômetros?

4. Tenho R$ 10,00 a mais que você. Se eu lhe der R$ 2,00, com quanto ficarei a mais que você?

5. Em seu último aniversário, Raquel foi presenteada pelos familiares com dinheiro em notas de 20, 10 e 5 reais. Qual é a quantidade mínima de notas que ela precisa usar para pagar um brinquedo que custa R$ 75,00 e não receber troco?

6. Observe o quadro de um jogo.

	Pontos na 1ª etapa	Pontos na 2ª etapa	Total
Sílvia	185	279	
Carlos		193	428
Maria	214		451

   Responda:
   a) Quantos pontos Sílvia fez no jogo?
   b) Quantos pontos Carlos fez na 1ª etapa?
   c) Quantos pontos Maria fez na 2ª etapa?
   d) Quantos pontos foram feitos na 1ª etapa?
   e) Quantos pontos fizeram as meninas?

7. (Unicamp-SP) Minha calculadora tem lugar para 8 algarismos. Eu digitei nela o maior número possível, do qual subtraí o número de habitantes do estado de São Paulo, obtendo, como resultado, 63 033 472. Qual era a população do estado de São Paulo nesse ano?

   Fonte: Censo 2000, IBGE.

8. Quantos centímetros de material serão necessários para emoldurar esta tela?

25 cm
19 cm

9. Calcule o número que falta em:

a) ☐ + 3 = 20
b) 49 + ☐ = 85
c) ☐ − 8 = 17
d) 85 − ☐ = 71

10. Quando minha filha nasceu, eu tinha 28 anos. Hoje minha filha fez 12 anos. Qual é a soma de nossas idades?

11. A soma de quatro dos seis cartões abaixo dá como resultado 65.

| 19 | 25 | 15 | 12 | 20 | 9 |

Quais são os dois cartões que ficam de fora dessa soma?

12. (Saresp) O gráfico abaixo mostra a quantidade de árvores de um sítio.

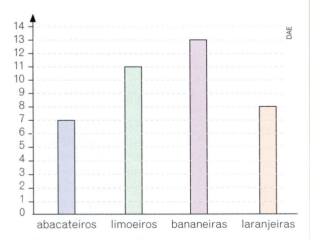

a) Quantas árvores estão plantadas nesse sítio?
b) Qual é o tipo de árvore mais plantada? Quantas?
c) Qual é a diferença entre o número de limoeiros e o de laranjeiras plantadas?

13. A tabela abaixo mostra o número de alunos (meninos e meninas) matriculados numa escola.

Classe	Manhã meninos	Manhã meninas	Tarde meninos	Tarde meninas
6º ano	98	124	137	108
7º ano	84	101	86	52
8º ano	70	85	54	39
9º ano	65	71	28	18

a) Quantos alunos cursam o 9º ano?
b) Quantas meninas cursam o 7º ano?
c) Quantos meninos cursam o 8º ano?
d) Em que período há mais meninas matriculadas?
e) Quantos meninos estão matriculados no período da tarde?

14. Observe as figuras:

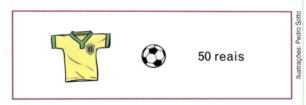

50 reais

120 reais

Quantos reais custa uma bola?

15. Os quadrados abaixo são "mágicos". Neles, a soma dos números de qualquer linha, coluna ou diagonal é sempre a mesma. Sabendo disso, copie e complete adequadamente cada quadrado.

a)
4		2
	5	
8		6

b)
1		3
	4	
5		

c)
30		40
	25	
		20

ADIÇÃO E SUBTRAÇÃO DE NÚMEROS NATURAIS

2. Cálculo mental nas adições e nas subtrações

Você costuma calcular mentalmente?

Acompanhe a história dos irmãos Felipe e Carlos.

Certo dia, eles foram a uma loja de miniaturas comprar um novo carrinho para a coleção deles. Cada um levou sua carteira com as economias que tinha. Felipe tinha R$ 34,00 e Carlos, R$ 25,00. Logo encontraram uma miniatura sensacional! Seu preço: R$ 57,00.

Mentalmente, Felipe calculou:

$$34 + 25 = 34 + 20 + 5 = 54 + 5 = 59$$

Felipe decompôs 25 em 20 + 5 para achar a soma mais facilmente.

Carlos também não perdeu tempo e pensou:

$$34 + 25 = 30 + 4 + 20 + 5 =$$
$$= 30 + 20 + 4 + 5 = 50 + 9 = 59$$

Já Carlos decompôs as duas parcelas:
$$34 = 30 + 4$$
$$25 = 20 + 5$$

O cálculo mental é rápido. As passagens acontecem em nossa mente. Observe agora algumas maneiras de efetuar subtrações mentalmente:

$80 - 34 =$

$80 - 34 = 80 - 30 - 4 = 50 - 4 = 46$ (Subtraímos 30 de 80 e depois subtraímos 4 do resultado.)

Podemos resolver essa mesma subtração usando a ideia de completar:

de 34 para 40 → 6
de 40 para 80 → 40

Portanto, faltam 46 ao 34 para completar 80.

INTERAGINDO

Respondam no caderno.

1. Uma adição tem 7 parcelas. Se aumentarmos em 2 unidades cada parcela, em quanto aumentaremos a soma?

2. Numa subtração, se aumentarmos 15 unidades no minuendo e diminuirmos 25 unidades no subtraendo, o que acontecerá com a diferença?

3. A diferença entre dois números naturais pode ser par ou pode ser ímpar. Investigue com os colegas: Quando a diferença é par? Quando é ímpar?

4. Como você costuma efetuar adições mentalmente? Dê exemplos e troque ideias com os colegas.

EXERCÍCIOS

16. Calcule mentalmente e anote os resultados.

a) 12 + 7
b) 4 + 39
c) 13 + 45
d) 19 + 36
e) 480 + 25
f) 290 + 110

17. Continue calculando mentalmente.

a) 5 + 17 + 15
b) 9 + 28 + 11
c) 156 + 4 + 120
d) 790 + 43 + 110
e) 320 + 590 + 10 + 80
f) 69 + 77 + 31 + 23

18. Continue calculando mentalmente.

a) 83 − 9
b) 405 − 9
c) 170 − 11
d) 275 − 99
e) 546 − 98
f) 800 − 101

19. Observe a cena abaixo:

O consumidor pagou a compra com uma nota de R$ 100,00. Quanto o consumidor vai receber de troco da moça do caixa? Por que a moça pediu R$ 2,00 ao comprador?

> Resolva os problemas 20, 21, 22 e 23 "de cabeça". Em seguida, confira suas respostas com a calculadora!

20. Calcule mentalmente.

11 + 12 + 13 + 14 + 15 + 16 + 17 + 18 + 19

Qual é a forma mais rápida de chegar ao resultado?

21. Qual é o número desconhecido da tabela abaixo?

Período	Atendimentos
Manhã	
Tarde	125
Noite	75
Total	360

22. Entrei em uma loja e comprei os três produtos da propaganda abaixo para pagar em três prestações.

Liquidificador
◆ Preço: R$ 75,00 ou
0 + 3 de R$ 25,00
Total: R$ 75,00

TV
◆ Preço: R$ 600,00 ou
0 + 3 de R$ 200,00
Total: R$ 600,00

Bicicleta
◆ Preço: R$ 540,00 ou
0 + 3 de R$ 180,00
Total: R$ 540,00

Qual valor terei de pagar em cada prestação?

23. Lúcia saiu para fazer compras com 2 notas de R$ 100,00 na carteira. Gastou no supermercado R$ 142,00, na padaria R$ 6,00 e no açougue R$ 32,00. Com quanto Lúcia ficou após essas compras?

3. Estimando por arredondamento

Observe abaixo uma vitrine de loja e pense na situação:

Você tem R$ 200,00 para gastar nessa loja e quer saber rapidamente se o dinheiro é suficiente para comprar uma camiseta, uma calça e um par de tênis. Como fazer?

Uma soma aproximada, arredondando os preços para a dezena mais próxima, é uma alternativa.

28 para 30
62 para 60
87 para 90

$30 + 60 + 90 = 180$

Esta é uma boa estimativa, pois o valor exato da compra é R$ 177,00.

Então, o dinheiro é suficiente.

Fizemos uma estimativa para o valor da compra.

Usamos estimativas quando queremos obter um valor aproximado para uma grandeza.

As estimativas utilizando arredondamentos podem nos auxiliar a detectar erros no resultado de operações. Acompanhe:

$12\,035 + 5\,828 = $

Arredondando, fazemos uma estimativa para a soma:

$12\,000 + 6\,000 = 18\,000$

Assim, sabemos que o resultado deve estar próximo de 18 000.

Efetuamos a operação $12\,035 + 5\,828 = 17\,863$ e comprovamos que o resultado está bem próximo da estimativa inicial.

Se você estivesse usando uma calculadora para efetuar a operação acima e, sem querer, esquecesse de digitar o zero do número 12 035, o resultado no visor seria 7 063, muito longe da estimativa inicial.

Seria fácil perceber que houve erro.

Vou usar os arredondamentos para estimar resultados e evitar erros!

EXERCÍCIOS

24. Leia e faça o arredondamento dos seguintes números para a centena exata mais próxima.

Quando um número está precisamente no meio, entre outros dois, arredonda-se para a centena seguinte.

a) 165
b) 312
c) 850
d) 1 038
e) 2 050
f) 6 999
g) 41 684
h) 380 609

25. Um trem leva 481 passageiros sentados e 57 em pé. Use o arredondamento do número de passageiros para a dezena mais próxima para estimar quantas pessoas podem viajar nesse trem.

26. Qual foi o consumo aproximado de água no trimestre indicado no quadro?

Arredonde cada número para a centena mais próxima.

Mês	Consumo de água (em litros)
janeiro	5 175
fevereiro	3 804
março	4 485

27. Em cada uma das situações seguintes, faça uma estimativa do custo total e, em seguida, calcule o preço exato.

Arredonde cada preço para a dezena mais próxima.

28. Para cada diferença, procure no quadro abaixo o valor que corresponde à sua melhor estimativa:

a) 92 − 38
b) 591 − 193
c) 25 031 − 4 920

50		20 000		500	
	400		19 000		40
21 000		60		300	

ADIÇÃO E SUBTRAÇÃO DE NÚMEROS NATURAIS

SEÇÃO LIVRE

Calculadora – usando as teclas de memória

Em nosso cotidiano, fazemos muitas contas, não é? Para isso, usamos cálculo mental, papel e lápis e, quando necessário, a calculadora.

Para fazer bom uso da calculadora, precisamos aprender a operá-la, conhecendo seus recursos. As calculadoras, mesmo as mais simples, têm as chamadas teclas de memória M+ , M– e MRC .

As teclas M+ e M– servem para guardar na memória da calculadora o resultado de uma operação que depois será usado em outra operação.

A tecla MRC resgata as informações da memória.

Aprenderemos a usá-las resolvendo um problema.

Luís e Márcio estão numa loja de brinquedos. Luís tem R$ 119,00, e Márcio R$ 76,00. Juntaram essas quantias para comprar três jogos que custam R$ 39,00, R$ 83,00 e R$ 54,00.

Quanto do dinheiro que levaram vai sobrar depois da compra?

Na calculadora, digitamos: 119 + 76 M+ e aparece 195.

(Somamos as quantias que eles possuem e guardamos o resultado na memória.)

Em seguida digitamos: 39 + 83 + 54 M– e aparece 176.

(Somamos os preços dos jogos e guardamos o total na memória, avisando que será subtraído.)

Apertamos então a tecla MRC para chamar os dados da memória.

Aparece 19, pois a calculadora efetuou 195 − 176 = 19.

Sobrarão R$ 19,00 do dinheiro que Luís e Márcio levaram.

Terminado o cálculo, aperte a tecla MRC novamente para limpar a memória e a tecla ON/C para voltar ao zero no visor.

Fácil e útil, não?

Use a calculadora e as teclas de memória para resolver o problema a seguir.

◆ Priscila compra sapatilhas de uma fábrica para revender em sua loja. Ela escolheu uma dúzia de sapatilhas que custam R$ 18,00 cada e duas dúzias de um modelo mais caro: R$ 29,00 cada uma. Quanto Priscila gastará no total?

REVISANDO

29. (OM-MG) Quanto é?

$$12345 - 2345 + 345 - 45 + 5$$

Confira na calculadora o seu resultado!

30. (Prominp) Cláudio estava no 6º degrau de uma escada. Desceu 4 degraus e, depois, subiu 6. Para atingir o 7º degrau, Cláudio deve:

a) subir 1 degrau.
b) descer 1 degrau.
c) subir 2 degraus.
d) descer 2 degraus.

31. Copie e complete as igualdades.

a) 629 + ▨ = 1 243
b) ▨ + 309 = 5 041
c) 8 782 − ▨ = 8 072

32. (Fesp-RJ) Os pais de Carlos casaram-se em 1988 e ele nasceu três anos depois. Carlos completou 18 anos no ano de:

a) 2006
b) 2008
c) 2009
d) 2010

33. (Saresp) A tabela mostra a distribuição dos alunos dos 3 turnos de uma escola, de acordo com o sexo.

	1º turno	2º turno	3º turno
Meninas	135	120	105
Meninos	120	115	125

É correto afirmar que:

a) a escola tem um total de 360 alunos.
b) todos os turnos têm o mesmo número de alunos.
c) o número de meninas é maior que o de meninos.
d) o terceiro turno tem 230 alunos.

34. (Fesp-RJ) Uma pessoa quer trocar duas cédulas de 100 reais por cédulas de 5 reais, 10 reais e 50 reais, recebendo cédulas de todos esses valores e o maior número possível de cédulas de 50 reais. Nessas condições, qual é o número mínimo de cédulas que ela poderá receber?

a) 8
b) 9
c) 10
d) 11

35. (IBGE) O primeiro censo brasileiro foi realizado em 1872. Na época, o Brasil era uma monarquia e ainda existia escravidão. Foram contadas 9 930 480 pessoas, das quais 1 510 806 foram declaradas escravas. Em 1872, quantas pessoas foram declaradas não escravas no Brasil?

36. Observe o quadro com informações do Censo 2010 e responda às questões utilizando uma calculadora.

Cidade	População
São Paulo	10 931 749
Rio de Janeiro	6 143 046
Belo Horizonte	2 304 377
Salvador	2 593 768
Fortaleza	2 397 176

Fonte: IBGE.

a) Qual é a cidade com maior população?
b) Qual é a população total dessas cidades?
c) Quantos habitantes Salvador tem a mais que Belo Horizonte?
d) Qual é a diferença em número de habitantes entre a cidade mais populosa e a menos populosa?

DESAFIOS
NO CADERNO

37. (Vunesp) Observe a pirâmide de números:

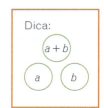

Dica: $a + b$ acima de a e b

Qual é o número que deve substituir a letra *x*, assim que a pirâmide for preenchida com números naturais, de acordo com a regra fixada?

38. (NCE-UFRJ) Do lado de cá somos 84; do lado de lá, são 72. Se 32 dos de cá forem para lá e 43 dos de lá vierem para cá, então a diferença entre a quantidade final dos de cá e dos de lá será:

a) 23
b) 34
c) 38
d) 41

39. A rodovia que liga as cidades A e B mede 180 km. Percorrendo a rodovia, Ari saiu de A para B e andou 87 km; Jair saiu de B em direção a A e percorreu 52 km. Que distância os separa?

40. Foi feita uma pesquisa entre os 50 alunos de uma classe para saber quantos gostavam e quantos não gostavam de MPB (Música Popular Brasileira). Parte do resultado da pesquisa encontra-se na tabela:

	Rapazes	Garotas	Total
Gostam de MPB		17	
Não gostam de MPB			12
Total	28		50

a) Quantos rapazes gostam de MPB?
b) Quantas garotas não gostam de MPB?
c) Qual é o total de garotas nessa classe?

41. Fabiana tem 37 CDs. Sua amiga Flávia disse-lhe: "Se você me desse 10 dos seus CDs, ficaríamos as duas com o mesmo número de CDs". Quantos CDs tem Flávia?

42. (Obmep) Mariana, ao comprar uma blusa de R$ 17,00, enganou-se e deu ao vendedor uma nota de R$ 10,00 e outra de R$ 50,00. O vendedor, distraído, deu o troco como se Mariana lhe tivesse dado duas notas de R$ 10,00. Qual foi o prejuízo de Mariana?

43. Uma professora quer comprar exatamente 123 bombons. Na doceria, só há caixas com dez, cinco ou dois bombons. Como ela poderá fazer a compra?

Compare sua resposta com a dos colegas.

44. (Obmep) O aniversário de Carlinhos é no dia 20 de julho. Em agosto de 2005, ao preencher uma ficha em sua escola, Carlinhos inverteu a posição dos dois últimos algarismos do ano em que nasceu. A professora que recebeu a ficha disse: — Carlinhos, por favor, corrija o ano de seu nascimento, senão as pessoas vão pensar que você tem 56 anos!

Qual a idade de Carlinhos?

AUTOAVALIAÇÃO

NO CADERNO

Anote no caderno o número do exercício e a letra correspondente à resposta correta.

45. (Obmep) Quanto é 99 + 999 + 9 999?

a) 9 997   b) 10 997   c) 11 007   d) 11 097

46. (Prominp) A tabela abaixo apresenta a quantidade de calorias, por 100 gramas, de algumas frutas.

Fruta	Calorias por 100 g
abacaxi	52
banana	88
maçã	64
mamão	67
morango	39
pêssego	52
uva	78

Disponível em: <www.terra.com.br/saude/calorias.htm>. Acesso em: out. 2014.

g é o símbolo de grama

Para preparar meio quilo de salada de frutas, Carla misturou 100 g de morango, 100 g de banana, 100 g de abacaxi, 100 g de mamão e 100 g de uva. Levando-se em consideração os dados apresentados na tabela, quantas calorias tem a salada de frutas que Carla preparou?

a) 324   b) 340   c) 362   d) 388

47. (Vunesp) Um grande mágico se apresentou no Teatro Municipal, cuja lotação é de 650 pessoas. Observando a frequência do público (adultos e crianças) na tabela, pode-se afirmar que o dia em que o Teatro ficou completamente lotado foi:

	5ª-feira	6ª-feira	Sábado	Domingo
Adultos	239	228	297	252
Crianças	307	324	353	298

a) quinta-feira   c) sábado
b) sexta-feira   d) domingo

48. (Cesgranrio-RJ) O Brasil começou o ano com um forte ritmo de contratações com carteira assinada. O gráfico abaixo apresenta o número de empregos com carteira assinada criados em alguns setores da economia, em janeiro de 2010.

Quantas vagas com carteira assinada a construção civil ofereceu a mais do que o setor agropecuário, em janeiro de 2010?

a) 49 953   b) 50 187   c) 51 213   d) 53 746

49. (Vunesp) A tabela mostra o clima durante uma semana.

Dia da semana	Manhã	Tarde	Noite
2ª-feira	sol	nublado	chuva
3ª-feira	nublado	chuva	chuva
4ª-feira	nublado	nublado	nublado
5ª-feira	sol	sol	estrelado
6ª-feira	sol	sol	nublado
sábado	chuva	nublado	nublado
domingo	sol	sol	estrelado

É correto afirmar que nessa semana o total de períodos de chuva e de sol superam o total de períodos nublados em:

a) 1   b) 2   c) 3   d) 4

50. A diferença entre o número cento e vinte mil e o número trinta mil e dois é:

a) 89 998   b) 80 098   c) 90 098   d) 90 002

51. Mauro completou a conta com os números que faltavam.

Ele cometeu um erro na coluna de:

a) unidades.
b) dezenas.
c) centenas.
d) milhares.

52. Veja a representação de uma adição em que os algarismos A, B e C são desconhecidos.

```
  A 3 C
+ 5 B 8
-------
1 3 3 3
```

Qual é o valor da soma A + B + C?

a) 165   b) 19   c) 21   d) 26

53. Abaixo está representada uma subtração.

```
  D 8 B 6
- 2 C 1 A
---------
  5 9 4 2
```

Os algarismos A, B, C e D são, respectivamente:

a) 2, 5, 9, 8   c) 4, 5, 1, 8
b) 4, 5, 8, 9   d) 4, 5, 9, 8

54. (OJM-SP) Dom Pedro II, imperador do Brasil, que morreu em 1891, com 66 anos de idade, começou a reinar quando fez 15 anos. Em que ano ele começou a reinar?

a) 1810   c) 1825
b) 1840   d) 1876

55. (Cesgranrio-RJ) Uma pesquisa realizada com 500 empresas mostrou que somente 120 utilizam papel reciclado. A diferença entre o número de empresas pesquisadas que não usam e que usam papel reciclado é:

a) 260   b) 300   c) 340   d) 380

56. Um dado comum foi lançado sobre uma mesa. A soma de todas as faces visíveis vale 17. O valor da face que está em contato com a mesa é:

a) 2
b) 3
c) 4
d) 5

57. Daniel tem na carteira uma nota de 5 reais, uma moeda de 1 real e uma nota de 2 reais.

Qual dos seguintes valores Daniel não pode pagar sem receber troco?

a) 4 reais   c) 7 reais
b) 6 reais   d) 8 reais

58. Um pai tem 35 anos, e seus filhos 6, 7 e 9 anos. Daqui a 8 anos, a soma das idades dos três filhos menos a idade do pai será de:

a) 2 anos.   c) 11 anos.
b) 3 anos.   d) 13 anos.

59. (Obmep) Considere dois números naturais, cada um deles com três algarismos diferentes. O maior deles só tem algarismos pares e o menor só tem algarismos ímpares. Se a diferença entre eles é a maior possível, qual é essa diferença?

a) 507   b) 531   c) 777   d) 729

UNIDADE 4

Multiplicação e divisão de números naturais

1. As ideias da multiplicação

A turma do 6º ano de certa escola mandou confeccionar camisetas e pretende, com a venda delas, conseguir dinheiro para uma excursão.

Foram vendidas 78 camisetas por R$ 22,00 cada uma. Quanto foi arrecadado?

Acompanhe:

- Temos 78 camisetas, cada uma delas vendida por R$ 22,00:

$$\underbrace{22 + 22 + 22 + 22 + 22 + ... + 22}_{78 \text{ parcelas iguais a } 22}$$

Para simplificar o registro dessa operação, fazemos:

$$78 \times 22 = 1716$$

Portanto, foram arrecadados R$ 1.716,00.

Existem dois sinais que indicam multiplicação: × ou ·.

$$78 \times 22 = 78 \cdot 22 = 1716$$

Usaremos com mais frequência o ponto, para evitar que o sinal da multiplicação seja confundido com a letra **x**.

Multiplicação

Usamos a **multiplicação** para registrar uma adição de parcelas iguais.

$$\underbrace{3 + 3 + 3 + 3}_{4 \text{ parcelas iguais a } 3} = 4 \cdot 3 = 12 \qquad \underbrace{4 + 4 + 4}_{3 \text{ parcelas iguais a } 4} = 3 \cdot 4 = 12$$

Os números multiplicados são chamados **fatores** e o resultado é o **produto**.

$$\underset{\text{fator}}{5} \times \underset{\text{fator}}{2} = \underset{\text{produto}}{10} \quad \text{ou} \quad 5 \cdot 2 = 10$$

MULTIPLICAÇÃO E DIVISÃO DE NÚMEROS NATURAIS 49

Lembrando o algoritmo

Nos algoritmos, usa-se o sinal × para indicar multiplicação.
Veja como foi feito o cálculo a seguir:

```
     2 2
×    7 8
   1 7 6   →  8 vezes 22 unidades = 8 unidades × 22 unidades = 176 unidades
   1 5 4 0 →  70 vezes 22 unidades = 7 dezenas × 22 unidades = 1540 unidades
   1 7 1 6 →  176 + 1540 = 1716
```

É comum usarmos nomes especiais para indicar algumas multiplicações.
Exemplos:
- O dobro de 6 é o mesmo que 2 × 6.
- O triplo de 7 é o mesmo que 3 × 7.
- O quádruplo de 3 é o mesmo que 4 × 3.
- O quíntuplo de 2 é o mesmo que 5 × 2.

REFLETINDO

Qual a soma do dobro de uma dezena com o triplo de uma dúzia? Use cálculo mental!

Contando possibilidades

Além das camisetas, os alunos encomendaram chaveiros, bonés e porta-lápis. Montaram *kits* contendo uma camiseta e um dos outros itens: boné, chaveiro ou porta-lápis.

A tabela mostra as opções de *kits* que eles podem montar.

Com duas cores de camiseta e três tipos de acessório, os alunos podem montar seis *kits* diferentes:

$$2 \cdot 3 = 6$$

Multiplicando o número de cores de camiseta pelo número de tipos de acessório, obtivemos o número de *kits* diferentes com uma camiseta e um acessório.

A multiplicação é aplicada na contagem de possibilidades.

REFLETINDO

Com três cores de camiseta e quatro tipos de acessório, quantos *kits* diferentes poderiam ser montados?

EXERCÍCIOS

1. Numa papelaria há 15 caixas com 12 lápis de cor em cada uma.

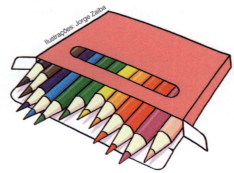

   a) Para calcular de forma mais rápida o número total de lápis, podemos fazer uma operação. Que operação é essa?
   b) Que nome se dá aos números 15 e 12 nessa operação?
   c) Qual é o valor do produto?

2. Represente o número de xícaras:

   a) usando o sinal +;
   b) usando o sinal ×.

3. Escreva duas multiplicações que representem o número de caixas de leite da figura.

4. Determine os produtos.

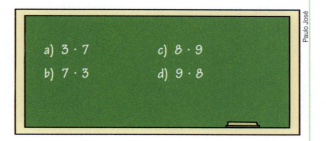

   a) $3 \cdot 7$
   b) $7 \cdot 3$
   c) $8 \cdot 9$
   d) $9 \cdot 8$

   Agora responda.

   e) O que você observa nos resultados dos itens a e b?
   f) O que você observa nos resultados dos itens c e d?
   g) O que você pode concluir?

5. Calcule mentalmente.

   a) $9 \cdot 4 \cdot 1$
   b) $7 \cdot 3 \cdot 10$
   c) $605 \cdot 1\,000$
   d) $2 \cdot 18 \cdot 5$
   e) $39 \cdot 4 \cdot 25$
   f) $25 \cdot 60 \cdot 0$
   g) $63 \cdot 2 \cdot 50$
   h) $2\,000 \cdot 1 \cdot 15$
   i) $27 \cdot 2 \cdot 5 \cdot 5 \cdot 2$
   j) $96 \cdot 200 \cdot 5$

6. O que acontece com o produto quando um dos fatores da multiplicação é igual a zero?

7. Sabendo que

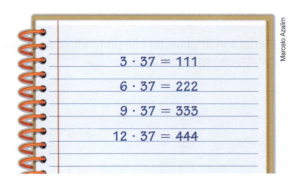

$3 \cdot 37 = 111$
$6 \cdot 37 = 222$
$9 \cdot 37 = 333$
$12 \cdot 37 = 444$

escreva o valor dos seguintes produtos, sem efetuar cálculos:

   a) $15 \cdot 37$
   b) $21 \cdot 37$

MULTIPLICAÇÃO E DIVISÃO DE NÚMEROS NATURAIS

8. Calcule os produtos.

a) 6 · 10
b) 45 · 10
c) 4 · 100
d) 59 · 100
e) 7 · 1000
f) 82 · 1000

Agora responda.

g) O que você observa nos resultados dos itens a e b?

h) O que você observa nos resultados dos itens c e d?

i) O que você observa nos resultados dos itens e e f?

9. Um saco de cimento pesa 50 kg. Calcule mentalmente.

a) Quanto pesam 10 sacos de cimento?

b) Quanto pesam 100 sacos de cimento?

10. Calcule mentalmente.

728 + 728 + 728 + 728 + 728 + + 728 + 728 + 728 + 728 + 728

11. O produto de dois números é 30. Multiplicando cada um dos fatores por 3, o produto fica:

a) o mesmo.
b) aumentado de 6 unidades.
c) multiplicado por 6.
d) multiplicado por 9.

12. Efetue a multiplicação completando-a com os algarismos representados por .

a)
```
    6 ▨ 8
×     ▨ 3
─────────
    1 9 ▨ ▨
  1 ▨ 9 6
─────────
  1 ▨ 9 0 ▨
```

b)
```
    1 3 7
×     ▨ ▨
─────────
    2 7 4
  ▨ ▨ ▨
─────────
  7 1 2 4
```

13. O piso de uma cozinha está sendo revestido com cerâmica quadrada. Já foram colocadas 9 cerâmicas, como mostra a figura abaixo.

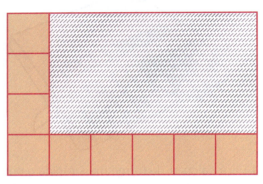

Quantas cerâmicas faltam para cobrir o piso da cozinha?

14. Quantas caixas de sapato estão empilhadas na loja?

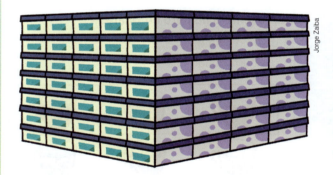

15. Subtraindo o dobro de dois mil e vinte e sete do triplo de dois mil e quatro, obtém-se:

a) 1958
b) 2050
c) 3958
d) 10066

16. Flávia tem 7 anos de idade, e sua irmã Daniela tem o dobro de sua idade. O pai das meninas tem o dobro da idade das duas juntas. Quantos anos tem o pai de Flávia e Daniela?

17. Somando o quádruplo de 135 com o quíntuplo de 206, obtemos:

a) 1560
b) 1570
c) 1300
d) 1499

18. De quantas maneiras diferentes este garoto pode ir de A até C, passando por B, sabendo-se que:
- de A para B existem 2 caminhos diferentes;
- de B para C existem 3 caminhos diferentes.

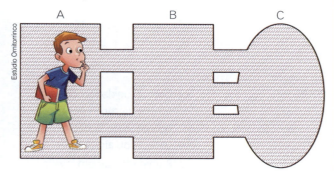

19. Uma loja oferece os seguintes carros com as cores:

Quantas escolhas possíveis tem um consumidor?

20. (Saresp) Para montar um sanduíche, tenho disponíveis os seguintes ingredientes:

Pão	Recheio	Verdura/Legume
de forma	queijo	alface
de leite	presunto	tomate

De quantas formas diferentes poderia montar meu sanduíche combinando um ingrediente de cada coluna?

21. Observe o gráfico.

Quantidade de refeições servidas em uma escola

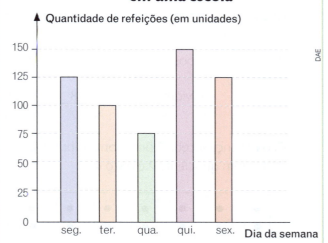

a) Em que dia da semana foram servidas menos refeições?

b) Qual é o total de refeições servidas durante a semana?

c) Se o custo de cada refeição é R$ 8,00, quanto se gasta semanalmente?

22. (OBM) A calculadora de Juliana é bem diferente. Ela tem uma tecla D, que duplica o número escrito no visor, e a tecla T, que apaga o algarismo das unidades do número escrito no visor. Assim, por exemplo, se estiver escrito 123 no visor e apertamos D, teremos 246; depois, apertando T, teremos 24. Suponha que esteja escrito 1999. Se apertarmos D, depois T, em seguida D, depois T, teremos o número:

a) 96

b) 98

c) 79

d) 99

2. As ideias da divisão

Usamos a divisão para repartir uma quantidade em partes iguais ou descobrir quantas vezes uma quantidade cabe em outra.

Considere a situação:

Distribuir igualmente 20 bombons entre 8 crianças. Quantos bombons recebe cada uma? Sobram bombons? Quantos?

Para obter a resposta, efetua-se uma divisão.

$$\begin{array}{r} \text{dividendo} \longrightarrow 20 \\ \text{resto} \longrightarrow 4 \end{array} \bigg| \begin{array}{l} 8 \longleftarrow \text{divisor} \\ 2 \longleftarrow \text{quociente} \end{array}$$

Cada criança recebe 2 bombons. Sobram 4.
20 : 8 tem quociente 2 e resto 4

- Com 20 unidades podemos formar 2 grupos de 8 e sobram 4 unidades;
  ou ainda
- 8 unidades cabem 2 vezes em 20 e sobram 4 unidades.

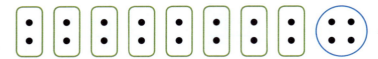

$$20 = 8 + 8 + 4 = 2 \times 8 + 4$$

Numa divisão:
- o resto é sempre menor que o divisor;
- se o resto é zero, a divisão é exata.

REFLETINDO

Por que não demos 1 bombom a cada criança e dissemos que sobraram 12?

Multiplicação e divisão: operações inversas

A divisão exata é a operação inversa da multiplicação. Acompanhe:

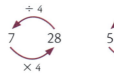

Vamos recorrer à ideia de operação inversa para ver como o zero se comporta nas divisões.
Por exemplo, 0 : 4 = 0.

Veja que esse exemplo faz sentido: zero objeto dividido em 4 partes dá zero para cada parte, pois 0 · 4 = 0. Até aí, tudo bem. E 4 : 0?

O resultado de 4 : 0 deveria ser o número que, multiplicado por zero, resultasse 4. Não há número que, multiplicado por zero, dê 4. Então, é impossível efetuar 4 : 0.

Fizemos esse raciocínio para o caso particular de 4 : 0.

No entanto, ele é válido para qualquer exemplo de divisão de um número diferente de zero por zero.

Atenção!

Conclusão: É **impossível** dividir por zero, ou seja, o zero nunca pode ser divisor.

EXERCÍCIOS

23. Calcule mentalmente.

a) 27 : 3
b) 80 : 4
c) 70 : 2
d) 120 : 6
e) 95 : 5
f) 74 : 74
g) 0 : 29
h) 420 : 7
i) 900 : 10
j) 6 000 : 100

24. Copie e complete as expressões sem efetuar qualquer cálculo.

a) 14 · 35 = 490 | 490 : 14 = ▒ | 490 : 35 = ▒

b) 700 : 28 = 25 | 25 · 28 = ▒ | 700 : 25 = ▒

25. Observe a caixa de bombons.

Se em cada linha há 5 bombons, quantos bombons há em cada coluna?

26. (Saresp) Paulo deseja distribuir 60 bolas de gude de maneira que todos os favorecidos recebam a mesma quantidade, sem sobrar nenhuma bolinha. Para qual dos grupos abaixo ele poderá fazer corretamente a distribuição?

a) Seus 6 primos.
b) Seus 8 vizinhos.
c) Seus 11 colegas.
d) Seus 7 sobrinhos.

27. O resto de 37 dividido por 4 é igual ao resto de:

a) 42 dividido por 5.
b) 61 dividido por 3.
c) 89 dividido por 6.
d) 100 dividido por 7.

28. Pensei num número. Dividi esse número por 2. Em seguida, multipliquei o resultado por 6 e obtive 54. Em que número pensei?

29. (OMRP) Sofia lançou um dado quatro vezes e obteve um total de 23 pontos. Quantas vezes ela obteve 6 pontos?

a) 1
b) 2
c) 3
d) 4

30. (NCE-UFRJ) Tentei distribuir as laranjas que colhi em meu pomar por sete pessoas de modo que todas recebessem a mesma quantidade de laranjas; verifiquei entretanto que, desse jeito, sobravam três laranjas.

Para conseguir distribuir minhas laranjas da forma planejada, preciso então colher mais:

a) quatro laranjas.
b) cinco laranjas.
c) seis laranjas.
d) sete laranjas.

31. Uma sala de aula tem 18 carteiras de dois lugares igualmente distribuídas por três filas.

a) Qual é o número total de lugares?
b) Quantas carteiras há em cada fila?
c) Quantos alunos há em cada fila?

Algoritmo usual

Lembra-se dos *kits* dos alunos do 6º ano?

Com a venda deles, os alunos arrecadaram R$ 1.965,00. Quantos *kits* foram vendidos, se cada um custava R$ 15,00?

A **divisão** permite descobrir essa quantidade.

$$1965 : 15 = ?$$

Como fazer essa divisão?

```
1 9 6 5 | 15
```

- Não dá para dividir 1 por 15.
  Mas 1 unidade de milhar = 10 centenas e, como já temos 9 centenas no número 1 965, ficamos com 10 centenas + 9 centenas = 19 centenas.

```
  1 9 6 5 | 15
− 1 5     |  1
  ─────
    0 4
```

- Dividimos 19 centenas por 15. Dá 1 e restam 4 centenas.

```
  1 9 6 5 | 15
− 1 5     |  1
  ─────
    0 4 6
```

- 4 centenas = 40 dezenas
- 40 dezenas + 6 dezenas = 46 dezenas

```
  1 9 6 5 | 15
− 1 5     | 13
  ─────
    0 4 6
  −   4 5
      ───
      0 1
```

- Dividimos agora 46 dezenas por 15. Dá 3 e resta 1 dezena.

```
  1 9 6 5 | 15
− 1 5     | 13
  ─────
    0 4 6
  −   4 5
      ───
      0 1 5
```

- 1 dezena = 10 unidades
  10 unidades + 5 unidades = 15 unidades

```
  1 9 6 5 | 15
− 1 5     | 131
  ─────
    0 4 6
  −   4 5
      ───
      0 1 5
    −   1 5
        ───
          0
```

- Finalmente dividimos 15 unidades por 15.
  Dá 1 e resta zero.
  Esta é uma divisão exata, pois o resto é zero.

Portanto, os alunos do 6º ano venderam 131 *kits*.

REFLETINDO

Usando a ideia de que multiplicação e divisão são operações inversas, que cálculo devemos fazer para verificar se realmente 1965 : 15 = 131?

EXERCÍCIOS

32. Observe a divisão abaixo.

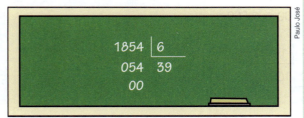

Nessa divisão o aluno:

a) acertou a conta.
b) errou a conta, pois o quociente é 139.
c) errou a conta, pois o quociente é 309.
d) errou a conta, pois o quociente é 319.

33. Calcule mentalmente.

a) 624 : 2
b) 963 : 3
c) 848 : 4
d) 1010 : 5
e) 6036 : 6
f) 7490 : 7

Primeiro estime o quociente; depois, calcule. Confira os resultados na calculadora!

34. Observe as divisões e responda:

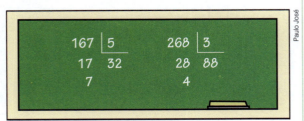

Estão certas ou erradas? Por quê?

35. Considere a divisão.

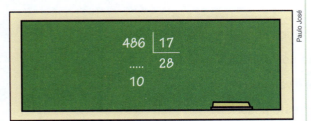

Qual é o menor número que se deve adicionar ao dividendo para obter um quociente exato?

36. Quais números devem ocupar o lugar dos ▨?

a) 250 : 5 = 18 + ▨
b) 480 : 8 = ▨ × 15
c) 300 : 10 = 70 − ▨

37. Três milhões e seiscentos é o triplo de:

a) 1 200 000
b) 1 020 000
c) 1 000 020
d) 1 000 200

38. Calcule:

a) a soma de 28 com metade de 12;
b) a diferença entre o triplo de 7 e a terça parte de 30;
c) a quinta parte de metade de 120.
d) a décima parte do dobro de 70.

39. (Ipad-PE) A terça parte dos aeroportos do mundo fica localizada nos Estados Unidos. Sabendo que existem 1 650 aeroportos no mundo, quantos deles ficam nos Estados Unidos?

40. Um sitiante cria galinhas e tem caixas para armazenar 6 ovos e caixas para armazenar 12 ovos. Qual é o menor número de caixas que ele precisa para armazenar 78 ovos?

a) 6
b) 7
c) 9
d) 13

41. (Vunesp) De mesada, Júlia recebe mensalmente do seu pai o dobro que recebe de sua mãe. Se em 5 meses ela recebeu R$ 375,00, então, de sua mãe ela recebe, por mês:

a) R$ 15,00
b) R$ 25,00
c) R$ 30,00
d) R$ 35,00

Divisão por subtrações sucessivas

Há um outro modo de registrar essa divisão que acabamos de mostrar na página 56. Para saber quantos *kits* foram vendidos, você também poderia raciocinar assim:

◆ Vendendo 100 *kits*, os alunos arrecadariam 15 · 100 = 1 500 reais:

$$\begin{array}{r|l} 1965 & 15 \\ -1500 & 100 \\ \hline 465 & \end{array}$$

1 965 − 1 500 = 465 (Ficam faltando 465 reais para completar o valor arrecadado.)

◆ Por aproximação, podemos colocar mais 30 *kits*, pois 30 · 15 = 450.

$$\begin{array}{r|l} 465 & 15 \\ -450 & 30 \\ \hline 15 & \end{array}$$

◆ Como 465 − 450 = 15, sobram 15 reais, que correspondem a mais 1 *kit*.

$$\begin{array}{r|l} 15 & 15 \\ -15 & 1 \\ \hline 0 & \end{array}$$

◆ Finalmente, 100 + 30 + 1 = 131.

Atenção!

Repare que o resultado foi o mesmo para os dois raciocínios feitos: algoritmo usual e por subtrações sucessivas.

> Você quer sugerir outro procedimento para efetuar essa divisão? Vá em frente! Mostre-o aos seus colegas!

Zubartez

INTERAGINDO

Respondam no caderno

1. O produto de dois números é ímpar. O que podemos afirmar sobre eles?
2. O produto de dois números é zero. O que podemos afirmar sobre eles?
3. Se $x \cdot y = x$ e x e y são diferentes de zero, qual é o valor de y?
4. Na divisão de um número por 13, qual é o maior resto possível?
5. Um número natural dividido por 6 deixa resto 4. Qual é o resto da divisão deste número por 3?
6. Procurem todos os números naturais que divididos por 5 dão resto igual ao quociente.

SEÇÃO LIVRE

42. (Cotuca/Unicamp-SP)

Usando a "velha matemática", divida o número quarenta e sete mil seiscentos e quarenta e quatro por dezenove. O quociente e o resto obtidos valem, respectivamente:

a) 257 e 11   b) 2 057 e 9   c) 2 507 e 9   d) 2 507 e 11

43. Veja uma sequência de bolinhas azuis e brancas que Tiago desenhou. Na sequência, há um padrão que se repete sempre.

a) Quais são as três bolinhas que vêm a seguir na sequência?
b) Tiago desenhou um total de 80 bolinhas na sequência. Quantas bolinhas azuis ele desenhou?

44. Na figura, cada um dos três símbolos representa um algarismo. Os números indicados são a soma dos algarismos de cada linha e de cada coluna. Qual é o algarismo representado por cada símbolo?

♦	♥	□	16
♥	♥	♥	12
♦	♦	♥	14
14	13	15	

MULTIPLICAÇÃO E DIVISÃO DE NÚMEROS NATURAIS

Relação fundamental da divisão

Em todas as divisões temos:

> quociente × divisor + resto = dividendo

Veja exemplos:

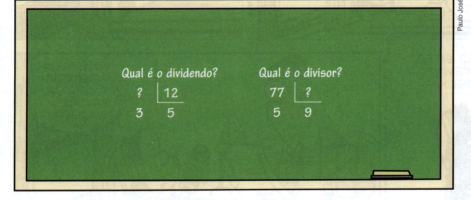

- Divisão não exata

    45 | 6
    3   7

    7 × 6 = 42

    42 + 3 = 45, que é o dividendo.

- Divisão exata

    24 | 8
    0   3

    8 × 3 = 24

    24 + 0 = 24, que é o dividendo.

Tente descobrir mentalmente.

Qual é o dividendo?

? | 12
3   5

Qual é o divisor?

77 | ?
5   9

Copie o quadro no caderno e complete-o.

Dividendo	Divisor	Quociente	Resto
37	5		
×2 → 74	×2 → 10		
×3 → 111	×3 → 15		
×4 → 148	×4 → 20		
×5 → 185	×5 → 25		

Troque ideias com os colegas e responda no caderno às questões a seguir.

1. O que acontece com o quociente de uma divisão quando multiplicamos o dividendo e o divisor por um mesmo número diferente de zero?
2. O que acontece com o resto de uma divisão quando multiplicamos o dividendo e o divisor por um mesmo número diferente de zero?

EXERCÍCIOS

45. Um garoto sujou com tinta um papel no qual estavam escritas duas divisões.

a)

b) 121 | 17
      2

Você consegue reconstituí-las?

46. O dividendo e o resto desta divisão foram apagados:

▨▨ | 4
▨▨ | 15

a) Quais são os valores possíveis do resto nesta divisão?
b) Que números naturais podem ser escritos no dividendo?

47. Procure os números que faltam:

7 ▨ 4 ▨ | 41
3 1 4   1 ▨ ▨
   2 7 5
     ▨ 9

48. A igualdade $41 = 6 + 7 \cdot 5$ pode representar uma divisão cujo divisor é igual a:

a) 5
b) 7
c) 7 ou 5
d) 6 ou 7

49. Uma sala de teatro tem 395 lugares, em filas de 26 poltronas, exceto a última que tem mais.

a) Quantas poltronas tem a última fila?
b) Quantas filas de 26 poltronas existem?

50. Tiago precisa de mais uma figurinha para completar as 18 páginas de seu álbum, que tem 12 figurinhas por página. Quantas figurinhas tem Tiago?

51. Um número natural dividido por 20 deixa resto 8. O resto da divisão desse número por 5 é igual a:

a) 1
b) 2
c) 3
d) 4

52. Nos jogos válidos de um campeonato de futebol, cada vitória dá ao time 3 pontos, enquanto cada empate vale 1 ponto. Se perder, o time não ganha pontos. Um jornal publicou uma tabela com a classificação dos três melhores times. Entretanto, três números da tabela não puderam ser identificados, sendo substituídos pelas letras x, y e z, conforme é mostrado abaixo:

Time	Pontos ganhos	Nº de vitórias	Nº de empates
Corinthians	x	8	0
Vasco	y	6	1
Cruzeiro	17	z	2

Calcule o valor de:

a) x
b) y
c) z

3. Expressões numéricas

Na língua portuguesa encontramos expressões como as mostradas nas figuras.

Na Matemática encontramos as **expressões numéricas**, que envolvem números e operações.
Quando efetuamos uma expressão numérica, chegamos a um número.
A expressão numérica $3 + 2 \cdot 7$ envolve adição e multiplicação. Como podemos efetuá-la?
Sabemos que $2 \cdot 7 = 7 + 7$.

O número 3 deve ser somado a $7 + 7$.

Então, o resultado da expressão do nosso exemplo é 17, pois devemos fazer primeiro a multiplicação e depois a adição.

Então:
$3 + 2 \cdot 7 = 3 + 7 + 7 = 17$
$3 + 2 \cdot 7 = 3 + 14 = 17$
A multiplicação deve ser efetuada antes da adição.

Para resolver expressões numéricas, as operações devem ser efetuadas na seguinte ordem:

1º) As multiplicações e as divisões na ordem em que aparecem na expressão (da esquerda para a direita).
2º) As adições e as subtrações na ordem em que aparecem na expressão (da esquerda para a direita).

Que tal mais alguns exemplos? Observe:

$$2 \cdot 9 : 3 - 5 =$$
$$= 18 : 3 - 5 =$$
$$= 6 - 5 =$$
$$= 1$$

$$18 - 3 : 3 + 7 \cdot 3 - 2 =$$
$$= 18 - 1 + 21 - 2 =$$
$$= 17 + 21 - 2 =$$
$$= 38 - 2 =$$
$$= 36$$

Muitas vezes utilizamos uma expressão numérica para representar e resolver um problema. Veja os exemplos:

1. Dona Zélia comprou 2 kg de muçarela e 3 kg de linguiça, pagando por quilo o preço anunciado no cartaz ao lado.

Se ela pagou a compra com uma nota de R$ 100,00, quanto recebeu de troco?

Podemos descobrir a resposta resolvendo a expressão numérica que representa o problema.

Dos R$ 100,00 devemos tirar:
- 2 kg de muçarela a R$ 22,00 o quilo: 2 · 22
- 3 kg de linguiça a R$ 15,00 o quilo: 3 · 15

A expressão fica:

$$100 - 2 \cdot 22 - 3 \cdot 15 =$$
$$= 100 - 44 - 45 =$$
$$= 56 - 45 = 11$$

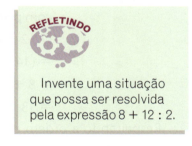

Vamos efetuar primeiro as multiplicações.

Então, ela recebeu R$ 11,00 de troco.

No exemplo 2, vamos encontrar uma situação nova. Acompanhe.

2. Durante a semana, Ana preparou deliciosos pães de mel para vender às freguesas no sábado e no domingo. Para controlar a produção, utilizou o quadro a seguir.

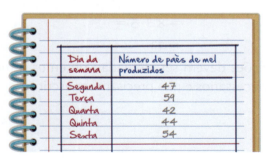

Dia da semana	Número de pães de mel produzidos
Segunda	47
Terça	59
Quarta	42
Quinta	44
Sexta	54

Os pães de mel serão embalados em caixas com 6 unidades.

Ana precisa de nossa ajuda para calcular de quantas caixas ela vai precisar.

Para resolver o problema, devemos calcular o total de pães de mel produzidos na semana e, depois, dividir esse total por 6.

No entanto, se escrevermos a expressão 47 + 59 + 42 + 44 + 54 : 6 e obedecermos às regras que determinam a ordem das operações, teremos de efetuar primeiro a divisão e depois a adição. Não é o que queremos!

Mas Ana não precisa se preocupar, pois existem regras para evitar esse tipo de erro.

REFLETINDO

Invente uma situação que possa ser resolvida pela expressão 8 + 12 : 2.

Atenção!

Para indicar que certas operações devem ser feitas antes de outras, usaremos símbolos:
( ) parênteses
[ ] colchetes
{ } chaves

Ordem de resolução

Na expressão que escrevemos para o problema de Ana, devemos colocar parênteses para indicar que a adição deve ser efetuada antes da divisão.

$$(47 + 59 + 42 + 44 + 54) : 6 = 246 : 6 = 41$$

Ana precisa de 41 caixas.

A ordem de resolução para expressões que apresentam parênteses, colchetes e chaves é:

> 1º) resolver as operações que estão dentro dos parênteses;
> 2º) resolver as operações que estão dentro dos colchetes;
> 3º) resolver as operações que estão dentro das chaves.

Mas, além desses símbolos, devemos obedecer também à ordem de resolução das operações que já vimos anteriormente, certo?

Atenção!

Ao escrever uma expressão numérica, observe se os parênteses, os colchetes e as chaves são mesmo necessários.

Por exemplo:

- com parênteses:
$(7 \cdot 2 - 6) + 5 =$
$= (14 - 6) + 5 =$
$= 8 + 5 =$
$= 13$

- sem parênteses:
$7 \cdot 2 - 6 + 5 =$
$= 14 - 6 + 5 =$
$= 8 + 5 =$
$= 13$

Respeitando a ordem em que as operações devem ser efetuadas, obtemos o mesmo resultado. Portanto, nesse caso os parênteses são desnecessários e não precisam ser escritos.

As sentenças abaixo expressam a mesma ideia?
- Hoje não vou estudar!
- Hoje, não! Vou estudar!

O que fez com que o sentido mudasse?

Agora resolva as expressões no caderno:

a) $(15 - 7) \cdot 3 - 1$

b) $15 - 7 \cdot (3 - 1)$

Elas têm o mesmo resultado?

No caderno, escreva suas conclusões sobre a importância da posição de parênteses, colchetes e chaves numa expressão numérica. Crie exemplos que comprovem essas ideias.

EXERCÍCIOS

53. Copie as expressões e coloque em cada ▨ um dos sinais + ou − de modo a obter igualdades.

a) 5 ▨ 3 ▨ 1 = 7
b) 8 ▨ 1 ▨ 5 = 2
c) 15 ▨ 5 ▨ 10 = 30
d) 16 ▨ 2 ▨ 1 = 15

54. Faça o que se pede.

a) Resolva as expressões que constam em cada ficha.

Ⓐ 9 + 5 · 6
Ⓑ 21 : 3 + 4
Ⓒ 30 − 6 : 2
Ⓓ 40 − 5 · 8
Ⓔ 6 · 10 − 8 : 2
Ⓕ 20 : 4 + 6 · 8
Ⓘ 50 + 12 : 2
Ⓙ 16 : 2 + 6
Ⓚ 3 · 7 − 2 · 5
Ⓛ 5 · 6 : 3 − 8

b) Identifique a caixa abaixo em que deve ser colocada cada ficha, observando que o resultado da expressão deve ser igual ao número indicado na caixa.

 14
 84
 2

 27
 12
 56

 53
 31
 3

 0
 11
 39

c) Responda.
- Quantas caixas receberam duas fichas?
- Quantas caixas receberam uma ficha?
- Quantas caixas não receberam ficha?

55. Copie as expressões e descubra onde devem ser colocados os parênteses para que os resultados sejam os indicados.

a) 16 : 2 · 4 = 2
b) 14 + 3 · 12 = 204
c) 4 · 3 + 6 · 7 = 252
d) 2 + 7 · 3 + 5 = 58
e) 2 + 7 · 3 + 5 = 32
f) 2 + 7 · 3 + 5 = 72

56. Viviane tem R$ 185,00 para fazer compras. Das coisas que viu, ela decidiu comprar:

- 2 pares de sapatos por R$ 68,00 cada um;
- 1 camiseta por R$ 14,00;
- 5 pares de meias por R$ 3,00 cada um.

Escreva e resolva a expressão numérica que indica quanto dinheiro sobrou.

57. Calcule o valor das expressões.

a) (12 + 2 · 5) − 8
b) 25 − (15 + 6 : 3)
c) 25 + [7 + (8 − 4 : 2)]
d) 60 − [8 + (10 − 2) : 2]
e) 80 − [22 + (5 · 2 − 1) + 6]
f) 14 : 2 + [13 − (4 · 2 + 1)]

MULTIPLICAÇÃO E DIVISÃO DE NÚMEROS NATURAIS

4. Propriedade distributiva da multiplicação

Três amigos foram juntos a uma lanchonete. Cada um deles tomou um suco e comeu um mega-hambúrguer. O mega-hambúrguer custa R$ 4,00 e o suco, R$ 2,00. Quanto eles gastaram no total?

Vamos pensar em dois modos de resolver esse problema:

1. Determinar quanto cada um gastou (1 mega--hambúrguer + 1 suco) e multiplicar o valor por 3, porque são 3 pessoas.

$3 \cdot (4 + 2) = 3 \cdot 6 = 18$

↳ preço de 1 suco
↳ preço de 1 mega-hambúrguer

Lembre-se de que os parênteses indicam que faremos primeiro a adição.

2. Calcular 3 vezes o preço do mega-hambúrguer, 3 vezes o preço do suco e então somar esses valores.

$3 \cdot 4 + 3 \cdot 2 = 12 + 6 = 18$

↳ preço de 1 suco
↳ preço de 1 mega-hambúrguer

Lembre-se de que devemos fazer primeiro as multiplicações.

Como você viu, os dois procedimentos levaram à mesma solução: a conta da lanchonete ficou em R$ 18,00. Podemos dizer que:

$$3 \cdot (4 + 2) = 3 \cdot 4 + 3 \cdot 2$$

É possível distribuir a multiplicação pelas parcelas da adição!
Veja mais exemplos:

- $5 \cdot (2 + 7) = 5 \cdot 2 + 5 \cdot 7 = 10 + 35 = 45$
  $5 \cdot 9 = 45$

- $(3 + 5) \cdot 2 = 3 \cdot 2 + 5 \cdot 2 = 6 + 10 = 16$
  $8 \cdot 2 = 16$

A propriedade que verificamos envolve a multiplicação e a adição. Seu nome **é propriedade distributiva da multiplicação em relação à adição**.

Também podemos distribuir a multiplicação em relação à subtração. Observe os exemplos:

- $3 \cdot (6 - 2) = 3 \cdot 6 - 3 \cdot 2 = 18 - 6 = 12$
  $3 \cdot 4 = 12$

- $(4 - 1) \cdot 2 = 4 \cdot 2 - 1 \cdot 2 = 8 - 2 = 6$
  $3 \cdot 2 = 6$

Para calcular mentalmente $6 \cdot 157$, José fez $6 \cdot 157 = 6 \cdot (100 + 50 + 7) =$
$= 6 \cdot 100 + 6 \cdot 50 + 6 \cdot 7 =$
$= 600 + 300 + 42 = 942$

Ele encontrou o resultado correto? Você costuma usar esse procedimento de cálculo mental? Converse com os colegas.

EXERCÍCIOS

58. Silvina trabalha 6 dias por semana, 3 horas de manhã e 5 horas à tarde. Qual das expressões seguintes representa o número de horas que Silvina trabalha numa semana?

a) 6 + 5 + 3
b) 6 + (5 + 3)
c) (6 + 3) · 5
d) 6 · (3 + 5)

59. Em uma parede da cozinha há 15 fileiras de 10 azulejos e em outra há 13 fileiras de 10 azulejos. Calcule, de duas maneiras diferentes, a quantidade de azulejos que há nessa cozinha.

60. Calcule, de dois modos diferentes, a pontuação total dos dados.

61. Em volta de um terreno retangular de 20 metros por 30 metros, deve-se construir uma cerca com 3 fios de arame farpado, vendido em rolos de 50 m. Quantos rolos devem ser comprados?

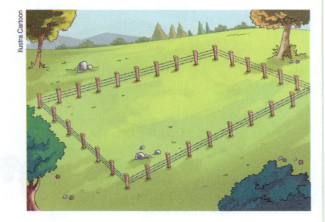

62. Aplique a propriedade distributiva para resolver cada uma das expressões.

a) 2 · (8 + 9)
b) (2 + 4) · 6
c) 3 · (8 − 2)
d) (7 − 5) · 4

63. Acompanhe os quadros:

Pensando desse mesmo modo, calcule mentalmente.

a) 6 · 25
b) 9 · 81
c) 4 · 72
d) 9 · 15
e) 8 · 35
f) 5 · 140
g) 13 · 101
h) 50 · 102

64. Calcule mentalmente.

a) 7 · 59
b) 5 · 78
c) 8 · 99
d) 4 · 19
e) 12 · 29
f) 3 · 198

5. Vamos resolver mais problemas?

Nesta seção, nos exercícios a seguir, trabalhe em dupla, pois assim você poderá trocar informações e comparar os resultados com um colega.

Leia, a seguir, algumas sugestões que podem ajudá-los nesta tarefa.

◆ Leia com atenção o enunciado do problema, identificando as informações dadas e o que se quer descobrir.

◆ Imagine uma estratégia para a resolução, ou seja, quais são os passos para resolver o problema.

◆ Registre essa estratégia para que outras pessoas possam entender como você chegou à resposta.

◆ Esse registro pode conter desenhos, expressões e algoritmos, desde que apresentados com clareza e coerência.

◆ Confira estratégias e resultados.

◆ Apresente a resposta do problema de forma completa.

EXERCÍCIOS

NO CADERNO

65. Para promover a venda de uma televisão, o cartaz anuncia:

Quanto pagará a mais quem comprar a prazo?

66. Maristela possuía R$ 71,00 e Maurício, R$ 85,00. Juntaram suas quantias para comprar 12 CDs de mesmo preço. Quanto custou cada CD se gastaram todo o dinheiro?

67. Um paciente deve tomar uma cápsula de 8 em 8 horas. A caixa de remédio receitada contém 36 cápsulas. Quantos dias demorará o tratamento?

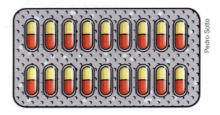

68. Dona Eliana quer dividir igualmente certa quantia de dinheiro entre seus 6 netinhos. Ela tem oito cédulas (duas de 100, cinco de 10 e uma de 5 reais) e três moedas de 1 real. Quanto vai receber cada neto?

69. Um estacionamento cobra R$ 3,00 pela primeira hora. A partir da segunda, o valor é de R$ 2,00. Quanto pagará o proprietário de um carro que esteve estacionado durante 7 horas?

70. Leia o que Carla disse e responda.

Eu tenho 5 anos, minha irmã é 7 anos mais velha que eu, e a idade de meu avô é o produto de nossas idades.

Quantos anos tem o avô de Carla?

71. (Saresp) A tabela abaixo indica a quantidade de doces que foi comprada para a festa de aniversário de Glorinha e a quantidade de doces que sobrou no final da festa.

Doce	Caixas compradas	Doces em cada caixa	Doces que sobraram
beijinho	2	215	325
brigadeiro	1	400	312

Quantos doces foram consumidos na festa?

72. Enilda, diretora de uma escola, deseja que todas as salas do 9º ano fiquem com o mesmo número de alunos.

Sala A — 31 Alunos
Sala B — 27 Alunos
Sala C — 40 Alunos
Sala D — 29 Alunos
Sala E — 38 Alunos

Que cálculo deve ser feito? Qual será seu resultado?

O número que você determinou é a média aritmética.

73. Um aluno obteve as seguintes notas bimestrais em Geografia:

6   9   5   8

Qual é a média aritmética dessas notas?

74. Comprei dois CDs. Um custou R$ 19,00, e o outro R$ 13,00. Qual é o preço médio (média aritmética dos preços) desses dois CDs?

75. (Saresp) Uma pilha comum dura cerca de 90 dias, enquanto que uma pilha recarregável chega a durar 5 anos. Se considerarmos que 1 ano tem aproximadamente 360 dias, poderemos dizer que uma pilha recarregável dura, em relação a uma pilha comum:

a) 10 vezes mais.
b) 15 vezes mais.
c) 20 vezes mais.
d) 25 vezes mais.

76. (Fesp-RJ) Dona Carmem é doceira. Para entregar uma encomenda, ela fez três pacotes. No primeiro, havia certa quantidade de doces. No segundo pacote havia 10 doces a mais que no primeiro. No terceiro, havia 15 doces a mais que no segundo. Se, ao todo, dona Carmem entregou 170 doces, quanto havia no primeiro pacote?

77. Um grupo de 12 amigos encomendou um jantar a um bufê. No dia do jantar, quatro deles não puderam comparecer. Com isso, para que o pagamento do jantar fosse efetuado, cada um dos participantes precisou desembolsar R$ 45,00 a mais. Qual era, em reais, o valor total desse jantar?

78. (Obmep) Pedro Américo e Cândido Portinari foram grandes pintores brasileiros, e Leonardo da Vinci foi um notável artista italiano. Pedro Américo nasceu em 1843. Já Leonardo da Vinci nasceu 391 anos antes de Pedro Américo e 451 anos antes de Portinari. Em que ano Portinari nasceu?

a) 1903
b) 1904
c) 1905
d) 1906
e) 1907

Cândido Portinari. *Meninos no balanço*, 1960.
Óleo sobre tela, 61 cm × 49 cm.

79. Glaucia gastou R$ 284,00 para comprar seu uniforme. Sabe-se que ela gastou R$ 156,00 para comprar 3 calças e que o restante foi utilizado para a compra de 4 camisetas idênticas. Quanto custou cada camiseta?

80. A figura abaixo representa algumas ruas de mão única.

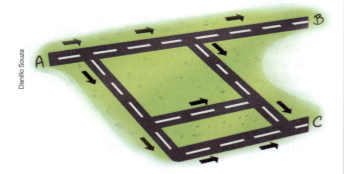

- 128 carros entraram em A
- Na esquina em que há duas opções de direção, o tráfego se divide igualmente entre elas.

Responda.

a) Quantos carros saem por B?
b) Quantos carros saem por C?

81. (OBM) Um pequeno caminhão pode carregar 50 sacos de areia ou 400 tijolos. Se foram colocados no caminhão 32 sacos de areia, quantos tijolos ele ainda poderá carregar?

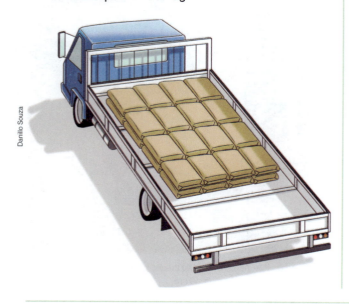

82. Ontem resolvi trazer bombons para meus 35 colegas de classe. Dei 4 bombons para cada um; dos que sobraram dei metade para a professora e comi o que restou, isto é, 3 bombons. Quantos bombons eu trouxe?

83. (CPII-RJ) Leia com atenção a história em quadrinhos abaixo e depois responda às perguntas.

Maurício adora ler revistinhas de histórias em quadrinhos. Ele possuía 20 revistinhas e já tinha lido todas elas.

Um dia encontrou um jornaleiro que troca duas revistinhas velhas por uma nova.
Maurício saiu correndo para trocar suas 20 revistinhas velhas por outras novas.

Ele leu rapidamente todas as novas revistinhas que trocou...
... e voltou ao jornaleiro para uma nova troca.

E assim, Maurício foi fazendo trocas, sempre trocando o maior número de revistinhas que podia...
... até que não pudesse fazer mais nem uma troca.

a) Quantas revistinhas trocadas pelo jornaleiro Maurício leu?
b) Quantas vezes ele foi ao jornaleiro para trocar revistinhas?

6. Medindo o tempo

Meu aniversário é daqui a cinco dias!

Pênalti aos 45 minutos do 2º tempo.

O tempo e suas medidas são importantes em nossa vida.

Distribuímos nossas atividades e marcamos compromissos com base na passagem do tempo.

Há milhares de anos o ser humano percebeu que as sombras projetadas pela incidência da luz do Sol se moviam e, pelo caminho percorrido por elas, era possível medir o tempo entre o amanhecer e o anoitecer. Em algum momento, nessa longa história, estabeleceu-se que o dia teria 24 horas. Só depois surgiram os minutos e os segundos.

Hoje utilizamos várias unidades de tempo. Vamos relacionar algumas delas?

- 1 ano = 365 dias
- 1 dia = 24 horas
- 1 hora = 60 minutos
- 1 minuto = 60 segundos

É importante dormir oito horas por noite!

Atenção!

A cada 4 anos temos um ano com 366 dias: são os chamados **anos bissextos**.

CONECTANDO SABERES

Vemos ao lado a fotografia de um relógio de sol.

O deslocamento da sombra projetada pela haste mede a passagem do tempo.

O mais antigo relógio de sol existente está exposto no Museu de Berlim. Acredita-se que pertenceu ao faraó Tutmés III, do Egito (1504-1450 a.C.).

A ampulheta apareceu por volta do século VIII como um importante instrumento para marcar o tempo. A areia leva um tempo fixo para cair de um recipiente de vidro para o outro por uma pequena passagem. Quando a areia escoa totalmente, vira-se o instrumento para ter um novo e igual intervalo de tempo. Os soldados romanos usavam ampulhetas para marcar a troca de guarda. Carlos Magno tinha uma ampulheta de 12 horas. Cristóvão Colombo usava uma de meia hora.

Situações e problemas envolvendo medidas de tempo

As medidas de tempo estão presentes em inúmeras situações do cotidiano. Vamos examinar algumas delas?

1. Lendo as informações no encarte do DVD a que pretendo assistir, vi que o filme tem duração de 168 minutos. Coloquei o DVD às 13h30min. A que horas terminarei de assistir ao filme?

   2 horas têm 120 minutos
   168 − 120 = 48 minutos

   O filme tem duração de 2 horas e 48 minutos.
   Como são 13h30min, temos:

   13h30min
   + 2h48min
   15h78min

   Mas 78 minutos correspondem a 1 hora e 18 minutos, ou seja,
   15h78min = 15 h + 1 h + 18 min = 16h18min.
   Portanto, o filme terminará às 16h18min.

2. A corrida de São Silvestre, tradicionalmente disputada em São Paulo no dia 31 de dezembro, teve como vencedor em 2010 o brasileiro Marilson Gomes dos Santos com um tempo de 44 minutos e 2 segundos. O segundo e o terceiro lugar foram conquistados pelos quenianos, sendo Barnabas Kiplagat Kospei com 44 minutos e 45 segundos e James Kipsang Kwambai com 45 minutos e 15 segundos. Qual é a diferença entre o tempo dos dois atletas quenianos?

   Precisamos efetuar 45 min 15 s − 44 min 45 s. Para poder subtrair os segundos procederemos assim:
   45 min 15 s = 44 min + 60 s + 15 s = 44 min 75 s
   Agora fazemos a subtração:

   44min75s
   − 44min45s
   0min30s

   A diferença entre os tempos foi de 30 segundos.

1. Quantos segundos há em uma hora e meia?
2. O 4º lugar da prova destacada no exemplo acima também foi conquistado por um brasileiro: Giovani dos Santos, com 45min33s. Calcule no caderno a diferença entre o tempo de Marilson e o de Giovani.
3. Durante testes, uma prensa usada para cortar peças em aço apresentou um defeito intermitente: a cada 45 segundos, produzia uma peça defeituosa. Se o defeito não for corrigido, quantas peças serão perdidas por hora?
4. Pesquisem informações sobre instrumentos utilizados para medir o tempo nos dias de hoje.

EXERCÍCIOS

84. Responda.
a) Quantos minutos têm 5 horas?
b) Quantos segundos têm 2 minutos?
c) Quantos minutos tem meia hora?
d) Quantas horas equivalem a 420 minutos?

85. Diga que horas são:
a) 35 min depois das 8h;
b) 25 min depois das 8h35min;
c) 10 min depois das 10h55min;
d) 17 min depois das 8h45min;
e) 55 min depois das 21h50min;
f) 35 min depois das 23h45min.

86. Em uma faxina, Silmara gasta 7 horas de trabalho diário. Se ela iniciar a faxina às 8 horas, a que horas ela vai terminar, se parar uma hora e 30 minutos para o almoço?

87. O ônibus saiu de São Paulo às 5h45min. A viagem até Catanduva demorou 4 h e 25 min.
A que horas o ônibus chegou?

88. Paulo foi dormir às 22h15min e, na manhã seguinte, acordou às 7h20min. Durante quanto tempo Paulo dormiu, já que ele não acordou durante a noite?

89. Lúcia foi assistir ao filme *Central do Brasil*, que tem duração de 112 minutos e começou a ser exibido às 18h30min. A que horas terminou o filme?

90. (Cesgranrio-RJ) O sinal de trânsito de certa rua permanece aberto para pedestres por 30 segundos. Uma pessoa partiu de uma das calçadas 5 segundos após a abertura do sinal e levou 16 segundos atravessando a rua. Quando ela terminou a travessia, quantos segundos faltavam para que o sinal fechasse para os pedestres?

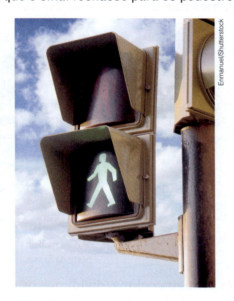

91. O piloto Felipe Massa dá uma volta em uma pista em 1 minuto e 20 segundos.
Supondo condições equivalentes, em quanto tempo dará 3 voltas?

92. Um *show* tem início exatamente às 21h15min35s e termina às 23h48min15s. Qual foi a duração desse espetáculo?

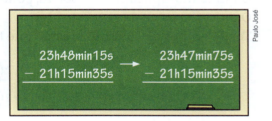

93. Fiz uma viagem em duas etapas. Os tempos gastos foram:

Etapa A: 6 h 43 min 39 s
Etapa B: 5 h 24 min 35 s

Qual foi o tempo total da viagem?

SEÇÃO LIVRE

Aprendendo coisas novas!

A técnica russa

Vamos conhecer uma técnica interessante para resolver a multiplicação? Essa técnica era usada por camponeses russos. É fácil aplicá-la, pois só envolve dobros, metades e somas.

Vamos usá-la para efetuar 24 · 16.

Área rural no norte da Rússia.

Na primeira coluna, dividimos os números por 2 a partir do 24. Se sobrar resto, despreze-o, até terminar as divisões. Na segunda coluna, dobramos cada número a partir do 16. Em seguida, riscamos as linhas que têm número par na primeira coluna. Somamos os números que restaram na segunda coluna:

128 + 256 = 384   Esse é o produto procurado.

Confira o resultado no caderno! Use essa técnica para calcular 32 · 21 e confira se o resultado está novamente correto.

Por que será que dá certo? Qual é a explicação matemática para isso? Acompanhe.

Quando multiplicamos 24 por 16, podemos imaginar 24 grupos com 16 objetos em cada um.

O processo parte da seguinte ideia:

Ter 24 grupos de 16 dá no mesmo que ter:

Como agora devemos dividir 3 por 2 e 3 : 2 = 1 e sobra 1, fazemos: 1 grupo de 256, sem esquecer que sobrou um grupo de 128 da divisão acima. Daí, 24 · 16 = 256 + 128 = 384.

Junte-se a um colega e tentem explicar, com base na justificativa do processo, por que os camponeses somam apenas os números da segunda coluna correspondentes a números ímpares da primeira coluna.

Pratiquem a técnica russa para efetuar: 48 · 35 e 127 · 204.

Que tal ensinar a técnica para outras pessoas? Não se esqueçam de explicar por que ela funciona!

REVISANDO

94. Quem sou?

a)

$\square \times 7 = 84$

b) Se me dividir por 15, você obtém 6.

$\square \div 15 = 6$

95. (Saresp) Joãozinho resolveu várias operações utilizando uma calculadora e encontrou os resultados mostrados na tabela abaixo:

Nº da operação	Números digitados na calculadora	Resultado
1ª	838	162	1 000
2ª	160	15	2 400
3ª	3 600	2	1 800
4ª	1 864	17	1 847

As teclas que ele apertou para chegar a esses resultados foram:

96. (Cesgranrio-RJ) Você conhece o sistema de pontuação das multas de trânsito?

Fonte: Petrobras. Disponível em: <www.br.com.br/portalbr/calandra.nsf>.

Durante o ano de 2008, João recebeu 2 multas graves, 3 multas médias e 1 multa leve. Quantos pontos foram acrescentados à carteira de motorista de João em 2008 se uma multa média foi cancelada?

97. Como você colocaria os pacotes na balança para ela ficar equilibrada?

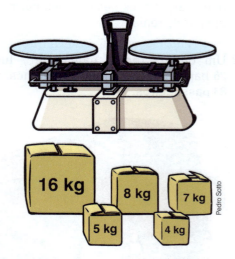

98. A média de idade de quatro pessoas que viajam num carro é 36 anos. Entrando uma criança de 6 anos, qual passa a ser a média da idade dos ocupantes do automóvel?

99. O gerente de uma empresa vai comprar macacões para seus funcionários. Veja a oferta que ele encontrou em uma loja:

PREÇO DE CADA MACACÃO:
R$ 65,00
LEVE 4 E PAGUE 3

Se aproveitar a oferta, quanto pagará por 120 macacões?

100. (SEE-RJ) Há 4 meses o salário de Mário vem sendo depositado num banco, e seu saldo atual é R$ 182,00. O talão de cheques mostra que nesse tempo ele fez retiradas no total de R$ 3.658,00 e um depósito de R$ 224,00. Qual é o valor do salário mensal depositado na conta de Mário?

DESAFIOS NO CADERNO

101. Cláudia tem 3 pares de tênis e 4 pares de meias. De quantas maneiras diferentes ela pode calçar seus pés com um par de meias e um par de tênis?

102. Um ônibus tem 1 banco de 7 lugares e 26 bancos de 2 lugares. Viajam nesse ônibus 83 passageiros.

Escreva e resolva a expressão numérica que indica quantos passageiros estão em pé.

103. A jornada de trabalho em uma empresa é de 42 horas semanais. Em 2 dias da semana os funcionários trabalham 8 horas por dia. Qual é a carga horária diária nos outros 4 dias de trabalho?

104. (UERJ) O serviço bancário atende uma pessoa a cada três minutos.
Às 15 horas, com 24 pessoas a serem atendidas, prevê-se que o atendimento será encerrado a que horas?

105. (Cesgranrio-RJ) A distância entre duas árvores vizinhas é sempre a mesma. Se de A até F são 35 metros, qual a distância, em metros, de C a E?

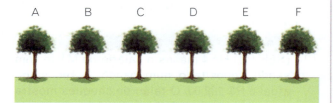

106. Pensei em um número, dividi por 2, adicionei 14, tirei 8 e ficou 25. Em que número pensei?

107. Eva tem 12 anos de idade. Sua mãe, Vilma, tem o triplo da idade de Eva. Que idade terá Vilma quando Eva tiver o dobro da idade que tem agora?

108. Uma lanchonete tem 18 mesas com 4 cadeiras cada uma. No sábado à noite apenas uma das mesas não estava com todos os ocupantes.

a) Qual é o número mínimo de clientes que se encontravam na lanchonete?
b) Qual é o número máximo?

109. (Obmep) Ester vai a uma papelaria para comprar cadernos e canetas. Nesta papelaria os cadernos custam R$ 6,00 cada um. Se ela comprar 3 cadernos, sobram R$ 4,00. Se o seu irmão lhe emprestar R$ 4,00, com o total ela conseguirá comprar 2 cadernos e outras 7 canetas iguais.

a) Quanto custa cada caneta?
b) Se ela comprar 2 cadernos e não pedir dinheiro emprestado, quantas das canetas acima Ester poderá comprar?

AUTOAVALIAÇÃO

Anote no caderno o número do exercício e a letra correspondente à resposta correta.

110. O dobro de 1 003 e a metade de 10 030 são, respectivamente:
- a) 2 006 e 515
- b) 2 060 e 5 150
- c) 2 006 e 5 015
- d) 2 060 e 5 015

111. Considere as seguintes expressões:
- I) $10 : 5 + 5 = 7$
- II) $2 \cdot 1 \cdot 0 \cdot 3 = 6$
- III) $6 \cdot 3 - 2 \cdot 5 = 8$
- IV) $48 : 16 + 8 : 4 = 5$

Podemos afirmar que:
- a) todas estão certas.
- b) todas estão erradas.
- c) somente a primeira está errada.
- d) somente a segunda está errada.

112. Qual das expressões numéricas não indica a quantidade de fotos no quadro?

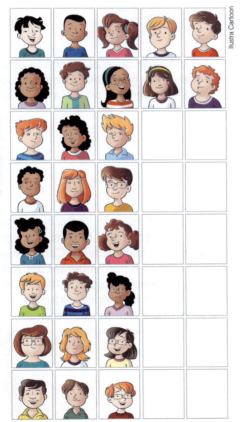

- a) $3 \cdot 8 + 4$
- b) $3 \cdot 8 + 2 \cdot 5$
- c) $3 \cdot 6 + 2 \cdot 5$
- d) $5 \cdot 8 - 6 \cdot 2$

113. (OM-SP) Da igualdade: $19 = 3 \cdot 5 + 4$ podemos obter uma divisão de:
- a) resto 4 e divisor 5.
- b) resto 4 e divisor 3.
- c) resto 3 e divisor 5.
- d) resto 4 e divisor 19.

114. (Obmep) Qual é o resultado de $2 + 4 \cdot 8 - 4 : 2$?
- a) 9
- b) 12
- c) 22
- d) 32
- e) 46

115. (Obmep) Uma professora de Matemática escreveu uma expressão no quadro-negro e precisou sair da sala antes de resolvê-la com os alunos. Na ausência da professora, Carlos, muito brincalhão, foi ao quadro-negro e trocou todos os algarismos 3 por 5, os 5 por 3, o sinal de + pelo de × e o de × pelo de +, e a expressão passou a ser $(13 : 5) \times (53 + 2) - 25$.

Qual é o resultado da expressão que a professora escreveu?
- a) 22
- b) 32
- c) 42
- d) 52
- e) 62

116. (Obmep) Na adição abaixo, o símbolo ♣ representa um mesmo algarismo. Qual é o valor de ♣ · ♣ + ♣ ?

```
    4 ♣ 7
+ 8 9 5
-------
1 ♣ ♣ 2
```

- a) 6
- b) 12
- c) 20
- d) 30
- e) 42

77

117. (Obmep) O pé do Maurício tem 26 centímetros de comprimento. Para saber o número de seu sapato, ele multiplicou essa medida por 5, somou 28 e dividiu tudo por 4, arredondando o resultado para cima. Qual é o número do sapato de Maurício?

a) 38
b) 39
c) 40
d) 41
e) 42

118. Hoje, o pai de Douglas tem o dobro de sua idade. Daqui a 6 anos, Douglas terá 30 anos. O pai de Douglas tem hoje:

a) 44 anos.
b) 46 anos.
c) 48 anos.
d) 60 anos.

119. Uma diretora deseja formar turmas de 38 alunos. Como existem 450 alunos matriculados, uma delas ficará incompleta. Para completar essa turma, ela deverá matricular:

a) 6 alunos.
b) 11 alunos.
c) 12 alunos.
d) 32 alunos.

120. (Ufla-MG) Caminhando sempre no sentido da direita, o número de caminhos possíveis entre A e B é:

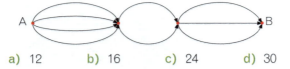

a) 12
b) 16
c) 24
d) 30

121. (UMC-SP) Um carro consumiu 50 litros de álcool para percorrer 600 km. Supondo condições equivalentes, esse mesmo carro, para percorrer 840 km, consumirá:

a) 70 litros.
b) 68 litros.
c) 75 litros.
d) 80 litros.

122. (Ipad-PE) No grupo de trabalho de Cristina, Maria tem dois anos a menos que ela, e Paulo tem cinco anos a mais que Cristina. A média da idade desse grupo é de 26 anos. Qual é a idade de cada um do grupo?

a) Cristina 30, Maria 25, Paulo 23.
b) Cristina 25, Maria 23, Paulo 30.
c) Cristina 23, Maria 30, Paulo 25.
d) Cristina 25, Maria 23, Paulo 25.

123. (Vunesp) A cozinheira precisa fazer 1 000 bombas de chocolate. Já estão prontas 22 assadeiras com 42 bombas em cada uma. Ela ainda deverá fazer:

a) 76 bombas.
b) 84 bombas.
c) 102 bombas.
d) 116 bombas.

124. (Prominp) Cada vez que uma máquina residencial de lavar roupas é utilizada, são gastos 150 litros de água. Na casa de Maria, a máquina é utilizada cinco vezes a cada 15 dias. Quantos litros de água são gastos em um mês?

a) 750
b) 1 500
c) 2 500
d) 7 500

Pense nisso!

Use a máquina de lavar sempre na capacidade máxima, dessa forma você economizará água e energia.

125. (Ipad-PE) A cada cinco segundos, quatro celulares são vendidos no Brasil. Nesse ritmo, quantos celulares são vendidos por hora no país?

a) 1 080 celulares
b) 1 820 celulares
c) 2 640 celulares
d) 2 880 celulares

126. (Vunesp) Uma pessoa comprou 5 envelopes grandes, para colocar o mesmo número de folhas dentro de cada um deles. Como 2 envelopes foram rasgados e não puderam ser utilizados, essa pessoa precisou colocar 16 folhas a mais em cada um dos envelopes restantes. O número total de folhas que deveriam ser colocadas nos envelopes era:

a) 80
b) 100
c) 120
d) 160

UNIDADE 5
Potenciação e raiz quadrada de números naturais

1. Potenciação

Vamos calcular quantas chaves estão guardadas no armário a seguir? Observe:

- o armário tem cinco gavetas;
- em cada gaveta há cinco caixas;
- em cada caixa há cinco chaveiros;
- cada chaveiro tem cinco chaves.

Para responder a essa pergunta devemos efetuar uma multiplicação de fatores iguais:

$$\underbrace{5 \cdot 5 \cdot 5 \cdot 5}_{\text{4 fatores iguais a 5}} = 625$$

Estão guardadas no armário 625 chaves.

Uma multiplicação de fatores iguais chama-se potenciação e pode ser escrita de forma simplificada. Veja:

$$5 \cdot 5 \cdot 5 \cdot 5 = 5^4$$

- número de fatores
- fator que se repete

(Lemos: cinco elevado à quarta potência.)

Em $5^4 = 625$, temos que:

- 5 é a base;
- 4 é o expoente;
- 625 é o valor da potência.

POTENCIAÇÃO E RAIZ QUADRADA DE NÚMEROS NATURAIS 79

EXERCÍCIOS

1. Escreva na forma de potência.
   a) $6 \cdot 6 \cdot 6$
   b) $9 \cdot 9$
   c) $5 \cdot 5 \cdot 5 \cdot 5$
   d) $7 \cdot 7 \cdot 7 \cdot 7$
   e) $2 \cdot 2 \cdot 2 \cdot 2 \cdot 2 \cdot 2 \cdot 2$
   f) $13 \cdot 13 \cdot 13 \cdot 13$

2. Indique na forma de produto e calcule.
   a) 7^2
   b) 2^5
   c) 5^3
   d) 19^2
   e) 20^3
   f) 10^4

3. Copie e complete o quadro.

Potência	Base	Expoente	Valor da potência
30^2	30	2	900
3^5			
	8	2	
	4		64
		3	343
0^9			
	10		10 000
15^2			
		1	18

4. O que você pode dizer a respeito de:
   a) uma potência cuja base é 0?
   b) uma potência cuja base é 1?

5. Em geral, o valor de uma potência é alterado se trocarmos a base pelo expoente.
   Veja um exemplo:

   $5^2 = 5 \cdot 5 = 25$
   $2^5 = 2 \cdot 2 \cdot 2 \cdot 2 \cdot 2 = 32$

   No entanto, há um caso em que a base é diferente do expoente e isso não acontece. Descubra qual é.

6. Qual é o maior:
   a) 3^2 ou 2^3?
   b) 7^2 ou 2^7?
   c) 5^2 ou 2^5?
   d) 0^4 ou 0^{19}?

7. Digitaram numa calculadora:

   No visor apareceu o resultado:

   a) Que potência foi calculada?
   b) Quanto é 5^8? E 5^6?

8. (SEE-RJ) As bandejas para expor os doces ou salgados da padaria são numeradas de acordo com o tamanho:

   Seguindo esse modelo, quantos doces cabem na bandeja de número 8?

9. Todos os livros de uma sala de aula estão em 8 estantes. Cada estante tem 8 prateleiras, cada prateleira tem 8 livros. Quantos livros há na sala de aula?

2. Quadrados, cubos e potências

As potências com expoente 2 e com expoente 3 recebem nomes especiais.
O **expoente 2** é chamado de **quadrado**.
Então:

- 7^2 será lido como *sete ao quadrado* ou *o quadrado de sete*;
- 13^2 será lido como *treze ao quadrado* ou *o quadrado de treze*, e assim por diante.

Quer saber de onde vem esse nome?
Observe a sequência formada por quadrados:

$1^2 = 1 \cdot 1 = 1$ $\qquad$ $2^2 = 2 \cdot 2 = 4$ $\qquad$ $3^2 = 3 \cdot 3 = 9$ $\qquad$ $4^2 = 4 \cdot 4 = 16$

INTERAGINDO

Troque ideias com os colegas e respondam no caderno às questões a seguir:

1. Quantos quadradinhos terá o próximo quadrado da sequência?
2. Ana tentou formar um quadrado com 15 quadradinhos, e não conseguiu. Vocês sabem explicar por quê? É possível formar um quadrado com 10 quadradinhos? E com 81?
3. Quantos quadradinhos formarão o quadrado cujo lado mede *n* unidades?
4. O quadrado de um número natural será sempre maior que o próprio número?
5. O quadrado de um número ímpar é par ou ímpar?

Então? Percebeu por que o expoente 2 se chama quadrado?
Quando elevamos os números 1, 2, 3, 4, 5, ... ao quadrado, obtemos a sequência dos números quadrados:

$1^2 \quad 2^2 \quad 3^2 \quad 4^2 \quad 5^2$
$\downarrow \quad \downarrow \quad \downarrow \quad \downarrow \quad \downarrow$
$1, \quad 4, \quad 9, \quad 16, \quad 25, \ldots$

E o expoente 3? Veja abaixo outra sequência: ela é formada por cubos.

 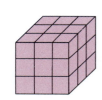 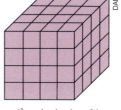

$2^3 = 2 \cdot 2 \cdot 2 = 8$ $\qquad$ $3^3 = 3 \cdot 3 \cdot 3 = 27$ $\qquad$ $4^3 = 4 \cdot 4 \cdot 4 = 64$

O **expoente 3** recebe o nome de **cubo**.
Assim:

- 5^3 lê-se *cinco elevado ao cubo* ou *o cubo de cinco*;
- 8^3 lê-se *oito elevado ao cubo* ou *o cubo de oito*.

REFLETINDO

Quantos cubinhos terá o próximo cubo dessa sequência? Escreva no caderno esse número na forma de potência.

3. O expoente 0 e o expoente 1

Vimos que, na potenciação, o expoente indica o número de fatores iguais da multiplicação.
Por isso, é estranho pensar em:

- expoente 1 ➙ só um fator na multiplicação?
- expoente 0 ➙ nenhum fator na multiplicação?

No entanto, para que outros fatos ligados à potenciação funcionassem bem, os matemáticos precisavam determinar o que aconteceria quando esses números aparecessem no expoente.

Eles observaram padrões que ocorriam nas potências:

- $2^5 = 32$ ⎞ ÷ 2
- $2^4 = 16$ ⎞ ÷ 2
- $2^3 = 8$ ⎞ ÷ 2
- $2^2 = 4$

Quando o expoente diminui uma unidade, a potência é dividida pela base.

Para manter o padrão, deveriam ter:

- $2^1 = 2$ ⎞ ÷ 2
- $2^0 = 1$

Como isso também ocorria em outras bases, ficou resolvido que:

- se a é um número, $a^1 = a$.
- se a é um número diferente de zero, $a^0 = 1$.

Sendo a base diferente de zero, eliminamos mais uma situação complicada:
$0^0 = ?$
Para nós, essa expressão não terá significado.

Então:

- $6^1 = 6$
- $8^0 = 1$
- $15^1 = 15$
- $43^0 = 1$

A calculadora e as potenciações

Podemos efetuar potências em uma calculadora comum. Quer ver como é fácil?

Digite 5 e a tecla [×] e a seguir a tecla [=].

Aparece 25, que é 5^2.

Digite [=] novamente.

Aparece 125, que é 5^3.

Digite [=] pela terceira vez para obter 625, que é 5^4.

Entendeu? Para calcular 2^7, por exemplo, digitamos: 2 [×] [=] [=] [=] [=] [=] [=] e obtemos 128.

Vamos explorar os recursos da calculadora? Experimente formas de obter 2^{20} usando o mínimo de teclas possíveis. Registre suas tentativas no caderno.

EXERCÍCIOS

10. Copie e complete o quadro.

Produto	Potência	Leitura da potência
5 · 5		
	7^3	
		dezoito ao quadrado
6 · 6 · 6 · 6		
	2^6	
		oito à quinta

11. Calcule o valor das potências.

a) 8^2 c) 9^3 e) 11^3
b) 6^3 d) 13^2 f) 50^2

12. Calcule:

a) o quadrado de 15;
b) o quadrado de 28;
c) o cubo de 8;
d) a quinta potência de 3.

13. Veja as figuras da sequência:

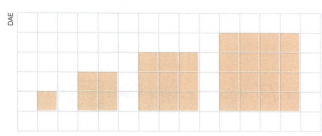

a) Desenhe as duas figuras seguintes da sequência.
b) Escreva o número de quadradinhos de cada figura usando a forma de potência.
c) Construa um quadrado que tenha entre 80 e 90 quadradinhos.
d) Lê-se 3^2, habitualmente *três ao quadrado*. Por que será?

14. Quantos cubinhos tem cada um dos cubos desta sequência?

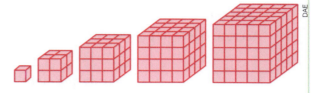

Escreva esses números na forma de potência.

15. Calcule:

a) o dobro do número 10;
b) o quadrado do número 10;
c) o triplo do número 10;
d) o cubo do número 10.

16. Calcule o valor das potências.

a)	b)	c)
3^4	4^4	5^4
3^3	4^3	5^3
3^2	4^2	5^2
3^1	4^1	5^1
3^0	4^0	5^0

Nas sequências acima, quando o expoente da potenciação diminui uma unidade, o que acontece com o resultado da potenciação?

17. Dê o valor das potências.

a) 6^1 c) 72^0 e) 105^0
b) 10^0 d) 72^1 f) 105^1

18. Responda.

a) Qual é maior: 200^0 ou 0^{200}?
b) Qual é maior: 150^1 ou 1^{150}?
c) Qual é menor: 600^0 ou 0^{600}?

19. Sabendo que $7^5 = 16\,807$, faça uma só conta e calcule:

a) 7^6 b) 7^4

Confira na calculadora!

4. Raiz quadrada

◆ Qual é o número natural que elevado ao quadrado resulta em 9?
Acertou quem respondeu 3, pois $3^2 = 9$.

◆ Qual é o número natural que elevado ao quadrado resulta em 25?
Acertou quem respondeu 5, pois $5^2 = 25$.

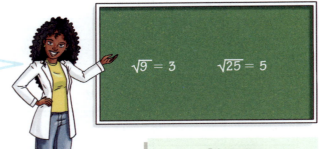

> Sabe do que mais? Você acabou de achar a raiz quadrada de 9 e a raiz quadrada de 25. Fácil, não?

◆ A raiz quadrada de 9 é 3, pois $3^2 = 9$.
Na Matemática, escrevemos $\sqrt{9} = 3$.

◆ A raiz quadrada de 25 é 5, pois $5^2 = 25$.
Escrevemos $\sqrt{25} = 5$.

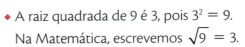

O símbolo $\sqrt{}$ recebe o nome de radical.

> Radical!!! Para encontrar $\sqrt{49}$ basta procurar o número natural que elevado ao quadrado dá 49. Já sei: $\sqrt{49} = 7$, pois $7^2 = 49$.

Atenção

A raiz quadrada de muitos números naturais não é um número natural. Por exemplo, não existe número natural que elevado ao quadrado resulte em 12.

Acompanhe: 3^2 é 9 e 4^2 já é 16.

Então, $\sqrt{12}$ não é um número natural.

1. Encontre exemplos de outros números cuja raiz quadrada não seja um número natural.
2. Escreva no caderno os números naturais de 0 até 100 cuja raiz quadrada é um número natural.

Muitas calculadoras possuem a tecla $\boxed{\sqrt{}}$. Para encontrar $\sqrt{49}$, digite 49 e aperte a tecla $\boxed{\sqrt{}}$. No visor aparecerá o número 7.

As potenciações e as raízes quadradas aparecem nas expressões numéricas. Veja exemplos de como efetuá-las:

◆ $5 \cdot 2^3 : \sqrt{100} + \sqrt{36} : 4^0 =$

$= 5 \cdot 8 : 10 + 6 : 1 =$

$= 40 : 10 + 6 : 1 =$

$= 4 + 6 = 10$

◆ $(4 \cdot 5 - 3 \cdot 6)^5 : (\sqrt{81} - 1^4) =$

$= (20 - 18)^5 : (9 - 1) =$

$= 2^5 : 8 =$

$= 32 : 8 = 4$

Primeiro efetuamos as potenciações e as raízes quadradas. Depois, seguimos a ordem já conhecida para as outras operações. Se a expressão tiver parênteses, eles devem ser resolvidos em primeiro lugar.

EXERCÍCIOS

20. Descubra o número natural que:
 a) elevado ao quadrado resulta 25;
 b) elevado ao quadrado resulta 49;
 c) elevado ao quadrado resulta 100;
 d) elevado ao quadrado resulta 121.

21. Por que a raiz quadrada de 1 600 é 40?

22. Calcule.
 a) $\sqrt{9}$
 b) $\sqrt{4}$
 c) $\sqrt{64}$
 d) $\sqrt{81}$
 e) $\sqrt{0}$
 f) $\sqrt{1}$

23. Copie e faça do mesmo modo.

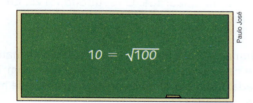

 a) 7 =
 b) 12 =
 c) 13 =
 d) 15 =
 e) 20 =
 f) 25 =
 g) 30 =
 h) 50 =

24. Um dos seguintes números:

 17, 18, 19 ou 20

 representa o valor de $\sqrt{324}$.
 Qual é esse número?

25. Calcule.
 a) $\sqrt{36 + 64}$
 b) $\sqrt{36} + \sqrt{64}$
 c) $\sqrt{4 \cdot 25}$
 d) $\sqrt{4} \cdot \sqrt{25}$

26. Obtenha a resposta mentalmente:

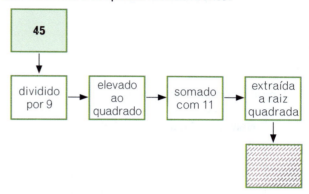

27. Calcule a diferença entre a raiz quadrada de 81 e a raiz quadrada de 49.

28. Complete o quadro com raízes quadradas de modo a obter um "quadrado mágico".

$\sqrt{36}$		$\sqrt{64}$
	$\sqrt{25}$	
$\sqrt{4}$		

29. O chão de uma cozinha de forma quadrada está coberto com 144 ladrilhos quadrados. Quantos ladrilhos há em cada lado do chão?

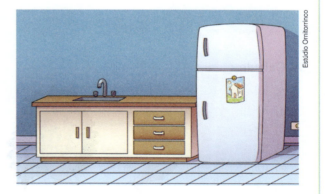

30. Calcule.
 a) $2^2 + \sqrt{81} : 9$
 b) $2^3 + \sqrt{100} : 5 - 3^2$
 c) $2 \cdot (\sqrt{1} \cdot 5 - \sqrt{16})$
 d) $8^2 : (6 \cdot 2 - \sqrt{100})$
 e) $12 \cdot [9^2 - (\sqrt{64} + 7 \cdot 10)]$
 f) $2^3 : 4 + 3 \cdot [\sqrt{25} - (3 - 2)] - 7$

REVISANDO

31. Qual é o valor da potência?

a) A base é 2 e o expoente é 7.
b) A base é 1 e o expoente é 5.
c) A base é 6 e o expoente é 3.

32. Copie e complete o quadro.

Número	Quadrado	Cubo
1	1	1
2		
	16	
5		
		27
	100	
	400	

33. Escreva as potências em ordem crescente.

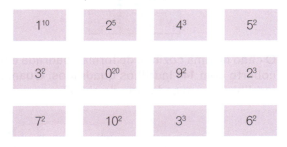

1^{10} 2^5 4^3 5^2

3^2 0^{20} 9^2 2^3

7^2 10^2 3^3 6^2

34. Calcule.

a) 10^1
b) 10^2
c) 10^3
d) 10^4
e) 10^5
f) 10^6

O que você pode concluir sobre as potências de base 10?

35. Qual número falta em cada sequência?

a) ☐   16   25   36   49   64

b) 8   27   64   125   216   ☐

36. Sabendo que $2^5 = 32$ e $3^3 = 27$, calcule mentalmente:

a) 2^6 c) 3^4
b) 2^7 d) 3^5

37. Qual é maior?

a) 6^2 ou 2^6?   c) $\sqrt{9}$ ou $\sqrt{16}$?
b) 4^2 ou 2^4?   d) $\sqrt{8}$ ou 3?

38. Rodrigo pensou em um número e determinou a sua raiz quadrada. O resultado foi 25. Em que número ele pensou?

39. Numa chácara há 7 mangueiras. Com as mangas de cada uma, encheram-se 7 caixas com 7 kg cada. Qual é o número de quilogramas de mangas colhidas?

40. Considere a expressão $2 + 3^2 \cdot 5 - 1$.

a) Mostre que ela representa o número 46.
b) Será possível modificar essa expressão colocando parênteses, de modo que represente 38? E 54?

41. Um professor de Educação Física precisa separar 64 alunos em filas. O número de filas deve ser igual ao número de alunos em cada fila. Qual deve ser o número de filas?

42. Calcule o valor das expressões.

a) $7^2 - 10 + (2^3 - 5)$

b) $2^5 - (16 : 2 + 3^2)$

c) $[100 - (5^2 - 3^2)] : 2$

d) $7 + [5^2 : (10 - 5) + 2^3 \cdot 2]$

e) $50 - 2 \cdot [8 + (10 - 3^2) - 3]$

f) $2 \cdot [(6 + 7 \cdot \sqrt{9}) : 3^2 + (21 - 5 \cdot \sqrt{4})]$

43. Calcule a diferença entre a raiz quadrada de 81 e a raiz quadrada de 16.

44. Um garoto colocou na primeira gaveta uma bolinha de gude e, em cada gaveta seguinte, o dobro do número de bolinhas da gaveta anterior.

Quantas bolinhas colocou na 9ª gaveta?

DESAFIO NO CADERNO

45. (CPII-RJ) Você sabe o que é e-mail? É uma mensagem enviada ou recebida através do computador.

Flávio recebeu por e-mail um desenho engraçado de um monstrinho. Ele abriu o arquivo e, dez segundos depois, viu que, em vez de um, havia dois monstrinhos na tela do computador; tinha aparecido um outro igualzinho ao primeiro. Foi assim que Flávio descobriu que havia um vírus no arquivo recebido. Esse vírus fazia a quantidade de monstrinhos duplicar a cada dez segundos.

Responda às perguntas a seguir, mostrando como você fez.

a) Quantas figuras do monstrinho vão aparecer na tela depois de 50 segundos?

b) Sabendo que a tela ficou completamente cheia de monstrinhos em um minuto e meio, quanto tempo foi necessário para encher a metade da tela?

SEÇÃO LIVRE

Expressões numéricas - resoluções com uso da calculadora

Na página 44, mostramos como são úteis as teclas M+ , M− e MRC da calculadora. Você resolveu problemas guardando resultados na memória da calculadora (M+ e M−) e resgatando-os no momento necessário (MRC). Faremos parecido para resolver algumas expressões numéricas. Vamos resolver dois exemplos passo a passo? Junte-se a um colega, peguem a calculadora e acompanhem!

1) $\sqrt{81} + 2^3 \cdot 6 =$

Digitamos 81 e a tecla √ . Aparece 9 no visor.

Como a multiplicação deve ser feita antes da adição, guardamos o 9 na memória para ser somado depois, apertando a tecla M+ .

Digitamos agora 2 × = = para calcular 2^3.

E aí, × 6 M+ para guardar na memória $2^3 \cdot 6 = 48$.

Teclamos MRC e aparece o resultado final da expressão: 57.

Há calculadoras em que a tecla MRC é substituída pelas teclas MR (resgata a memória) e MC (apaga a memória).

Para resolver uma nova expressão, precisamos limpar a memória da calculadora. Teclamos novamente MRC e em seguida AC .

2) $15^2 - 8 \cdot \sqrt{100} + 200 : 8 =$

Fazemos inicialmente 15 × = e guardamos o resultado (225) teclando M+ .

Efetuamos a multiplicação $8 \cdot \sqrt{100}$ digitando 8 × 100 √ e guardamos esse resultado (80) na memória para subtrair, teclando M− .

Agora vamos puxar os resultados da memória usando a tecla MRC!

Finalmente digitamos 200 ÷ 8 e teclamos M+ para somar esse resultado (25) aos demais.

Resgatamos tudo digitando MRC , e aparece no visor 170, que é o resultado final da expressão.

---

1. Resolvam vocês, registrando, no caderno, as teclas usadas. Confiram os resultados com as demais duplas!

   a) $2^4 + 125 : 5 - \sqrt{49}$

   b) $(\sqrt{81} + \sqrt{36} - 2^2) : \sqrt{121}$

2. Para resolver a expressão $\sqrt{100} \cdot \sqrt{16} + \sqrt{25}$ será preciso usar as teclas da memória? E para resolver $240 + 60 : 20$? Expliquem as respostas, troquem ideias com os colegas!

AUTOAVALIAÇÃO

Anote no caderno o número do exercício e a letra correspondente à resposta correta.

46. O dobro de 8 e o quadrado de 8 são, respectivamente:
a) 16 e 16
b) 16 e 64
c) 64 e 16
d) 64 e 64

47. Os resultados de 15^2, 17^2 e 30^3 são, respectivamente:
a) 225, 289 e 900
b) 225, 189 e 900
c) 225, 289 e 2 700
d) 225, 289 e 27 000

48. (Obmep) Qual das expressões abaixo tem como resultado um número ímpar?

a) $5^2 + 3^2$
b) $7 \cdot 5 \cdot 11 \cdot 13 \cdot 2$
c) $3 \cdot 5 + 7 \cdot 9 + 11 \cdot 13$
d) $7 + 9 + 11 + 13 + 15 + 17$

49. Qual dos números é o maior?
a) 222
b) $2 \cdot 2 \cdot 2$
c) 22^2
d) 2^{22}

50. (Saresp) O Teatro Martins Pena tem 243 poltronas. O número de poltronas do teatro equivale a:
a) 3^4
b) 3^5
c) 3^6
d) 3^7

51. A metade de 2 bilhões de reais corresponde a:
a) 10^7 reais.
b) 10^8 reais.
c) 10^9 reais.
d) 10^{10} reais.

52. Quanto é o dobro de 24 mais o triplo de 13 menos o quadrado de 6?
a) 51
b) 62
c) 75
d) 123

53. Observe o tabuleiro de xadrez.

A quantidade de casas brancas do tabuleiro pode ser indicada por:
a) 2^4
b) 2^5
c) 2^6
d) 2^8

54. Heitor dos Prazeres, carioca nascido no morro, foi compositor de sambas e marchinhas, cantadas até hoje nos bailes de Carnaval, mas foi também pintor de quadros de renome internacional.

Os bailes de Carnaval foram inspiração para muitas obras de Heitor dos Prazeres.

O valor da expressão $2 \cdot 10^3 - (10^2 + \sqrt{4})$ fornece o ano do seu nascimento, que é:
a) 1898
b) 1900
c) 1896
d) 1902

55. O dobro do quadrado de sete é igual a:
a) 14
b) 28
c) 98
d) 196

56. A raiz quadrada da metade de 200 é:

a) 10   b) 20   c) 50   d) 100

57. Se $2 + \sqrt{n} = 5$, então n é igual a:

a) 3   c) 9
b) 6   d) 23

58. Matilde deixou cair ❋ no seu caderno, manchando um algarismo em uma expressão que lá estava escrita. A expressão ficou assim:

$$5^2 + 8 : \sqrt{16} - ❋ \times 9 = 0$$

Qual foi o algarismo manchado?

a) 2   b) 3   c) 4   d) 6

59. Calcule:

I – a soma da raiz quadrada de 16 com o quadrado de 16.

II – a diferença entre o quadrado de 7 e a raiz quadrada de 49.

III – o produto da metade de oito pelo quadrado de três.

Organizando os valores obtidos em ordem crescente, tem-se:

a) I, II, III   c) II, I, III
b) III, II, I   d) I, III, II

60. Cada quadradinho da figura deve ser preenchido com um sinal de adição (+) ou de multiplicação (×).

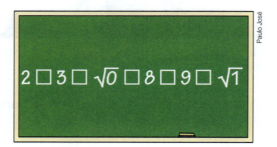

Qual é o maior valor possível da expressão obtida depois de preenchidos todos os quadradinhos?

a) 78   b) 79   c) 80   d) 81

61. Se $x = \sqrt{100}$ e $y = \sqrt{4} + \sqrt{9} - \sqrt{1}$, então:

a) $x = y$ c) $x < y$
b) $x > y$ d) $x = 2y$

62. Qual das expressões numéricas indica a quantidade de da figura?

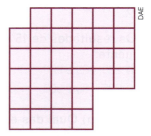

a) $6^2 - 2^2 - 1$
b) $6^2 - 2^2 + 1$
c) $5^2 - 4 - 1$
d) $6 \cdot 5 - 4 - 1$

63. (CAP-Uerj) O resultado da expressão $1^3 \cdot (14 - 4 \cdot 3) : (72 : 12 - 2^2)$ é:

a) 0   c) 2
b) 1   d) 3

64. (Vunesp) Seguindo o mesmo padrão de construção do prédio abaixo, foi construído um outro com 8 blocos, também numerados de cima para baixo como o da figura, na qual cada quadradinho representa uma janela. Nesse novo prédio, o número de janelas do 8º bloco (o mais próximo do chão) é:

a) 32
b) 48
c) 64
d) 128

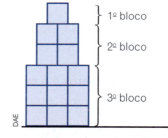

65. Um gato come 5 ratos por dia. Quantos ratos 5 gatos comem em 5 dias?

a) 15
b) 25
c) 125
d) 625

UNIDADE 6

Múltiplos e divisores

1. Sequência dos múltiplos de um número

Paulo nasceu em 2006.

No ano 2066 ele completará 60 anos.

Ele esteve imaginando:

- O que estará acontecendo nesse ano?
- Haverá eleições para presidente do Brasil?
- Haverá Olimpíadas?

Vamos usar a Matemática para ajudar Paulo a encontrar as respostas para essas questões.

Antes, acompanhe:

0, 7, 14, 21, 28, ... é a sequência dos múltiplos naturais de 7

Ela é obtida multiplicando-se os números naturais por 7.

$0 \cdot 7 = 0$
$1 \cdot 7 = 7$
$2 \cdot 7 = 14$
$3 \cdot 7 = 21$
$4 \cdot 7 = 28$
⋮

A sequência dos múltiplos de 7 "vai de 7 em 7"!

A sequência dos múltiplos de 7 começa com o zero!!

Sim, mas muitas sequências "vão de 7 em 7" e não formam a sequência dos múltiplos naturais de 7. Veja:
• 3, 10, 17, 24, 31, ...
• 12, 19, 26, 33, ... etc.

A sequência dos múltiplos naturais de 7 é infinita.

Como saber se um número é múltiplo de outro?

Veja o exemplo:

Para saber se 805 é múltiplo de 7, basta verificar se existe um número natural que multiplicado por 7 dê 805.

```
805 | 7
 10   115      Descobrimos que 115 · 7 = 805.
  35           Então 805 é múltiplo de 7.
   0
```

> Você deve estar pensando: "Dizer que 805 é múltiplo de 7 é o mesmo que dizer que 805 é divisível por 7?"
> É isso mesmo!
> As sentenças "805 é múltiplo de 7" e "805 é divisível por 7" são equivalentes.

Da mesma forma, podemos verificar que 1035 não é múltiplo de 7, pois 1035 : 7 não é uma divisão exata.

```
1035 | 7
  33   147
  55
   6 → resto
```

Não há número natural que multiplicado por 7 resulte em 1035.

Observe que se o resto é 6, basta subtrair 6 do dividendo para que a divisão fique exata.

Então, 1029 (que é o resultado de 1035 − 6) é múltiplo de 7.

E se 1029 é múltiplo de 7, então 1029 + 7, que resulta em 1036, é múltiplo de 7. E assim por diante.

Mas vamos voltar ao Paulo.

Atualmente, as eleições para presidente do Brasil acontecem de 4 em 4 anos. No entanto, os anos em que acontecem as eleições não são múltiplos de 4. Veja:

◆ Houve eleições para presidente em 2014. As próximas serão em 2018.

```
2014 | 4
 014   503
   2

2018 | 4
 018   504
   2
```

Os anos de eleição deixam resto 2 quando divididos por 4.

A sequência "vai de 4 em 4", mas os anos não são múltiplos de 4.

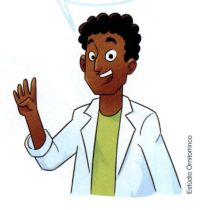

Para saber se em 2066 haverá eleições para presidente, faremos:

```
2066 | 4
  06   516
  26
   2 → resto
```

Sim! Se a legislação não mudar, em 2066 haverá eleições para presidente no Brasil.

Agora é com você! Ajude Paulo a descobrir se em 2066 teremos Jogos Olímpicos.

2. Fatores ou divisores de um número natural

> Dizer 24 é **múltiplo de** 4 é o mesmo que dizer 4 é **divisor de** 24, ou ainda que 4 é **fator de** 24.

Por que fator?

Vamos escrever 24 como produto de dois números naturais. Temos as seguintes possibilidades:

$$24 = 1 \cdot 24$$
$$24 = 2 \cdot 12$$
$$24 = 3 \cdot 8$$
$$24 = 4 \cdot 6 \longrightarrow 4 \text{ é um dos fatores dessa multiplicação}$$

> Observe que 24 tem 8 fatores ou divisores: 1, 2, 3, 4, 6, 8, 12, 24.

Veja outros exemplos:

- Divisores ou fatores de 15: 1, 3, 5, 15

$$15 = 1 \cdot 15$$
$$15 = 3 \cdot 5$$

- Divisores ou fatores de 33: 1, 3, 11, 33

$$33 = 1 \cdot 33$$
$$33 = 3 \cdot 11$$

- Divisores ou fatores de 17: 1, 17

$$17 = 1 \cdot 17$$

O 1 é divisor de todos os números naturais, e tem um único divisor, que é ele mesmo.

Danillo Souza

INTERAGINDO

1. Observe:

   $0 : 1 = 0 \qquad 0 : 2 = 0 \qquad 0 : 3 = 0$

   Quais são os divisores de zero?

2. Escreva no caderno os divisores ou fatores de 25, 32 e 13.
3. É verdade que quanto maior o número mais divisores ele tem?
4. Que números entre 10 e 40 deixam resto 2 quando divididos por 5?
5. O zero é múltiplo de zero?
6. Os múltiplos de um número ímpar são todos ímpares?
7. Quais números de dois algarismos são múltiplos de 30?
8. Podemos escrever todos os múltiplos de um número diferente de zero?

MÚLTIPLOS E DIVISORES 93

EXERCÍCIOS

1. Escreva:
   a) a sequência dos múltiplos de 6;
   b) a sequência dos múltiplos de 11;
   c) a sequência dos múltiplos de 1;
   d) a sequência dos múltiplos de 0.

2. Determine:
   a) os múltiplos de 3 menores que 10;
   b) os múltiplos de 7 maiores que 40;
   c) os múltiplos de 5 maiores que 10 e menores que 40;
   d) os múltiplos de 7 compreendidos entre 20 e 30.

3. Os números que se seguem são múltiplos de que número?

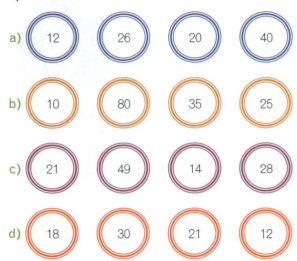

4. Responda usando apenas estes números:

   a) Qual é divisor de 32?
   b) 5 é divisor de qual número?
   c) 7 é divisor de dois números. Quais são?
   d) Quais são os dois divisores de 12?

5. O Campeonato Mundial de Futebol acontece a cada 4 anos. A primeira Copa do Mundo de futebol foi realizada em 1930, no Uruguai, e a mais recente em 2014, no Brasil.

   a) Copie e complete o quadro indicando os anos em que aconteceram as últimas cinco Copas do Mundo antes de 2014.

Ano	País
	Estados Unidos
	França
	Japão-Coreia
	Alemanha
	África do Sul
2014	Brasil

   b) Divida por 4 cada um dos números da tabela acima. Essas divisões são exatas?
   c) O que há em comum nessas divisões?
   d) Está prevista uma Copa do Mundo para o ano 2022? Por quê?

6. Paulo, Leo e Rui estão contando de 3 em 3.

Quem dirá 174?

3. Critérios de divisibilidade – economizando cálculos

Divisibilidade por 2, 5 e 10

Uma indústria de materiais plásticos produziu 1 359 478 bolinhas coloridas e pretende dividir igualmente essa quantidade entre duas filiais, para que elas vendam o produto.

Mas será que o número 1 359 478 é divisível por 2?

Para saber, não precisamos efetuar a divisão. É só olhar para o algarismo das unidades do número.

Os múltiplos de 2 são 0, 2, 4, 6, 8, 10, 12, 14, 16, ..., ou seja, são os **números pares**. Como 1 359 478 termina em 8, ele é um número par. Daí, é divisível por 2, e a indústria poderá dividir a quantidade de bolinhas entre suas duas filiais.

Todo número par é divisível por 2.

O algarismo das unidades também nos informa se um número é divisível por 5 e se ele é divisível por 10.

- Múltiplos de 5: 0, 5, 10, 15, 20, 25, 30, 35, 40, 45, ...
- Múltiplos de 10: 0, 10, 20, 30, 40, 50, 60, 70, ...

REFLETINDO

Pense e responda no caderno.

1. Quando um número é divisível por 5?
2. Quando um número é divisível por 10?
3. Todo número divisível por 10 é divisível por 5?
4. O que há de comum entre:
   - os números divisíveis por 2;
   - os números divisíveis por 5;
   - os números divisíveis por 10?
5. A soma de dois números ímpares quaisquer é sempre divisível por 2? E o produto?

Divisibilidade por 4 e por 8

É fácil perceber que 100 é divisível por 4, pois 100 = 25 · 4.

Da mesma forma, 200, 300, 400, 1 700, 95 500, enfim, os números terminados em 00 (dois zeros) são divisíveis por 4, pois:

- 200 = 2 · 100 = 2 · 25 · **4**

  50

- 300 = 3 · 100 = 3 · 25 · **4**

  75

- 1 700 = 17 · 100 = 17 · 25 · **4**

  425

Os múltiplos de 4 são obtidos multiplicando-se 4 pelos números naturais.

Conhecendo esse fato, podemos descobrir se um número qualquer é divisível por 4. Acompanhe:

- 5 632 é divisível por 4?

  5 632 = 5 600 + 32

  5 600 termina em dois zeros: é divisível por 4.

  Como 32 também é divisível por 4, concluímos que 5 632 é divisível por 4.

- 19 326 é divisível por 4?

  19 326 = 19 300 + 26

  19 300 é divisível por 4, mas 26 não é. Então, 19 326 não é divisível por 4.

> Para descobrir se um número é divisível por 4, precisamos verificar se o número termina em 00 ou se os dois últimos algarismos da direita formam um número divisível por 4.

Será que 1 000 é divisível por 8?

```
1 0 0 0 | 8
   2 0   125
      4 0
         0
```

Como a divisão é exata, 1 000 é divisível por 8.

REFLETINDO

A partir das ideias anteriores, descubra o critério de divisibilidade por 8. Pense e responda no caderno: Todo número divisível por 8 é divisível por 4? Confira com o professor!

96

Divisibilidade por 3 e por 9

Para descobrir se um número é divisível por 3 ou é divisível por 9, não adianta observar o algarismo das unidades.

Veja alguns números divisíveis por 3:

```
261 | 3
 21   87
  0
```
Somando os algarismos de 261, temos 2 + 6 + 1 = 9, que é divisível por 3.

```
82032 | 3
22      27344
 10
  13
   12
    0
```
Somando os algarismos de 82 032, temos 8 + 2 + 0 + 3 + 2 = 15, que é divisível por 3.

Esses exemplos não são casos particulares.

Os matemáticos provaram que essa regra vale sempre.

> Se a soma dos algarismos de certo número é um número divisível por 3, então esse número é divisível por 3.

Usando esse critério, podemos saber, sem efetuar divisões, que:

- 5 489 não é divisível por 3, pois 5 + 4 + 8 + 9 = 26, e 26 não é divisível por 3.
- 777 777 é divisível por 3, pois 7 + 7 + 7 + 7 + 7 + 7 = 42, e 42 é divisível por 3, porque 4 + 2 = 6.

De forma semelhante, podemos saber se um número é divisível por 9.

> Se a soma dos algarismos de certo número é um número divisível por 9, então esse número é divisível por 9.

- 738 é divisível por 9, pois 7 + 3 + 8 = 18, e 18 é divisível por 9.
- 543 701 não é divisível por 9, pois 5 + 4 + 3 + 7 + 0 + 1 = 20, e 20 não é divisível por 9.

REFLETINDO

1. Descubra mentalmente:
   - o menor número de três algarismos divisível por 3;
   - o menor número de três algarismos divisível por 9.

2. Pense e responda no caderno:
   Todo múltiplo de 9 é também múltiplo de 3?

MÚLTIPLOS E DIVISORES

Divisibilidade por 6

Observe a sequência dos múltiplos de 3:

(0), 3, (6), 9, (12), 15, (18), 21, (24), 27, (30), 33, (36), ...

Circulamos nessa sequência os números que também são múltiplos de 2.

Obtivemos a sequência dos múltiplos de 6: 0, 6, 12, 18, 24, 30, 36, ...

Os múltiplos de 6 são múltiplos de 2 e de 3 simultaneamente, ou seja:

> Um número é divisível por 6 se ele for divisível por 2 e também por 3.

Acompanhe:

- 1 530 é divisível por 6, pois é divisível por 2 (é par) e é divisível por 3 (1 + 5 + 3 + 0 = 9).
- 73 066 não é divisível por 6, pois, embora seja par, não é divisível por 3 (7 + 3 + 0 + 6 + 6 = 22, que não é divisível por 3).

EXERCÍCIOS — NO CADERNO

7. Considere os números:

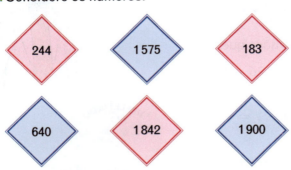

Desses números, indique aqueles que são:
a) divisíveis por 2;
b) divisíveis por 5;
c) divisíveis por 10;
d) divisíveis por 100;
e) divisíveis por 5 e não por 2.

8. Qual é o maior número de três algarismos que é:
a) divisível por 2?
b) divisível por 5?
c) divisível por 2 e por 5?

9. Considere os números:

432   621   824   2 136   15 144

a) Quais são os números divisíveis por 2?
b) Quais são os números divisíveis por 3?
c) Quais são os números divisíveis por 2 e 3?
d) Os números divisíveis por 2 e 3 são divisíveis por 6?

10. Identifique o menor algarismo que deve ser colocado no lugar do ▨ para que o número 583▨ seja divisível por 4.

11. Um número é formado por três algarismos, sendo o algarismo das unidades desconhecido:

3   4   A

Quais devem ser os valores de A, de modo que o número seja divisível:
a) por 2 e não por 3?   b) por 3 e não por 6?

4. Números primos

Existem números que têm exatamente dois divisores: a unidade e o próprio número. Como o número 13 e o 17, por exemplo. Esses números são chamados de **números primos**.

Veja a seguir os números primos até 30:

2, 3, 5, 7, 11, 13, 17, 19, 23, 29

O número 1 não é primo, pois tem somente um divisor.

Quer saber mais sobre os números primos?

Os números primos intrigam a humanidade há mais de 2 mil anos.

Os matemáticos já provaram, por exemplo, que há infinitos números primos. No entanto, não encontraram um padrão geral para a formação dessa sequência.

Desde 1951, computadores vêm procurando determinar números primos cada vez maiores. Existem sites especializados na busca desses números.

Como curiosidade, em 5 de fevereiro de 2013 o projeto GIMPS encontrou um número primo com mais de 17 milhões de algarismos. O número $2^{57885161} - 1$ está escrito por completo no endereço: <www.mersenne.org/primes/M57885161.txt>.

Qual é o interesse de encontrar esses números enormes? Por exemplo, para proteger os computadores contra *hackers*.

Os números primos são usados na criptografia, ciência que estuda as formas de enviar uma mensagem em código. Na computação, a criptografia consiste em técnicas e processos que permitem armazenar e trocar informações de forma que somente as pessoas autorizadas tenham acesso a elas.

GIMPS (Great Internet Mersenne Prime Search) é um grupo que busca grandes números primos, utilizando uma fórmula matemática chamada fórmula de Mersenne.

1. O número 2 é o único número primo que é par. Você sabe explicar por quê?

2. Descubra, com os colegas, os números primos compreendidos entre 30 e 50.

Eratóstenes foi um importante geógrafo e matemático nascido em 276 a.C. onde hoje está a Líbia. Atribui-se a ele a criação de um método para encontrar números primos até um limite escolhido, por meio de uma tabela conhecida como crivo de Eratóstenes. Pesquise com seus colegas como funciona esse método.

MÚLTIPLOS E DIVISORES

Decomposição em fatores primos

Sabe-se que:
- há infinitos números primos;
- todo número natural maior que 1 e não primo pode ser escrito como produto de números primos.

Como? Qualquer número natural maior que 1, que não seja primo, em que eu pensar, pode ser escrito por meio de uma multiplicação de números primos?

É isso mesmo! Acompanhe os exemplos.

Comecemos com o número 30.

$30 = 2 \cdot 15$
$30 = 2 \cdot 3 \cdot 5$

O número 30 foi decomposto num produto de fatores primos: $2 \cdot 3 \cdot 5$ é a **forma fatorada prima** de 30.

Na forma fatorada prima de 30, encontramos os seus divisores: 1, 2, 3, 5, 6, 10, 15, 30. Veja como é:

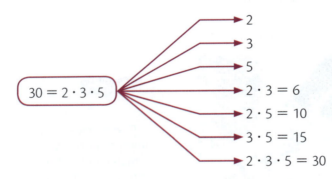

Atenção!
Não esqueça o 1, que é divisor de todo número natural!

Vamos fazer o mesmo com o número 45:

$45 = 9 \cdot 5$ $45 = 3 \cdot 3 \cdot 5$ ou, usando a potenciação, $45 = 3^2 \cdot 5$

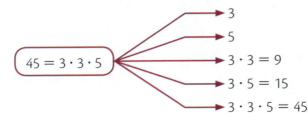

Então, os divisores de 45 são os números: 1, 3, 5, 9, 15, 45.

Para decompor números maiores, em que é mais difícil descobrir os fatores primos que os formam, existe um processo prático. Vamos apresentá-lo por meio de exemplos.

1. Decompor 540 em fatores primos.

   Procuramos o primeiro número primo pelo qual o número a ser decomposto é divisível. Neste exemplo é o 2.

540	2
270	2
135	3
45	3
15	3
5	5
1	

   540 : 2 = 270   ◆ O primeiro número primo que divide 540 é 2.
   270 : 2 = 135   ◆ Não é mais possível dividir por 2.
   135 : 3 = 45   ◆ O próximo número primo que divide 135 é o 3.
   45 : 3 = 15
   15 : 3 = 5   ◆ Não é mais possível dividir por 3.
   5 : 5 = 1   ◆ O número primo que divide 5 é o próprio 5.
      ◆ Terminou o processo.

   A coluna da direita apresenta os fatores primos de 540.

   $$540 = 2 \cdot 2 \cdot 3 \cdot 3 \cdot 3 \cdot 5 \text{ ou, usando a potenciação, } 540 = 2^2 \cdot 3^3 \cdot 5$$

2. Decompor 1 323 em fatores primos.

1 323	3
441	3
147	3
49	7
7	7
1	

   1 323 : 3 = 441   ◆ O primeiro número primo que divide 1 323 é 3.
   441 : 3 = 147
   147 : 3 = 49   ◆ Não é mais possível dividir por 3.
   49 : 7 = 7   ◆ O número primo que divide 49 é 7.
   7 : 7 = 1   ◆ O número primo que divide 7 é o próprio 7.
      ◆ Terminou o processo.

   $$1\,323 = 3 \cdot 3 \cdot 3 \cdot 7 \cdot 7 = 3^3 \cdot 7^2$$

Tomamos os números primos em ordem crescente por uma questão de organização. Nada impede que se inicie o processo dividindo 1 323 por 7 e depois por 3.

INTERAGINDO

1. A soma de um número natural com seu sucessor é divisível por 2?
2. Escrevam no caderno quatro números primos cujo algarismo das unidades é 3.
3. O número 91 é primo? Expliquem por quê.
4. O número $3^2 \cdot 5$ é divisor de $3^4 \cdot 5^3$?
5. A forma fatorada prima de certo número natural x é $a \cdot b^2$. Classifiquem as afirmações em verdadeiras ou falsas.
   a) a é primo e b é primo.   b) a e b são divisores de x.   c) $a \cdot b$ é divisor de x.   d) $a^2 \cdot b^2$ é divisor de x.
6. Quais são os divisores do número cuja forma fatorada é $2^2 \cdot 3 \cdot 5$?

EXERCÍCIOS

12. Explique por que:
a) 37 é um número primo;
b) 25 não é um número primo;
c) 1 não é um número primo;
d) zero não é um número primo.

13. Quais destes números são primos?

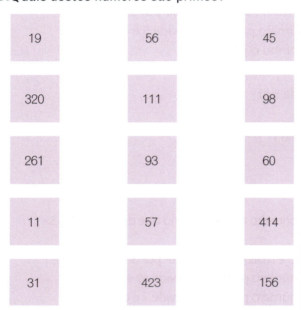

14. Observe o os números:

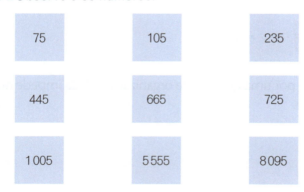

Responda:
a) Algum desses números é primo?
b) Por que não existe número primo terminado em 5 e formado por mais de um algarismo?

15. Sou número primo de dois algarismos. Trocando a posição de meus algarismos, continuo primo. Quem sou?

16. Considere o número 36.
a) Ele é primo?
b) Ele é divisível por quais números naturais?
c) Decomponha o número 36 em produto, de modo que todos os fatores sejam primos.

17. Decomponha em fatores primos os números:

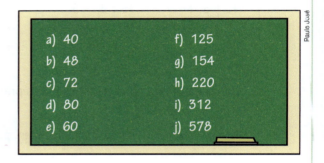

18. Qual é o número cuja fatoração resulta em $2^2 \cdot 3^2 \cdot 11$?

19. Copie e complete com os fatores primos que faltam.

a) $44 = 2^2 \cdot \boxed{}$
b) $80 = 2^4 \cdot \boxed{}$
c) $117 = 3^2 \cdot \boxed{}$
d) $231 = 3 \cdot \boxed{} \cdot 11$

20. Considere o número $A = 2 \cdot 3 \cdot 5 \cdot 11$.
Sem efetuar os cálculos, responda:
a) A é divisível por 5? Qual é o quociente?
b) A é divisível por 6? Qual é o quociente?
c) Qual é o quociente da divisão de A por 15?

21. Considere os números A e B sendo:

$$A = 2^2 \cdot 3$$
$$B = 2^3 \cdot 3^2 \cdot 5$$

a) O número B é múltiplo de A?
b) Qual é o número que deve ser multiplicado por A para obter B?

22. Descubra dois números naturais consecutivos cujo produto seja 1 260.

5. Quando os múltiplos se encontram

Numa estrada de 200 km, a partir do km 0 serão colocados:

- um telefone para emergências a cada 9 km;
- um radar para fiscalização de velocidade a cada 12 km.

Em quais quilômetros da estrada haverá simultaneamente telefone de emergência e radar?

Os telefones serão instalados nos quilômetros múltiplos de 9:

> 0, 9, 18, 27, 36, 45, 54, 63, 72, 81, 90, 99, 108, 117, 126, 135, 144, 153, 162, 171, 180, 189, 198

Os radares serão colocados nos quilômetros múltiplos de 12:

> 0, 12, 24, 36, 48, 60, 72, 84, 96, 108, 120, 132, 144, 156, 168, 180, 192

Observe que há números que são múltiplos de 9 e também de 12. Eles são múltiplos comuns de 9 e 12.

Atenção!

O excesso de velocidade é a causa da maioria dos acidentes com vítimas.
As pessoas não deveriam precisar de multas para assumir suas responsabilidades em relação à nossa segurança.
A vida é o que temos de mais precioso. Pense nisso!

O radar é um instrumento que ajuda a fiscalizar a velocidade dos carros.

Nas sequências tomaremos os múltiplos comuns de 9 e 12 existentes de 0 a 200. Assim determinamos quais os quilômetros em que haverá telefone e radar. São eles: 0, 36, 72, 108, 144 e 180.

Os múltiplos comuns de 9 e 12 formam uma nova sequência. É fácil perceber que para continuar a escrever seus termos bastaria ir somando sempre 36.

Assim, 36 é o menor número diferente de zero que é múltiplo comum de 9 e 12. Por isso, diremos que 36 é o mínimo múltiplo comum de 9 e 12.

Para economizar palavras, escrevemos:

$$\text{mmc}(9, 12) = 36$$

Lemos: o mínimo múltiplo comum de 9 e 12 é 36.

MÚLTIPLOS E DIVISORES 103

Em muitos casos, podemos determinar mentalmente o mmc de números. Acompanhe:

mmc (4, 6, 15) = ?

Listamos mentalmente a sequência dos múltiplos de 15, até encontrar o primeiro múltiplo comum a 4 e 6.

0, 15, 30, 45, 60

É múltiplo de 15 e de 6, mas não é múltiplo de 4. Não serve.

É múltiplo de 4, de 6 e de 15. É o mmc procurado. Então, mmc (4, 6, 15) = 60.

REFLETINDO

1. Experimente determinar mentalmente:
   - mmc (4, 6)
   - mmc (12, 16)
   - mmc (8, 10)
   - mmc (20, 25)

2. Observe, pense e responda no caderno.
   - mmc (4, 8) = 8
   - mmc (7, 14) = 14
   - mmc (15, 30) = 30
   - mmc (6, 12, 36) = 36

O que acontece com o mmc de dois ou mais números quando um desses números é múltiplo dos outros?

O cálculo do mmc pela decomposição em fatores primos

Para calcular o mmc de números também podemos usar a decomposição em fatores primos. Exemplos:

1. mmc (48, 150)

Fatoramos simultaneamente 48 e 150.

48,	150	2
24,	75	2
12,	75	2
6,	75	2
3,	75	3
1,	25	5
1,	5	5
1,	1	

O mmc será o produto dos fatores primos encontrados:

mmc (48, 150) = 2 · 2 · 2 · 2 · 3 · 5 · 5 = 1 200

Há casos em que calcular mentalmente o mmc é muito difícil! É melhor resolver no papel.

2. mmc (28, 30, 147)

28,	30,	147	2
14,	15,	147	2
7,	15,	147	3
7,	5,	49	5
7,	1,	49	7
1,	1,	7	7
1,	1,	1	

Nesse segundo exemplo, vamos usar a potenciação para escrever o mmc.
Veja: mmc (28, 30, 147) = $2^2 \cdot 3 \cdot 5 \cdot 7^2$ = 2 940

EXERCÍCIOS

23. Pense nos múltiplos de 3.

   a) Indique todos os que são menores que 36.

   b) Dos números que escreveu, quais são também múltiplos de 5?

   c) Qual é o mínimo múltiplo comum entre 3 e 5?

24. Sou maior que 100 e menor que 170. Sou múltiplo de 10 e de 25. Quem sou?

25. Calcule mentalmente.

   a) mmc (2, 4)
   b) mmc (7, 5)
   c) mmc (9, 1)
   d) mmc (8, 9)
   e) mmc (3, 6, 9)
   f) mmc (2, 4, 6)

26. Substitua as letras por números para que as decomposições fiquem corretas e, em seguida, calcule o mmc dos pares de números.

   a)
30, A	2
B, 9	C
D, E	3
5, 1	F
1, 1	

   b)
A, 350	2
150, B	C
D, 175	3
E, F	5
5, G	5
1, 7	H
1, 1	

27. Calcule.

   a) mmc (50, 75)
   b) mmc (60, 24)
   c) mmc (28, 48)
   d) mmc (10, 12, 45)
   e) mmc (6, 8, 12, 15)
   f) mmc (12, 18, 36, 40)

28. (OM-RN) Um pai e um filho são pescadores. Cada um tem um barco e vão ao mar no mesmo dia. O pai volta para casa a cada 20 dias e o filho a cada 15 dias. Em quantos dias se encontrarão em casa pela primeira vez?

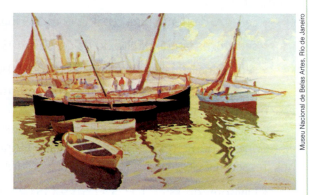

Antônio Garcia Bento. *Porto de Valência*, 1927. Óleo sobre tela, 110 cm × 116 cm.

29. O senhor José Quintino toma:

   ◆ um comprimido de 4 em 4 horas;
   ◆ uma colher de xarope de 6 em 6 horas.

Às 10 horas da manhã ele tomou os dois remédios. A que horas ele voltará a tomar os dois remédios juntos?

30. Em uma cesta há menos de 40 ovos.

   ◆ Se tirarmos de 6 em 6, sobra 1 ovo.
   ◆ Se tirarmos de 10 em 10, sobra 1 ovo.
   ◆ Se tirarmos de 15 em 15, sobra 1 ovo.

   Quantos ovos há na cesta?

6. Divisores comuns e o mdc

Vamos resolver este problema?

Um teatro está em fase final de construção. Ele terá três setores para acomodar o público:

- setor A, de frente para o palco, com 135 lugares;
- setor B, na lateral direita do palco, com 105 lugares;
- setor C, na lateral esquerda do palco, com 90 lugares.

O número de poltronas por fileira será o mesmo nos três setores e esse número deve ser o maior possível.

Quantas fileiras de quantas poltronas haverá em cada setor?

Como o número de poltronas em cada fileira deve ser o mesmo nos três setores, ele deve ser ao mesmo tempo divisor de 135, 105 e 90.

- Divisores de 135: ①, ③, ⑤, 9, ⑮, 27, 45, 135.
- Divisores de 105: ①, ③, ⑤, 7, ⑮, 21, 35, 105.
- Divisores de 90: ①, 2, ③, ⑤, 6, 9, 10, ⑮, 18, 30, 45, 90.

Os números 1, 3, 5 e 15 são os **divisores comuns** de 135, 105 e 90.

Como queremos que esse divisor seja o maior possível, escolhemos o 15. Então, 15 é o **máximo divisor comum** de 135, 105 e 90.

Escrevemos abreviadamente assim: mdc (135, 105, 90) = 15

Logo, as fileiras devem ter 15 poltronas.
E quantas serão as fileiras?

Setor **A**: 9 fileiras de 15 poltronas cada.   135 : 15 = 9

Setor **B**: 7 fileiras de 15 poltronas cada.   105 : 15 = 7

Setor **C**: 6 fileiras de 15 poltronas cada.   90 : 15 = 6

Também podemos determinar o mdc de dois ou mais números por meio da decomposição em fatores primos.

mdc (120, 84) = ?

120	②	84	②
60	②	42	②
30	2	21	③
15	③	7	7
5	5	1	
1			

Marcamos os fatores primos comuns a 120 e 84.

O mdc será o produto destes fatores: mdc (120, 84) =
= 2 · 2 · 3 = 12

Se a forma fatorada for escrita usando potências, o mdc será o produto dos fatores comuns, tomados com o menor expoente.

$120 = 2^3 \cdot 3 \cdot 5$
$84 = 2^2 \cdot 3 \cdot 7$
mdc (120, 84) = $2^2 \cdot 3 = 12$

Experimente usar o processo no cálculo do mdc (135, 105, 90).

Registrem no caderno.

1. Um número é divisor de outro. Qual será o mdc desses números?
2. Qual o máximo divisor comum de dois números primos?
3. Por que não consideramos o zero ao determinar o mmc de dois ou mais números?
4. Qual o mínimo múltiplo comum de dois números primos?
5. Indique pares de números cujo mmc seja igual ao produto desses números.
6. Encontre um valor possível para x, tal que mmc (35, x) = 2 · 5 · 7.

EXERCÍCIOS

31. Pense nos divisores de 60.
   a) Quais desses números são também divisores de 45?
   b) Qual é o máximo divisor comum entre 45 e 60?

32. Qual é?
   a) mdc (35, 10)
   b) mdc (18, 30)
   c) mdc (15, 40)
   d) mdc (22, 46)
   e) mdc (85, 75)
   f) mdc (20, 130)

   Este é para resolver mentalmente.

33. O senhor Sebastião tem uma banca de frutas na feira. Nela há uma penca com 18 bananas e outra com 24 bananas. Ele quer dividir as duas em montes iguais. Qual é o maior número possível de bananas em cada monte?

34. Em uma mercearia o proprietário deseja estocar, em quantidades iguais, 72 garrafas de água, 48 de suco e 36 de mel em caixas com o maior número possível de garrafas, sem misturá-las e sem que sobre ou falte garrafa. Qual deve ser a quantidade de garrafas por caixa?

35. Dois rolos de corda, um de 200 metros e outro de 240 metros de comprimento, precisam ser cortados em pedaços iguais e no maior comprimento possível.

Responda.
   a) Quanto medirá cada pedaço?
   b) Quantos pedaços serão obtidos?

36. Todos os alunos de uma escola de Ensino Médio participarão de uma gincana. Para essa competição, cada equipe será formada por alunos de um mesmo ano com o mesmo número de participantes. Veja no quadro a distribuição de alunos por ano.

Ano	Número de alunos
1º	120
2º	108
3º	100

Responda.
   a) Qual é o número máximo de alunos por equipe?
   b) Quantas serão as equipes do 1º ano?
   c) Quantas serão as equipes do 2º ano?
   d) Quantas serão as equipes do 3º ano?

MÚLTIPLOS E DIVISORES

Jogando com múltiplos

Vamos encerrar esta Unidade com um jogo?

Material necessário:

- peões, tampinhas ou fichinhas diferentes (1 para cada jogador);
- um dado;
- pista numerada de 1 a 100 que está na página 281, em **Moldes e malhas**.

Instruções

1ª rodada

- Estabeleçam uma ordem para jogar. Quem será o primeiro, o segundo, o terceiro jogador etc.
- Na sua vez, o jogador lança o dado e vai para a casa que corresponde ao número de pontos obtidos. Por exemplo, com 6 pontos o peão é colocado na casa 6.

Rodadas seguintes

- Na sua vez, o jogador lança o dado. Seu peão deve ocupar a casa indicada pelo primeiro múltiplo do número de pontos obtidos no dado, depois da casa onde ele se encontra.

  Exemplos
  - O jogador está na casa 6 e obtém 4 pontos no dado. O primeiro múltiplo de 4, depois da casa 6, é o 8. Seu peão deve ocupar a casa 8. Se esse mesmo jogador obtivesse 5 pontos no dado, iria para a casa 10, que é a primeira casa com um múltiplo de 5.
  - O jogador está na casa 13 e obtém 6 pontos no dado. Ele deve avançar para a casa 18.
- A partir da segunda rodada, o jogador que parar sobre uma casa em que haja um número primo ficará a próxima rodada sem jogar.
- Vence o jogo quem primeiro chegar à casa 100 ou ultrapassá-la.

Depois de jogar uma partida, vocês podem combinar outras regras que tornem o jogo mais difícil!

REVISANDO

NO CADERNO

37. Encontre e anote:

a) os quatro menores múltiplos de 102;

b) os múltiplos de 28 menores que 100;

c) o maior múltiplo de 17 menor que 300;

d) o menor múltiplo de 17 maior que 300.

38. Os cartões numerados de 1 a 30 devem ser colocados nas caixas correspondentes.

Só para cartões cujo número é múltiplo de 3.

Só para cartões cujo número é múltiplo de 4.

Só para cartões cujo número é ímpar.

a) Quais caixas podem receber o cartão 15?

b) Quais caixas podem receber o cartão 17?

c) Quais caixas podem receber o cartão 24?

d) Quais caixas podem receber o cartão 28?

e) Quais cartões não podem ser colocados em nenhuma caixa?

39. Um número natural foi multiplicado por 3. Qual dos seguintes números não pode representar o resultado final?

| 103 | 195 | 204 | 444 | 987 |

40. Qual é o número de dois algarismos que é o quadrado de um número natural e que tem 9 divisores?

41. Esta é uma cartela de um jogo de bingo.

B	I	N	G	O
5	18	33	48	64
12	21	31	51	68
14	30		60	71
13	16	44	46	61
11	27	41	49	73

Indique os números:

a) pares;

b) divisíveis por 3;

c) múltiplos de 3;

d) divisíveis por 5;

e) divisíveis por 6;

f) múltiplos de 7;

g) múltiplos de 10;

h) primos;

i) divisíveis por 1;

j) divisíveis por 0.

42. Marcílio tem 12 azulejos quadrados para colocar sobre uma prancheta. Ele vai fazer um retângulo com os azulejos.

a) De quantas formas diferentes ele pode fazer o retângulo? Explique o seu raciocínio usando desenhos.

b) Quais são os divisores de 12?

DESAFIOS

43. Considere os algarismos:

| 0 | 5 | 8 |

Utilizando uma única vez todos os algarismos, escreva todos os números de três algarismos que são divisíveis por:

a) 2 b) 5 c) 10

44. Diga quanto custou o tênis de Marcela, sabendo que:

- pagou com 3 notas de R$ 100,00;
- recebeu troco;
- o preço é múltiplo de 65.

45. Um número é divisível por 10 se terminar em zero. Que condição tem de satisfazer um número para ser divisível por 100?

46. Uma prateleira do supermercado estava cheia de caixas de ovos, cada uma com 12 ovos. Qual é o total de ovos na prateleira, sabendo que esse número é maior que 1 000 e menor que 1 010?

47. Somos dois múltiplos consecutivos de 4. A nossa soma é 52. Adivinhe quem somos nós!

48.

As idades atuais dos meus dois filhos são números primos. O produto das duas idades é 143. Que idade eles têm?

49. Lúcia levou um pacote de balas para os amigos e observou que, se as dividisse:

- por 2, sobraria uma bala;
- por 3, não sobraria nenhuma;
- por 5, também sobraria uma bala.

Quantas balas Lúcia levou, sabendo que é um número inferior a 25?

50. Um cerealista tem:

- 75 kg de arroz do tipo A;
- 105 kg de arroz do tipo B;
- 120 kg de arroz tipo C.

Para servir os seus clientes, quer fazer pacotes iguais de 20 kg da mistura.

a) Quantos pacotes de 20 kg ele pode fazer?
b) Qual é a composição de cada pacote?

SEÇÃO LIVRE

NO CADERNO

51. O matemático Goldbach (se fala "goldbá"), no século XVIII, afirmou:

> "Todo número par maior que 4 pode ser escrito como soma de dois números primos."

Não sabemos se Goldbach estava certo, pois essa afirmação ainda não foi demonstrada e não se encontrou até hoje um número par que não obedecesse a essa afirmação. Mostre isso para os seguintes números pares:

a) 24
b) 30
c) 64
d) 72

52. Quando o mdc de dois números é igual a 1, dizemos que eles são **primos entre si**.

Usando essa informação, verifique quais desses pares de números são primos entre si.

a) 4 e 6
b) 5 e 8
c) 26 e 39
d) 55 e 121

53. Um ano é bissexto se o número que corresponde ao ano é divisível por 4. Mas há um detalhe: um ano terminado em 00 só é bissexto quando seu número for divisível por 400. Dos anos indicados a seguir, quais são bissextos?

a) 1984
b) 1992
c) 1998
d) 2040
e) 2000
f) 2050

54. Na Grécia Antiga chamava-se o número 6 de **número perfeito** porque a soma dos seus divisores menores do que 6 é igual a 6.

$$6 = 1 + 2 + 3$$

Verifique que 12 não é um número perfeito e tente encontrar o número perfeito compreendido entre 20 e 30.

Partenon, em Atenas, Grécia, construído por volta de 440 a.C.

55. Quando você vai ao médico e ele receita-lhe um medicamento para tomar mais de uma vez por dia, durante um certo período, geralmente indica um intervalo de:

12 em 12 horas, 8 em 8 horas, 6 em 6 horas...

O médico com certeza não indica um intervalo de:

9 em 9 horas, 7 em 7 horas, ou 5 em 5 horas...

Por que isso ocorre?

MÚLTIPLOS E DIVISORES 111

AUTOAVALIAÇÃO

NO CADERNO

Anote no caderno o número do exercício e a letra correspondente à resposta correta.

56. O número 60 é:

a) múltiplo de 8 e divisor de 120.
b) múltiplo de 4 e divisor de 120.
c) múltiplo de 5 e divisor de 100.
d) múltiplo de 9 e divisor de 180.

57. O menor e o maior divisor de 12 são, respectivamente, iguais a:

a) 0 e 6
b) 1 e 6
c) 0 e 12
d) 1 e 12

58. Os números 10 e 15 são:

a) divisíveis por 60.
b) divisíveis por 90.
c) divisores de 60.
d) divisores de 100.

59. (OM-SP) Subtraindo uma unidade do quadrado do número 17, encontramos:

a) um número divisível por 5.
b) um número divisível por 8.
c) um número divisível por 17.
d) um número divisível por 28.

60. (FCMSCSP-SP) Considere o número

3 1 3 1 3 1 A

em que A representa o algarismo das unidades. Se esse número é divisível por 4, então o valor máximo que A pode assumir é:

a) 0
b) 4
c) 6
d) 8

61. (UFMT) Das sequências abaixo, aquela que não contém números primos é:

a) 13, 427, 1 029
b) 189, 300, 529
c) 2, 111, 169
d) 11, 429, 729

62. Três torneiras estão com vazamento. Da primeira cai uma gota de 4 em 4 minutos; da segunda, uma de 6 em 6 minutos; e da terceira, uma de 10 em 10 minutos. Exatamente às 2 horas cai uma gota de cada torneira. A próxima vez em que pingarão juntas novamente será às:

a) 3 horas.
b) 4 horas.
c) 2 horas e 30 minutos.
d) 3 horas e 30 minutos.

Pense nisso!

Fique de olho nos desperdícios e nos vazamentos. Além de pagar menos na conta você economiza água que é um bem fundamental para nossa saúde.

63. (PUC-MG) Em uma turma do 6º ano com mais de 30 alunos foi distribuído um total de 126 borrachas, 168 lápis, 210 livros e 252 cadernos. Essa distribuição foi feita de modo que cada aluno recebesse o mesmo número de borrachas, de lápis, de livros e de cadernos. Nesse caso, pode-se estimar que o número de alunos dessa turma era:

a) 26
b) 32
c) 42
d) 45

64. (PUC-RJ) Um terreno retangular de 108 m × 51 m vai ser cercado com arame farpado fixado em estacas igualmente espaçadas. Se existe uma estaca em cada vértice, então o número mínimo de estacas a usar é:

a) 102
b) 104
c) 106
d) 108

UNIDADE 7
Dados, tabelas e gráficos de barras

1. Para que servem os gráficos?

Você já viu gráficos como o apresentado abaixo?

Eles aparecem com frequência em jornais, revistas e outros meios de comunicação.

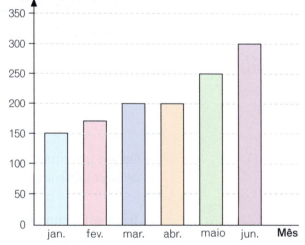

Usando gráficos, é mais fácil visualizar e comparar dados.

Ao lado, temos um **gráfico de barras**.

Muitas vezes o gráfico tem um título que informa o assunto do qual ele trata.

Observe que cada barra se refere a um mês. Os meses estão marcados no eixo horizontal. O eixo vertical fornece o número de bicicletas produzidas pela indústria em cada mês.

Observem o gráfico e respondam no caderno:

1. Qual é o título desse gráfico? Ele indica claramente o assunto?
2. Quantas bicicletas foram produzidas em janeiro?
3. E em maio?
4. Em que mês a produção de bicicletas foi maior?
5. Em que mês a produção de bicicletas atingiu o dobro da produção de janeiro?
6. Em quais meses a produção de bicicletas manteve-se constante?

DADOS, TABELAS E GRÁFICOS DE BARRAS 113

Construindo um gráfico de barras

Como você aproveita suas horas de lazer?

Os 30 alunos de um 6º ano responderam a essa pergunta. Os dados obtidos foram colocados numa tabela. Observe:

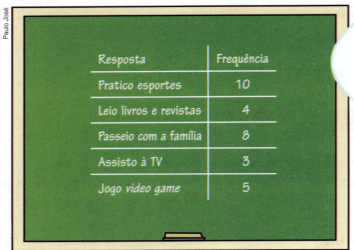

Entendi! A frequência indica quantos alunos deram determinada resposta. Por exemplo, nesta pesquisa, 10 alunos responderam que aproveitam suas horas de lazer para praticar esportes.

Os alunos apresentaram os dados dessa tabela por meio de um gráfico de barras. Quer ver como eles fizeram?

Forma de lazer preferida

*O eixo horizontal também é chamado de **eixo das categorias**.*

- Deram um título ao gráfico: Forma de lazer preferida.

- Traçaram e nomearam dois eixos: um horizontal (Forma de lazer) e um vertical (Frequência).

Forma de lazer preferida

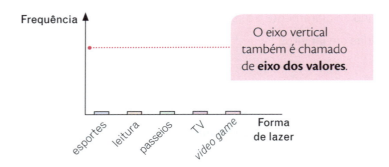

*O eixo vertical também é chamado de **eixo dos valores**.*

- Como foram obtidas 5 respostas diferentes, o gráfico deve ter 5 barras (retângulos), todas com a mesma largura.

◆ Em seguida, graduaram o eixo vertical para marcar a frequência de cada resposta.

> A frequência é indicada pela altura de cada retângulo.

◆ Finalmente, traçaram os retângulos.

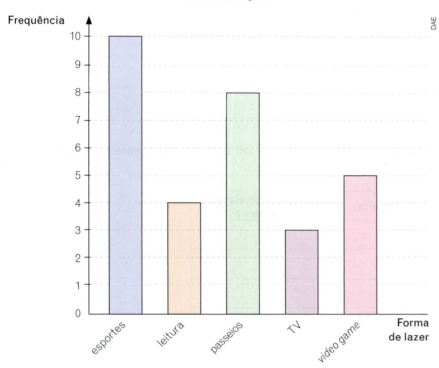

Gráficos de barras aparecem com frequência em jornais, revistas, internet. Recorte ou imprima um gráfico de barras que trate de um assunto do seu interesse e traga para a aula. Você e seus colegas podem montar um cartaz com gráficos, escrevendo abaixo de cada um deles uma pequena análise dos dados que ele apresenta.

Não é difícil, não é mesmo?

> Para construir corretamente um gráfico de barras, basta tomar alguns cuidados.

1. É comum dar um título ao gráfico. O título deve se referir ao assunto abordado.

2. Nomeie os eixos e faça-os com comprimento suficiente para que caibam todas as barras e todas as frequências da tabela.

3. Deixe a mesma distância entre as barras no eixo horizontal. Lembre-se de que todas as barras devem ter a mesma largura.

4. Escolha uma escala adequada e use-a regularmente no eixo vertical. Por exemplo, se você escolher que 1 centímetro vale 1 aluno, esse valor deve ser mantido em todo o eixo vertical.

DADOS, TABELAS E GRÁFICOS DE BARRAS **115**

SEÇÃO LIVRE

1. Para saber se você realmente entendeu, use papel quadriculado para fazer o gráfico de barras referente às atividades de lazer preferidas pelos alunos de uma classe de 7º ano, indicadas na tabela abaixo.

Resposta	Frequência
Pratico esportes	12
Leio livros e revistas	6
Passeio com a família	8
Assisto à TV	5
Jogo *video game*	8

2. Veja, na tabela abaixo, o resultado de um estudo realizado em certa escola, sobre a frequência dos alunos à biblioteca em cada dia da semana.

Dia da semana	Frequência de alunos à biblioteca
Segunda-feira	25
Terça-feira	34
Quarta-feira	38
Quinta-feira	45
Sexta-feira	50

A partir dessa tabela, foi montado um gráfico de barras. Observe-o.

O gráfico contém erros. Identifique-os e refaça o gráfico corretamente usando papel quadriculado.

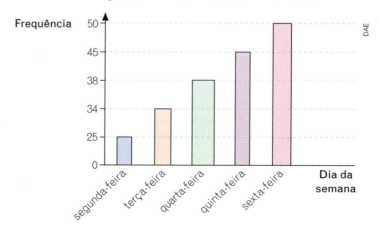

Frequência de alunos à biblioteca

EXERCÍCIOS

1. O professor de Educação Física perguntou aos alunos do 6º ano qual era o esporte preferido deles. Todos os alunos responderam escolhendo um esporte apenas. O resultado dessa consulta pode ser visto no quadro abaixo.

Esporte preferido	Como praticante		Como espectador	
	meninos	meninas	meninos	meninas
futebol	10	2	5	6
vôlei	1	5	6	1
basquete	2	3	2	2
tênis	0	4	2	7
outros	2	3	0	1

Responda.

a) Quantos alunos essa turma tem?
b) Qual é o esporte a que as meninas mais gostam de assistir?
c) Qual é o esporte que os meninos mais gostam de praticar?
d) É possível que nessa turma haja um menino que prefira assistir a uma competição de judô?
e) É possível que nessa turma haja duas meninas que prefiram praticar natação?

2. O quadro seguinte refere-se ao número de passes certos que cada atacante do time da escola realizou durante um jogo de futebol em maio de 2016.

Nome do atacante	Número de passes
Diego	20
Gabriel	27
Paulo	15
Roberto	23
Davi	19

Construa um gráfico, de acordo com os dados fornecidos.

3. A um grupo de crianças foi feita a seguinte pergunta:

Você tem algum animal de estimação em sua casa?

Este gráfico foi apresentado como resultado da pesquisa.

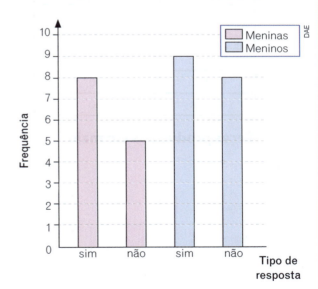

Crianças com animal de estimação

a) Quantas meninas disseram "não"?
b) Quantas crianças disseram "não"?
c) Quantas crianças disseram "sim"?
d) Quantos meninos responderam à pergunta?
e) Quantas crianças responderam à pergunta?

4. (Vunesp) O número de horas trabalhadas por uma professora, durante uma semana, está registrado no gráfico.

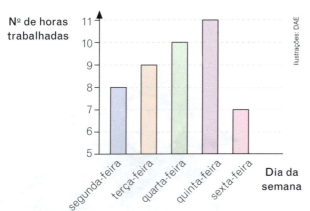

Qual é a média aritmética de horas diárias trabalhadas pela professora de 2ª a 6ª?

5. O quadro abaixo e o gráfico a seguir referem-se à produção de uma fábrica de confecções, durante um mês.

Tipo de peça	Número de peças
Camisa	200
Saia	
Casaco	250
Vestido	300
Blusa	450

Peças produzidas em maio

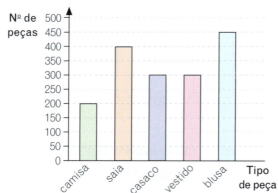

a) Qual é o número de saias produzidas pela fábrica?

b) No gráfico há um erro. Qual é?

6. (Cesgranrio-RJ) A tabela abaixo apresenta as notas dos 25 alunos de uma turma em uma prova que valia de zero a 10 pontos.

7	6	9	3	5
6	7	7	4	3
6	7	5	6	8
9	2	5	4	7
3	8	7	6	5

Qual das opções abaixo apresenta um gráfico de barras compatível com as notas apresentadas?

a)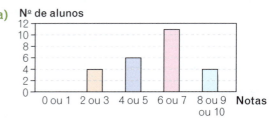

b)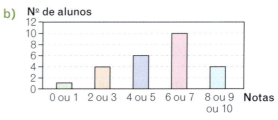

c)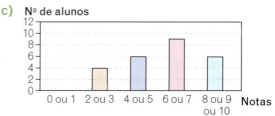

d)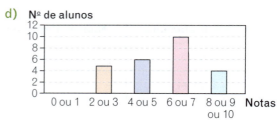

e)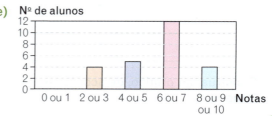

2. Vamos fazer uma pesquisa estatística?

- Como é a sua escola?
- O que mais lhe agrada nela?
- A escola tem problemas?
- Quais você considera mais sérios e gostaria de ver solucionados?

Propomos que você e seus colegas façam uma pesquisa sobre os pontos positivos e negativos da escola onde estudam.

Vocês entrevistarão alunos, professores e funcionários. Cada entrevistado deverá escolher somente uma entre as cinco alternativas propostas para cada uma das perguntas.

Veja os exemplos:

1. O que mais lhe agrada na escola?
   a) O pátio.
2. Em sua opinião, qual o maior problema da escola?
   a) Ter somente uma quadra de esportes.

Prédio escolar e região vizinha.

Dica!

O IBGE (Instituto Brasileiro de Geografia e Estatística) criou um programa intitulado "Censo 2010 nas escolas". Um das propostas é a realização de um censo na escola, envolvendo toda a comunidade. Você pode consultar este material no site www.ibge.gov.br/vamoscontar.

Para elaborar as alternativas para as respostas, os alunos da classe devem conversar e levantar os principais aspectos positivos e negativos da escola.

Entrevistem um grupo de aproximadamente 100 pessoas: alunos, professores, direção, funcionários, pais, marcando atentamente a quantidade de respostas que cada alternativa teve.

Em classe, com a ajuda do professor, elaborem uma tabela de frequência para cada pergunta e construam os gráficos de barras em papel quadriculado.

Gráficos prontos, partam para a análise dos resultados e conclusões:
- Quais foram os aspectos positivos mais apontados pela pesquisa?
- De acordo com a pesquisa, qual é o principal problema da escola?

Algumas questões podem ser debatidas:
- Como conservar e melhorar o que a escola tem de bom?
- O que podemos sugerir ou mesmo realizar para que os principais problemas da escola sejam resolvidos ou minorados?

Troquem opiniões, conversem. Depois, cada aluno deve elaborar um pequeno relatório com suas observações e conclusões.

Garota fazendo entrevista.

REVISANDO

7. No gráfico abaixo está representado, no eixo horizontal, o número de DVDs alugados por semana numa locadora, por cliente. No eixo vertical, a correspondente frequência, isto é, a quantidade de pessoas que alugaram o correspondente número de DVDs.

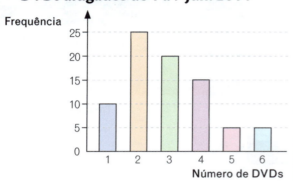

DVDs alugados de 1 a 7 jun. 2014

a) Qual é o número de pessoas que alugaram 4 ou mais DVDs?

b) Se cada DVD é alugado por R$ 4,00, quanto a locadora recebeu nesta semana?

8. Este gráfico mostra o tempo médio de vida de alguns animais.

Tempo médio de vida

Fonte: <www.saudeanimal.com.br>. Acesso em: out. 2014

a) Qual é o animal que vive, em média, 15 anos de idade?

b) Quais dos animais indicados vivem, em média, mais de 20 anos?

c) Qual é o tempo médio de vida de cada um dos animais indicados?

DESAFIO

9. Uma pesquisa eleitoral estudou as intenções de voto nos candidatos A, B e C, obtendo os resultados apresentados:

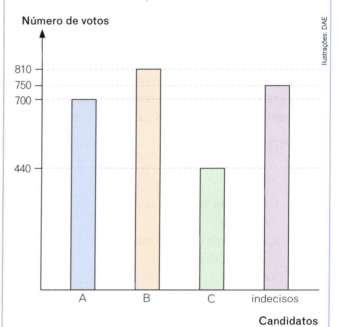

Intenção de votos

Responda

a) Qual é o número de pessoas consultadas?

b) O candidato B pode se considerar eleito?

c) O candidato A ainda tem chance de vencer as eleições?

d) Se o candidato C obtiver 525 votos dos indecisos e o restante dos indecisos optarem pelo candidato A, o candidato C assume a liderança?

AUTOAVALIAÇÃO

Anote no caderno o número do exercício e a letra correspondente à resposta correta.

10. (Saresp) A tabela abaixo indica o número de medalhas que alguns países receberam nas Olimpíadas de 1996.

País	Bronze	Prata	Ouro	Total
EUA	25	32	43	100
França	15	7	15	37
Alemanha	27	18	20	65
Brasil	9	3	3	15

Fonte: <http://www.fia.com>.

Analisando as informações da tabela, é correto afirmar que:

a) os Estados Unidos obtiveram 73 medalhas a mais que a França.
b) a França obteve exatamente o dobro de medalhas em relação ao Brasil.
c) a Alemanha ganhou 50 medalhas a mais que o Brasil.
d) o Brasil obteve 12 medalhas a menos que a França.

11. (Saresp) A tabela mostra o número de carros vendidos, em certa concessionária, no primeiro trimestre do ano.

Número de carros vendidos			
Tipo de carro	Janeiro	Fevereiro	Março
X	15	23	12
Y	16	18	20

É correto afirmar que:

a) foram vendidos 31 carros do tipo X.
b) o melhor mês de vendas foi janeiro.
c) foram vendidos 41 carros em fevereiro.
d) em fevereiro foram vendidos mais carros do tipo Y.

12. (Enem) Uma pesquisa de opinião foi realizada para avaliar os níveis de audiência de alguns canais de televisão, entre as 20 h e as 21 h, durante uma determinada noite. Os resultados obtidos estão representados no gráfico de barras abaixo:

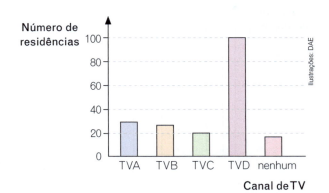

O número de residências ouvidas nessa pesquisa foi de aproximadamente:

a) 135   b) 200   c) 150   d) 220

13. Um grupo foi ao zoológico e contou a quantidade de visitas que alguns animais receberam. Com os dados, o grupo construiu o gráfico abaixo.

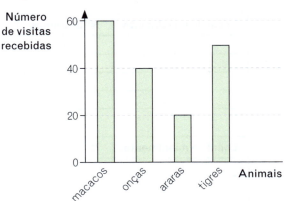

É correto afirmar que:

a) 120 pessoas visitaram os macacos e os tigres.
b) os macacos e as onças foram os animais mais visitados.
c) 130 pessoas visitaram macacos, onças, araras e tigres.
d) as araras receberam metade das visitas recebidas pelas onças.

14. (Saresp) Foi realizada uma pesquisa sobre o local onde cada aluno do 6º ano A nasceu. Com as informações obtidas o professor construiu o seguinte gráfico de barras:

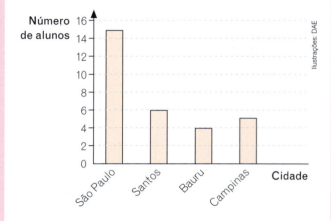

Qual tabela deu origem ao gráfico?

a)
Local de nascimento	Nº de alunos
São Paulo	15
Santos	6
Bauru	4
Campinas	5

b)
Local de nascimento	Nº de alunos
São Paulo	6
Santos	4
Bauru	5
Campinas	15

c)
Local de nascimento	Nº de alunos
São Paulo	6
Santos	15
Bauru	5
Campinas	4

d)
Local de nascimento	Nº de alunos
São Paulo	6
Santos	5
Bauru	15
Campinas	4

15. (Saresp) O professor fez uma figura na lousa, dividiu-a em várias partes iguais e pediu que quatro alunos colorissem todas as partes usando quatro cores diferentes. Ao final, a figura ficou mais ou menos assim:

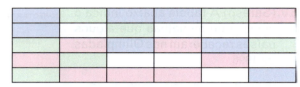

Depois, pediu que desenhassem um gráfico que representasse o número de partes de cada cor. Qual dos gráficos seguintes foi feito corretamente?

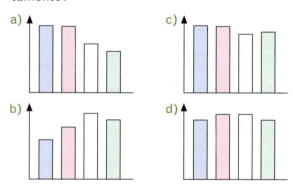

16. (Furb-SC) O gráfico mostra as vendas de televisores em uma loja:

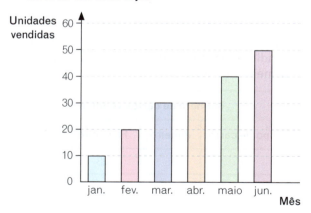

Pode-se afirmar que:

a) as vendas aumentaram mês a mês.
b) foram vendidos 100 televisores até junho.
c) as vendas do mês de maio foram inferiores à soma das vendas de janeiro e fevereiro.
d) foram vendidos 90 televisores até abril.

UNIDADE 8

Observando formas

1. As formas da natureza e as formas criadas pelo ser humano

Olhando ao redor, encontramos inúmeras formas. Algumas são obras da natureza, outras foram criadas pelo ser humano.

Pirâmide do Museu do Louvre, Paris.

Palácio da Alvorada, Brasília, DF.

Os seres humanos, desde a Antiguidade, observam e estudam as formas presentes na natureza. Muitas delas inspiraram objetos que atualmente utilizamos.

E como é que um arquiteto, engenheiro, projetista e outros profissionais conseguem criar formas bonitas e com tantas aplicações na vida prática? Entre outras coisas, utilizando a **Geometria**, que é a parte da Matemática que estuda as formas.

Na Geometria, as formas são idealizadas, perfeitas. O conhecimento geométrico é aplicado na construção do mundo real.

Você já sabe algumas coisas de Geometria: são noções que aprendeu na escola ou no seu dia a dia. Vamos aprender um pouco mais?

Muitos profissionais utilizam a Geometria em seu trabalho. Citamos algumas destas profissões no texto ao lado. Combine com seus colegas e pesquisem um pouco sobre elas: Quantos anos é necessário estudar para formar-se, em que ramo de atividades podem trabalhar, quais as especializações existentes etc. Socializem as pesquisas.

2. Formas planas e não planas

Desenhe um triângulo em uma folha de papel.
Observe que o triângulo ficou todo contido no plano da folha.

Agora pegue uma caixa. Pode ser, por exemplo, uma caixa de fósforos vazia.

Em qualquer posição que você a coloque sobre o tampo de uma mesa, partes dela "saem" do tampo. Não conseguimos fazer com que a caixa fique totalmente contida no plano, como ocorreu com o triângulo desenhado.

O triângulo representa uma **forma plana**.
A caixa representa uma **forma não plana**.

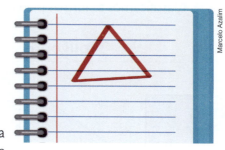

Veja mais exemplos:

Formas planas | **Formas não planas**

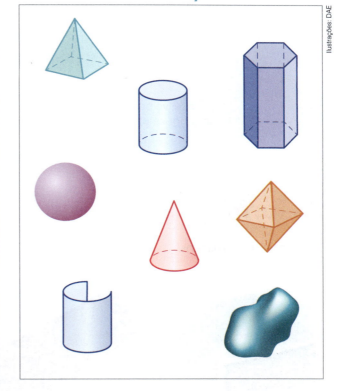

Escreva em seu caderno, com a ajuda dos colegas e do professor, o que diferencia as figuras planas das não planas.

As formas planas

Classificamos as formas planas em: **polígonos** e **não polígonos**. Veja os exemplos:

Polígonos

Não polígonos

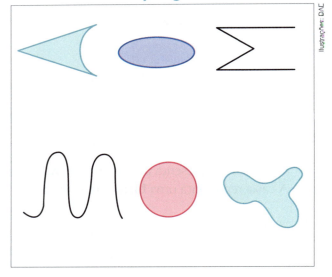

REFLETINDO

Observe bem os quadros anteriores e responda: Que características uma figura plana deve ter para ser um polígono?

As formas não planas

Observe as imagens.

Entendi! As duas formas não são planas, mas a superfície delas é formada por figuras planas.

A superfície da caixa de fósforos é formada somente por figuras planas: seis retângulos. Nela não encontramos formas arredondadas. Isso também ocorre com a outra embalagem cuja superfície é formada por dois triângulos e três retângulos.

Na lata de milho da fotografia, temos duas formas planas (círculos), mas sua superfície lateral é arredondada. Já a bola não tem superfícies planas. Sua superfície é toda arredondada.

Atenção!

Os objetos retratados não estão em proporção.

Pensando nestas características, vamos classificar as formas não planas em dois grandes grupos: **poliedros** e **não poliedros**.

Poliedros

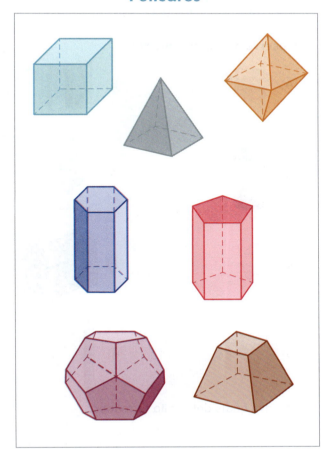

Não poliedros

A superfície dos poliedros é formada somente por polígonos. Cada polígono é uma **face** do poliedro. Como os polígonos são figuras planas com contornos retos, os poliedros não têm formas arredondadas.

OBSERVANDO FORMAS **127**

EXERCÍCIOS

1. Como você separaria todas as figuras abaixo em dois grupos?

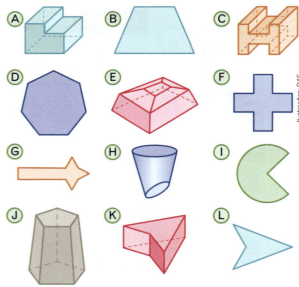

O que você considerou para formar os dois grupos? Responda.

2. Rodrigo desenhou 7 figuras planas, sendo 4 polígonos e 3 não polígonos. As figuras desenhadas por Rodrigo estão representadas em:

a)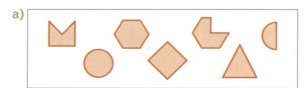

b)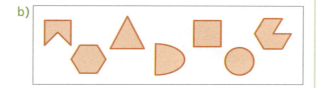

c)

d)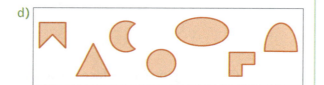

3. Observe as figuras representadas a seguir:

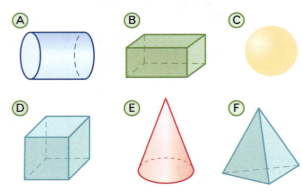

a) Na posição em que está a figura E, ela rola?
b) Em alguma outra posição ela pode rolar?
c) Quais desses objetos podem rolar?
d) Qual desses objetos rola em qualquer posição?
e) Quais desses objetos não rolam?
f) Em que os objetos B e D são diferentes?

4. Observe os objetos abaixo:

Escreva quais deles são formados:

a) apenas por superfícies planas;
b) apenas por superfícies arredondadas;
c) por superfícies planas e superfícies arredondadas.

5. Veja as figuras geométricas e responda:

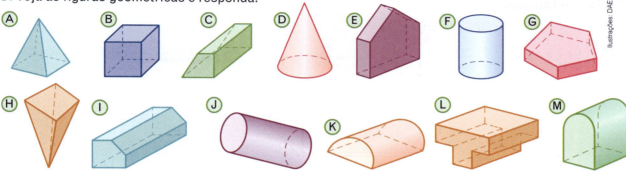

a) Quais são poliedros?
b) Quais não são poliedros?

6. Qual é a principal característica de um poliedro?

O poliedro tem muitas faces

O nome poliedro vem do grego:

poli: muitas   *edro*: faces

Na Grécia Antiga, muitos matemáticos estudaram Geometria.

Dentre eles, podemos citar Platão (427-347 a.C.), um dos grandes pensadores da história da filosofia. Fundou em Atenas, por volta de 387 a.C., uma espécie de escola: a Academia. Há registro de que na porta da Academia lia-se: "Que ninguém que ignore Geometria entre aqui!"

Busto de Platão.

Este poliedro chama-se **dodecaedro**. O nome teve origem na língua grega:

dodeca: doze   *edro*: faces

Pesquisas arqueológicas encontraram em Pádua, Itália, um dodecaedro de pedra provavelmente esculpido antes de 500 a.C.

Veja como o interesse humano pelos poliedros é antigo!

Fonte de pesquisa: BOYER, Carl B. *História da Matemática*. São Paulo: Edgard Blücher, 1979.

Junte-se aos colegas e elaborem uma lista com exemplos de objetos e construções criados pelo ser humano que representem poliedros e não poliedros. Depois, pensem e respondam no caderno:

1. Por que as latas em forma de cilindro, como as de refrigerante, ervilhas etc., geralmente são empilhadas em pé, e não deitadas?

2. Por que vocês acham que escolheram a forma da esfera para a bola de futebol e não a de um cone ou um cubo?

3. A escolha da forma que terá um objeto, pelo engenheiro, desenhista etc., deve ter relação com a função a que se destina?

OBSERVANDO FORMAS **129**

3. Investigando os blocos retangulares

O poliedro representado abaixo, cuja forma aparece em muitas construções e objetos, recebe o nome de **bloco retangular**.

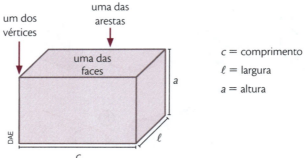

Vamos nomear partes do bloco retangular.
Pegue uma caixa de fósforos: ela tem a forma de um bloco retangular.
O bloco retangular possui três dimensões: **comprimento**, **largura** e **altura**.

> Utilizando uma régua, obtenha o comprimento, a largura e a altura de uma caixa de fósforos. Registre as medidas em seu caderno e compare com as medidas tiradas pelos colegas.

O bloco retangular possui seis faces, todas retangulares. Repare que as faces opostas são idênticas. Identifique-as na caixa de fósforos.

O trecho de reta produzido pelo encontro de duas faces chama-se **aresta**.
O bloco retangular possui 12 arestas. Localize-as na caixa de fósforos.
O ponto de encontro das arestas é um **vértice**.
O bloco retangular possui oito vértices. Confira na caixa de fósforos.

Todo poliedro possui faces, arestas e vértices.

Vemos ao lado a fotografia de um dado que tem a forma parecida com a de um cubo.
Troque ideias com seus colegas e responda às questões em seu caderno:

1. O cubo é um poliedro?
2. Quantas faces, arestas e vértices ele possui?
3. Qual é a forma das faces de um cubo?
   Compare o cubo com o bloco retangular. O que você observa?
4. Maíra quer saber o comprimento das arestas de um cubo. Para isso, mediu com a régua o comprimento de uma delas. Ela precisa medir as demais arestas? Por quê?
5. Como você descreveria um bloco retangular por telefone a um amigo?
6. No bloco retangular, cada vértice é ponto de encontro de quantas arestas?
7. Expliquem por que Mariana errou ao raciocinar como abaixo:
   "Cada face do cubo tem 4 vértices. Como são 6 faces, o cubo tem 24 vértices."

Ponto e reta

Vamos aproveitar as faces, arestas e vértices do bloco retangular para compreender melhor três figuras básicas para o estudo da Geometria: ponto, reta e plano.

Observando o encontro das arestas chegamos à ideia de **ponto**.

Vamos representar um ponto com uma marquinha no papel. Para dar nome aos pontos, usamos as letras maiúsculas do nosso alfabeto, como nestes exemplos:

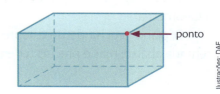

ponto

representação de pontos

Imagine uma aresta do bloco retangular prolongando-se indefinidamente como na figura a seguir.

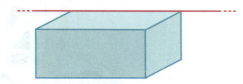

Você imaginou uma **reta**. Usaremos as letras minúsculas do nosso alfabeto para representá-las.

Um trecho de reta limitado por dois pontos, como uma aresta do bloco retangular, por exemplo, chama-se **segmento de reta**.

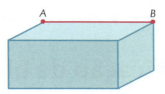

Os pontos A e B são as extremidades do segmento AB.

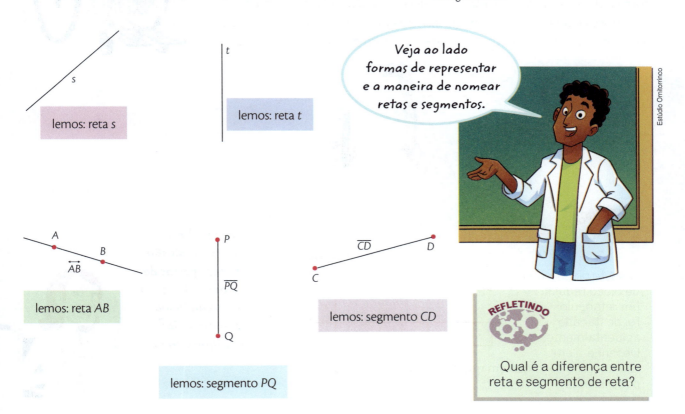

131

Plano

Por fim, imagine uma face do bloco retangular prolongando-se indefinidamente, como na figura ao lado.

Você imaginou um **plano**, que é outra figura fundamental para a Geometria.

O plano precisa de uma representação. A mais usual é a apresentada abaixo, mas é preciso ter em mente que o plano é ilimitado.

> Como já utilizamos as letras maiúsculas do nosso alfabeto (para os pontos) e as minúsculas (para as retas), vamos nomear os planos com letras do alfabeto grego, como α e β, por exemplo.

Portanto, nos elementos de um poliedro encontramos:
- pontos ⟶ vértices
- retas e segmentos de retas ⟶ gerados pelas arestas
- planos ⟶ gerados pelas faces

Planificação de blocos retangulares

Consiga uma embalagem em forma de bloco retangular. Desmonte-a com cuidado para não rasgá-la. Se ela tiver abas para colar as faces, corte-as fora. Você obterá uma figura plana formada por seis retângulos. Essa figura representa a planificação da embalagem em forma de bloco retangular.

REFLETINDO

Nesta planificação de bloco regular, um retângulo foi destacado acidentalmente. Desenhe-a em seu caderno e indique em que posições o retângulo poderia estar.

> Você saberia apontar quais são as faces opostas de um bloco retangular observando sua planificação? Explique como.

132

4. Perspectivas e vistas

Muitas vezes precisamos representar formas não planas no papel. Para isso, podemos usar, por exemplo, desenhos em **perspectiva**. A perspectiva é uma técnica que permite representar figuras tridimensionais, como poliedros, no plano (representado pelo papel).

Vamos começar desenhando um bloco retangular em perspectiva. A malha quadriculada nos ajudará nesta tarefa.

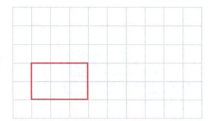
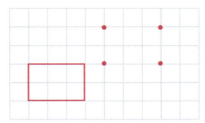
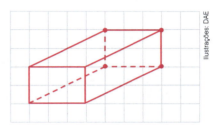

Desenhe a face do bloco retangular que ficará "de frente".

Assinale os vértices da face oposta. Lembre-se de que as faces opostas do bloco retangular são idênticas.

Usando régua, trace as arestas visíveis com linha contínua e as demais com linha pontilhada.

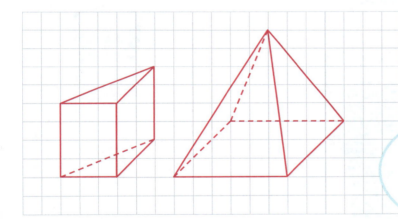

Use papel quadriculado e desenhe um bloco retangular e um cubo em perspectiva.

Desenhar poliedros em perspectiva é bem legal! Veja como eu desenhei outros poliedros no papel quadriculado.

Faça como Marcela: experimente desenhar outros poliedros usando perspectiva. Ao fazer cada desenho, anote ao lado dele:
- os nomes dos polígonos que formam suas faces;
- quantas são as faces;
- qual é o número de vértices e arestas.

Depois, troque seus desenhos com um colega. Você confere as respostas dele, e ele as suas.

OBSERVANDO FORMAS 133

E o que são vistas?

Veja ao lado um exemplo de planta baixa de um apartamento, retirada de um anúncio de jornal. Essa planta representa uma vista superior do imóvel. Observe que as paredes, as portas e os móveis estão representados no plano como se fossem vistos "de cima". Essa representação é útil, pois nos dá uma boa ideia do espaço e da disposição dos ambientes.

CONECTANDO SABERES

Tente desenhar em papel quadriculado como seria sua casa vista de cima se ela não tivesse telhado. Localize cada cômodo, procurando representar os móveis no plano, como na planta do exemplo ao lado.

A embalagem da fotografia tem a forma de um poliedro.

Podemos representar sua vista superior e sua vista frontal no papel:

vista superior

vista frontal

REFLETINDO

Observe os objetos a seguir.

Que formas cada um deles nos lembra?

Desenhe em seu caderno como seria a vista planificada frontal e superior de cada um deles.

EXERCÍCIOS

7. Observe os poliedros:

cubo

paralelepípedo

pirâmide de base quadrada

Construa um quadro como este e complete-o.

Poliedro	Quantas faces?	Quantos vértices?	Quantas arestas?
A			
B			
C			

8. Observe a figura e responda.

a) A figura é plana ou não plana?
b) Qual é o número de vértices?
c) Quantas são as arestas?
d) Qual é o número de faces?
e) Quantas faces são retangulares?
f) Quantos lados tem cada uma das faces que não são retangulares?

9. Observe os polígonos e responda:

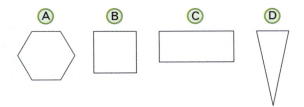

Quais e quantos desses polígonos são necessários para forrar os "esqueletos" destes poliedros?

(I)

(II)

(III)

(IV)

10. Copie os pontos *A*, *B*, *C* e *D*.

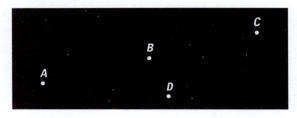

a) Trace três retas que passem pelo ponto *A*. É possível traçar mais? Quantas?
b) Quantas retas que passam pelos pontos *B* e *D* você consegue traçar?
c) Existe uma reta que passa por três dos pontos indicados?

11. (Encceja-MEC) Observe o esquema com a localização de uma escola e de um supermercado.

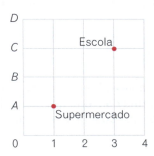

Se, nesse esquema, o supermercado pode ser indicado pelo ponto (1, *A*), então a escola pode ser indicada pelo ponto:

a) (1, *C*)   b) (3, *C*)   c) (*C*, 0)   d) (*C*, 2)

12. Qual das peças deve ser encaixada neste objeto para que ele fique com a forma de um bloco retangular?

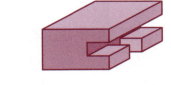

a) 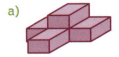   c)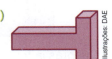

b) 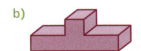   d)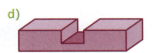

13. Observe as figuras e faça o que se pede:

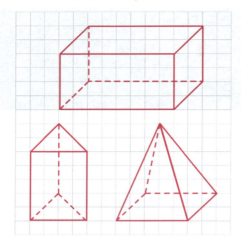

Use uma malha quadriculada para:

a) reproduzir as duas figuras da parte inferior do quadro;
b) reduzir o comprimento de todas as arestas do bloco retangular à metade.

14. Se a figura abaixo fosse recortada e depois dobrada de forma conveniente nas linhas tracejadas, que forma espacial resultaria?

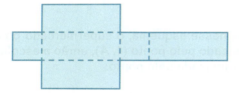

15. Observe as caixas cúbicas empilhadas e responda.

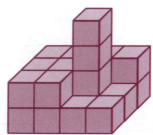

a) Quantas já foram colocadas?
b) Quantas faltam na segunda camada? E na terceira?
c) Quantas caixas faltam ser colocadas para construir um bloco retangular de 5 camadas?

16. A figura mostra uma das 11 possibilidades de planificação do cubo.

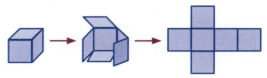

Será que as figuras a seguir também representam planificações do cubo?

Dica!
Se necessário, copie e recorte um modelo em papel para verificar.

a)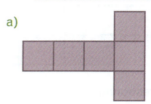

b)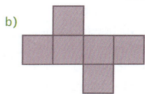

c)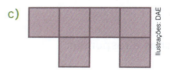

17. Evaldo desenhou uma planificação em cartolina para construir uma caixa com a forma de um bloco retangular. Ele escreveu a mesma letra em cada par de faces opostas. Anote qual é a caixa de Evaldo.

a)
	C	
A	B	B
	C	
	A	

c)
	B		
C	A	C	A
			B

b)
	C	
	B	
	B	
A	C	A

d)
	C		
A	A	B	C
	C		

Construindo poliedros

Forme dupla com um colega.

Vimos que as faces dos poliedros são polígonos. Nas páginas 279 e 280, em **Moldes e malhas**, há moldes de polígonos: quadrados, retângulos e triângulos. Vocês devem reproduzir os polígonos com capricho, em cartolina, recortá-los e, com o auxílio de fita adesiva, construir modelos de poliedros.

Em cada modelo de poliedro, observem e registrem no caderno:

- forma e número de faces;
- número de vértices;
- número de arestas.

Vocês devem produzir e recortar vários polígonos de cada tipo para ter mais opções de combinação das formas.

Vejam um exemplo de modelo de poliedro que pode ser construído:

Este é um poliedro com 5 faces: 2 triângulos e 3 retângulos. Ele possui 6 vértices e 9 arestas.

Para finalizar, criem novas formas combinando as figuras que vocês construiram. Se desejarem, façam uma exposição das composições obtidas para os demais alunos da escola!

OBSERVANDO FORMAS **137**

REVISANDO

18. Acompanhe, nas figuras, esta montagem e depois responda.

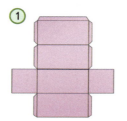

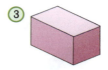

a) A figura do primeiro desenho é plana?
b) E a do último?

19. Imagine que você está conversando com um amigo ao telefone. Descreva-lhe a figura abaixo de modo que seu amigo descubra o que é. Não vale utilizar a palavra cubo.

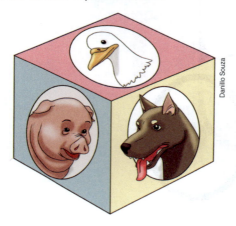

20. Usando cubos podemos fazer as seguintes construções:

Na primeira usamos 1 cubo; na segunda, 6 cubos; e na terceira, 11 cubos.

- Quantos cubos usaremos na oitava construção?

21. Gustavo fez a seguinte construção com seis cubos:

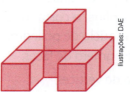

Observe as diferentes vistas abaixo e identifique qual delas é a:

a) vista de cima;
b) vista de lado;
c) vista de frente.

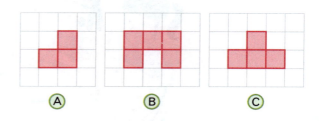

22. Observe as figuras, copie o quadro e preencha-o.

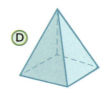

	A	B	C	D	E
Poliedro					
Não é poliedro					
Quantas faces?					
Quantas arestas?					
Quantos vértices?					

23. Observe estes dois objetos e responda.

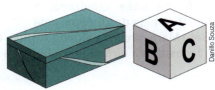

a) Quantos vértices tem o cubo? E a caixa?
b) Quantas arestas tem o cubo? E a caixa?
c) Quantas faces tem o cubo? E a caixa? Todas são planas?
d) Que conclusão se pode tirar observando o cubo e a caixa?
e) Qual é a diferença entre as faces do cubo e as faces da caixa?

24. Veja a planificação de um cubo. Quais são as cores das faces opostas?

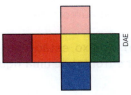

25. Num dado, a soma dos valores das faces opostas é sempre 7. Com base nesta informação, responda:

a) Quantos pontos tem a face oposta a ?
b) Quantos pontos tem a face oposta a ?
c) Quantos pontos tem a face oposta a ?

Sabe quantos pontos somam as faces dos três dados que estão apoiadas na mesa?

DESAFIOS NO CADERNO

26. Esta pilha tem 2 tijolos de comprimento, 2 tijolos de largura e 3 tijolos de altura.

a) Qual é a forma de cada tijolo?
b) Que forma tem a pilha de tijolos?
c) Quantos tijolos formam a pilha?

> A pilha de tijolos vai ficar maior. Ela vai passar a ter 3 tijolos de comprimento, 3 de largura e 7 de altura.

d) Quantos tijolos terá a nova pilha?

27. Imagine que a figura abaixo seja uma sala. No ponto A temos uma aranha e, em H, uma mosca. Percorrendo a sala pelas "arestas", a aranha pretende chegar até a mosca.

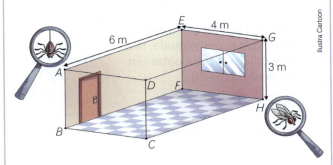

Calcule a distância percorrida pela aranha se ela seguir o percurso:

a) A, D, C e H.
b) A, B, F, E, G e H.
c) A, E, G, D, C e H.

OBSERVANDO FORMAS **139**

AUTOAVALIAÇÃO

Anote no caderno o número do exercício e a letra correspondente à resposta correta.

28. Quantos cubos estão empilhados?

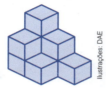

a) 9   b) 10   c) 11   d) 12

29. Se colocarmos o bloco retangular sobre a face *ABCD*, a face que fica voltada para cima é:

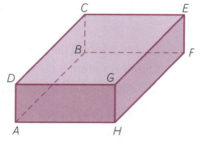

a) *ABFH*
b) *CBEF*
c) *GHFE*
d) *DCEG*

30 A linha vermelha mede 18 cm. O comprimento total das arestas invisíveis do cubo é:

a) 9 cm
b) 12 cm
c) 15 cm
d) 18 cm

31. (Saresp) Bia recortou a figura ao lado e, em seguida, fez uma colagem para obter um sólido de papelão.

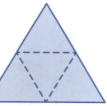

O sólido que Bia obteve foi:

a)
b)
c)
d)

32. (Saresp) A foto abaixo é de uma pirâmide de base quadrada, a Grande Pirâmide de Quéops, uma das Sete Maravilhas do Mundo Antigo. O número de faces desta pirâmide, incluindo a base, é:

a) igual ao número de arestas.
b) igual ao número de vértices.
c) a metade do número de arestas.
d) o dobro do número de vértices.

33. (Saresp) Abaixo estão desenhadas as vistas superior e frontal de uma figura.

vista superior   vista frontal

Dentre as opções abaixo, a única figura com essas vistas é:

a)   c)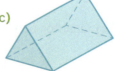

b)   d)

34. A superfície do bloco ao lado foi pintada de verde e, depois, os pequenos cubos foram separados. O número de pequenos cubos com exatamente duas faces verdes é:

a) 4   b) 6   c) 8   d) 10

UNIDADE 9
Ângulos

1. Falando um pouco sobre ângulos

As pontas da tesoura aberta formam entre si um ângulo.

Encontramos ângulos na natureza, nas construções e nos objetos criados pelo ser humano.

Nesta unidade, vamos aprender a representar, medir e traçar ângulos.

Semirreta

Quando marcamos um ponto sobre uma reta, ela fica dividida em duas partes.

Cada uma dessas partes é uma **semirreta** de origem no ponto A. Para representar e nomear as semirretas, fazemos assim:

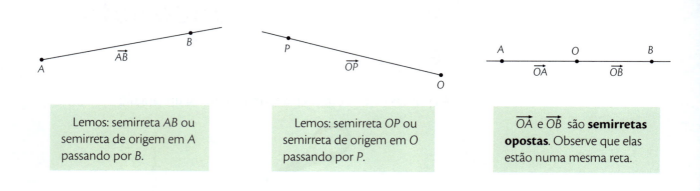

Lemos: semirreta AB ou semirreta de origem em A passando por B.

Lemos: semirreta OP ou semirreta de origem em O passando por P.

$\vec{OA}$ e $\vec{OB}$ são **semirretas opostas**. Observe que elas estão numa mesma reta.

2. Ângulos - elementos e representação

Quando traçamos no plano duas semirretas de mesma origem, como você vê na representação a seguir, separamos o plano em duas regiões. Cada uma dessas regiões é um ângulo.

um ângulo   outro ângulo

Como as semirretas fazem parte de ambas as regiões, é preciso identificar com qual ângulo vamos trabalhar. Para isso usaremos um pequeno **arco** (veja a figura ao lado).

$\vec{OA}$ e $\vec{OB}$ são os **lados** do ângulo e fazem parte dele.

O ponto O (origem das semirretas) é o vértice do ângulo.

Podemos nomear o ângulo assim: $A\hat{O}B$ (lê-se ângulo AOB) ou simplesmente $\hat{O}$ (lê-se ângulo O).

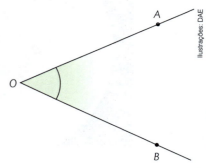

E se as semirretas de mesma origem estiverem numa mesma reta?

- Se elas forem **opostas**, teremos dois ângulos rasos: dois ângulos de meia volta.

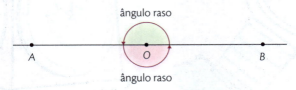

- Se elas **coincidirem**, como as semirretas OA e OB abaixo, teremos:

o ângulo nulo…   … e o ângulo de uma volta, que toma o plano todo.

Giros e ângulos

Renata prendeu dois palitos de sorvete com um percevejo, como você vê na imagem ao lado.

Manteve um deles fixo e girou o outro.

Ela percebeu que o giro do palito descreve um ângulo.

  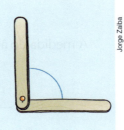

ÂNGULOS 143

3. Medidas de ângulos

A medida de um ângulo depende de sua abertura.

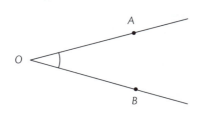 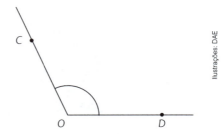

A medida de AÔB é menor do que a medida de CÔD, pois AÔB tem abertura menor.

Observe os ângulos assinalados nos desenhos abaixo.

Discuta com os colegas: esses ângulos têm a mesma medida? Mostrem no texto as frases que justificam suas respostas.

 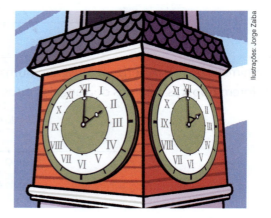

A unidade de medida mais utilizada para medir ângulos é o **grau**, cujo símbolo é °.
A medida do ângulo de **uma volta** é **360 graus**, ou **360°**.

O ângulo nulo mede 0°.

A medida do ângulo de **meia-volta**, ou **ângulo raso**, é **180°**.

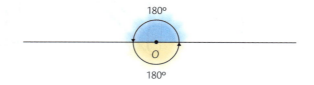

Se dividirmos o ângulo de uma volta (360°) em 360 ângulos de mesma medida, cada ângulo medirá 1°.

É este instrumento, chamado **transferidor**, que usamos para traçar e medir ângulos. O transferidor ao lado é de 360°. Temos também o transferidor de 180°.

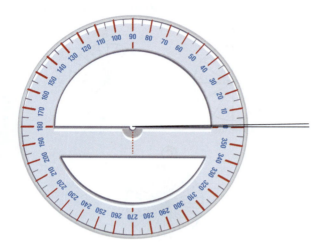

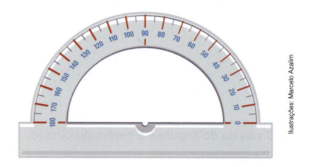

O ângulo de 90° é chamado ângulo reto.

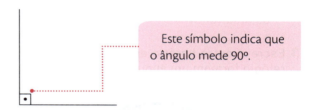

Este símbolo indica que o ângulo mede 90°.

Uma volta tem 360°

De onde vem a ideia de o ângulo de uma volta corresponder a 360°?

Trata-se de uma herança muito antiga.

Os mesopotâmios, também chamados babilônios, que viveram há milhares de anos numa região que hoje faz parte do Iraque e do Irã, trouxeram muitas contribuições para a Matemática e a Astronomia.

Observando o céu, eles imaginaram que o Sol girava ao redor da Terra e levava 360 dias para dar uma volta completa.

Hoje sabemos que é a Terra que gira ao redor do Sol e que uma volta completa leva 365 dias e algumas horas. Mas para a época a aproximação era boa.

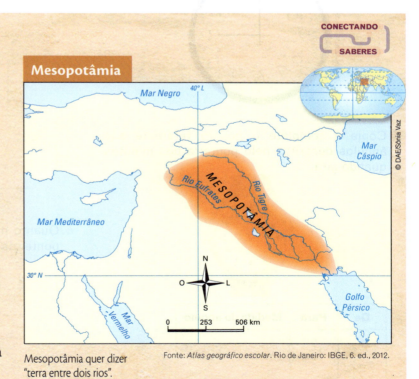

Mesopotâmia quer dizer "terra entre dois rios". Essa região ficava entre os rios Tigre e Eufrates.

Fonte: *Atlas geográfico escolar*. Rio de Janeiro: IBGE, 6. ed., 2012.

ÂNGULOS 145

EXERCÍCIOS

1. Na figura abaixo há três ângulos. Quais são?

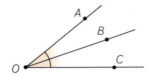

2. O vértice do ângulo é o centro do círculo.

a) A que parte do círculo corresponde um ângulo reto?

b) A que parte do círculo corresponde um ângulo raso?

c) A que parte do círculo corresponde um ângulo de uma volta?

3. Escreva outro horário em que os ponteiros do relógio formam um ângulo reto.

4. Copie e complete o quadro referente aos ângulos descritos pelo ponteiro dos minutos quando gira:

De	Para	Medida do ângulo
1	2	
2	5	
5	9	
9	3	

5. Cada um dos círculos abaixo está dividido em um número de "fatias" do mesmo tamanho.

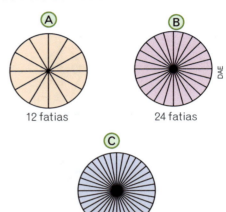

12 fatias   24 fatias

36 fatias

Faça a estimativa de quantas fatias de cada tipo (A, B ou C) serão necessárias para construir cada ângulo que segue.

a)
- Quantas fatias A?
- Quantas fatias B?
- Quantas fatias C?

b)
- Quantas fatias A?
- Quantas fatias B?
- Quantas fatias C?

c)
- Quantas fatias A?
- Quantas fatias B?
- Quantas fatias C?

6. Quanto mede o menor ângulo formado pelos ponteiros deste relógio?

4. Utilizando o transferidor

Vamos construir um ângulo de 50° com auxílio do transferidor.

- Trace a semirreta OA.
- O ponto O será o vértice do ângulo e $\overrightarrow{OA}$ um de seus lados.
- Coloque o centro do transferidor sobre o ponto O de modo que a linha de 0° a 180° fique sobre $\overrightarrow{OA}$.
- Geralmente, o transferidor tem duas escalas. Utilize a que tem o zero sobre o lado do ângulo. Como queremos um ângulo de 50°, marque o ponto B.
- Retire o transferidor e trace a semirreta OB, obtendo o ângulo $A\hat{O}B$ que mede 50°. Simbolicamente, med($A\hat{O}B$) = 50°.

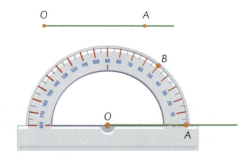

Agora, vamos medir o ângulo $C\hat{O}D$ utilizando o transferidor.

- O centro do transferidor deve ser posicionado sobre o vértice do ângulo.
- A linha de 0° a 180° deve coincidir com um dos lados do ângulo.
- Meça o ângulo a partir do zero que está sobre o lado do ângulo.

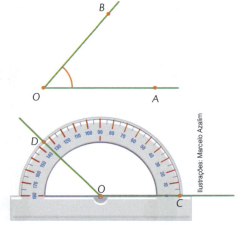

A semirreta OD passa pela marca 135, ou seja, med($C\hat{O}D$) = 135°.

INTERAGINDO

1. Que relação há entre:
   a) ângulo reto e ângulo raso?
   b) ângulo reto e ângulo de uma volta?
2. Em quais horas exatas do dia os ponteiros das horas e dos minutos de um relógio formam um ângulo reto? E um ângulo raso?
3. Procure objetos e construções em que seja possível utilizar o transferidor para medir ângulos. Registre as medidas que encontrar no caderno, escrevendo onde obteve cada uma. Compartilhe seus registros com os colegas.

Na atividade acima, você deve ter encontrado ângulos retos, ou seja, ângulos de 90°.

Os ângulos com medida menor que 90° são chamados **ângulos agudos**.

Os que têm medida maior que 90° são chamados **ângulos obtusos**.

Alguns revestimentos, como este piso, têm ladrilhos poligonais com diferentes medidas de ângulos.

ÂNGULOS 147

EXERCÍCIOS

7. Qual é maior:

a) um ângulo agudo ou um ângulo reto?

b) um ângulo reto ou um ângulo obtuso?

c) um ângulo agudo ou um ângulo obtuso?

8. Observe como Pedro desenhou os movimentos que fez na aula de Educação Física. Seus braços e tronco formam vários ângulos. Classifique-os como retos, agudos ou obtusos.

9. Identifique todos os ângulos retos da figura.

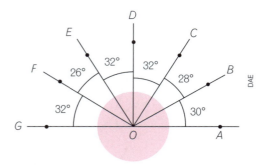

10. Qual é o valor de x?

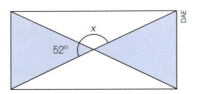

11. Usando um transferidor, determine as medidas dos ângulos indicados de uma praça representada no desenho abaixo.

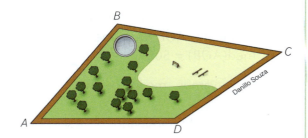

12. Veja a representação de vários ângulos, bem como a medida de cada um deles. Por estimativa, indique no caderno a letra que acompanha o ângulo e a medida a ele correspondente.

| 30° | 45° | 85° | 120° | 145° |

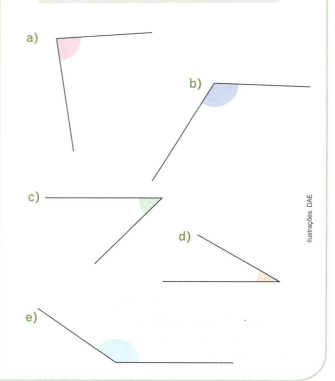

5. Retas perpendiculares e retas paralelas

"A rua Quinze é perpendicular à rua Treze."

"E as avenidas Oito e Nove são paralelas."

Considerando que as ruas ilustradas no mapa nos dão a ideia de retas, vamos usar a Geometria para entender melhor o diálogo entre essas pessoas?

Quando duas retas de um mesmo plano se cortam em um único ponto, elas são chamadas de **retas concorrentes**. Veja:

As retas *r* e *s* são concorrentes.

As retas *a* e *b* também são concorrentes (o ponto de interseção delas está fora do papel).

Duas retas concorrentes que formam entre si ângulos retos são chamadas **retas perpendiculares**.

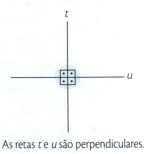

As retas *t* e *u* são perpendiculares.

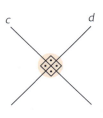

As retas *c* e *d* são perpendiculares.

Quando duas retas em um mesmo plano não têm ponto comum, ou seja, não se intersectam, são chamadas de **retas paralelas**.

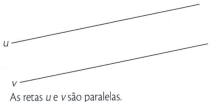

As retas *r* e *s* são paralelas.

As retas *u* e *v* são paralelas.

Volte ao mapa ilustrado no alto da página. Encontre mais pares de ruas que podem ser consideradas retas:
- perpendiculares;
- paralelas.

ÂNGULOS 149

EXERCÍCIOS

13. Olhe para a folha do seu caderno e para esta fotografia. O que você pode dizer sobre a direção das linhas desenhadas nesta folha?

14. Mário quer ir até o muro pelo caminho mais curto.

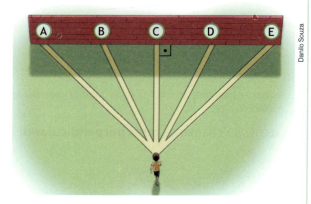

Qual caminho deverá escolher? Por quê?

15. Observe a planta de um bairro mostrada na figura abaixo e responda:

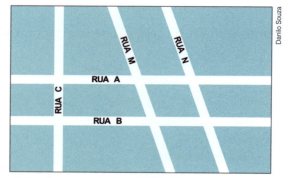

a) Quais ruas são paralelas?
b) Quais ruas são perpendiculares?

16. Em papel quadriculado, copie e complete o mapa da figura de acordo com as instruções.

Dica! Utilize cópia da malha quadriculada disponível na página 278.

a) Desenhe no mapa a rua São Pedro paralela à rua São João.
b) Desenhe a rua São Sebastião, que não pode ser paralela nem pode ser perpendicular à rua São Jorge.

17. Indique se as linhas a seguir são paralelas ou perpendiculares.

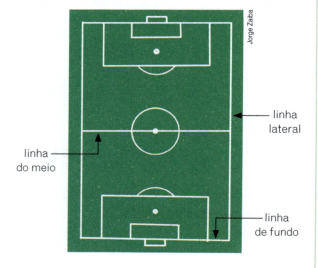

a) As duas linhas de fundo.
b) Uma linha lateral e uma linha de fundo.
c) A linha do meio em relação às linhas laterais.
d) A linha do meio em relação às linhas de fundo.

6. Os esquadros

Você já viu um esquadro?

Os esquadros são usados por desenhistas e outros profissionais para traçar alguns ângulos e também retas paralelas e perpendiculares.

Existem dois tipos de esquadro:

Este tipo tem um ângulo de 90°, um ângulo de 60° e um ângulo de 30°.

Este tipo tem um ângulo de 90° e dois ângulos de 45°.

1. Providencie um par de esquadros. Cole uma etiqueta em cada ângulo dos esquadros, marcando suas medidas: 90°, 30° e 60° e 45°, 45° e 90°.

2. Atualmente, muitos profissionais traçam retas perpendiculares ou paralelas e ângulos necessários a seus trabalhos no computador. Eles contam com o auxílio de *softwares* especializados. No entanto, para usar corretamente esses *softwares* é preciso conhecer Geometria. Procure entrevistar um desses profissionais, como um arquiteto ou projetista, para saber que importância tem a Geometria em seu trabalho.

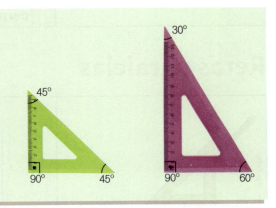

Com o par de esquadros você pode traçar alguns ângulos:

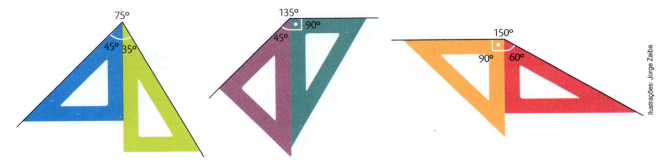

1. O que há em comum nos dois tipos de esquadro?

2. Justifiquem a afirmação abaixo.

   "Retas perpendiculares com certeza são concorrentes, mas retas concorrentes podem não ser perpendiculares."

3. Uma reta *r* é paralela a uma reta *s*. A reta *s*, por sua vez, é paralela à reta *t*. O que ocorre com as retas *r* e *t*?

ÂNGULOS 151

Veja agora como traçar retas perpendiculares e paralelas como auxílio de régua e esquadro.

Retas perpendiculares

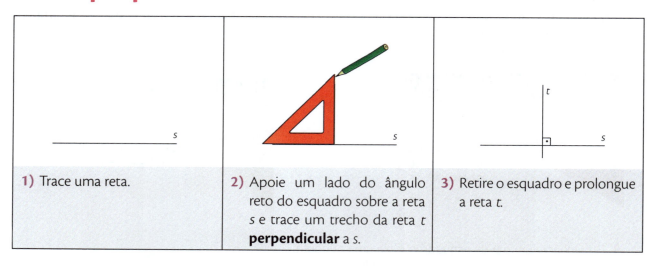

1) Trace uma reta.

2) Apoie um lado do ângulo reto do esquadro sobre a reta s e trace um trecho da reta t **perpendicular** a s.

3) Retire o esquadro e prolongue a reta t.

Retas paralelas

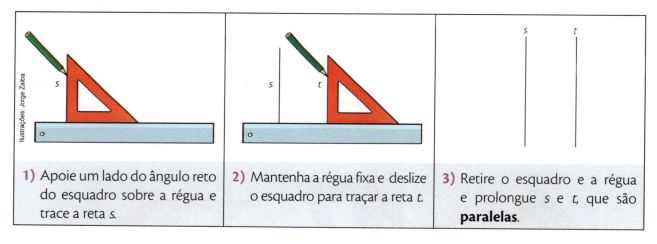

1) Apoie um lado do ângulo reto do esquadro sobre a régua e trace a reta s.

2) Mantenha a régua fixa e deslize o esquadro para traçar a reta t.

3) Retire o esquadro e a régua e prolongue s e t, que são **paralelas**.

Também podemos traçar retas paralelas usando o outro lado do esquadro. Veja a seguir.

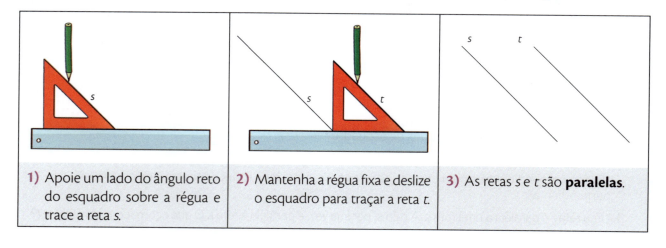

1) Apoie um lado do ângulo reto do esquadro sobre a régua e trace a reta s.

2) Mantenha a régua fixa e deslize o esquadro para traçar a reta t.

3) As retas s e t são **paralelas**.

EXERCÍCIOS

18. Com o auxílio de esquadros, desenhe um ângulo de:

a) 60°
b) 45°
c) 90°
d) 135°

19. Usando régua e esquadro verifique a posição relativa das retas.

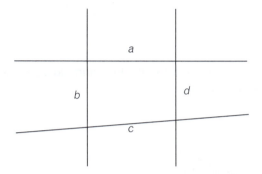

Indique:

a) duas retas paralelas;
b) duas retas perpendiculares;
c) duas retas com um só ponto comum e que não são perpendiculares.

20. Para traçarem uma reta perpendicular a *r* passando por *P*, Rita e Mauro colocaram os seus esquadros como mostram as figuras:

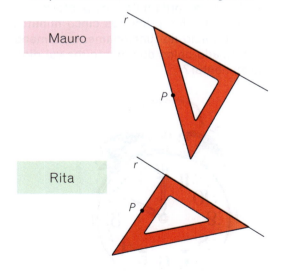

Só um deles colocou corretamente o esquadro. Quem foi?

21. Qual é a medida do ângulo assinalado na figura?

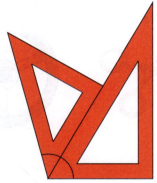

22. Qual é a medida do ângulo determinado pelas semirretas verdes na figura?

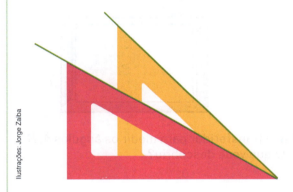

23. A figura abaixo mostra a trajetória seguida por um grupo de ciclistas. Nesse percurso, quantas vezes eles mudaram de direção?

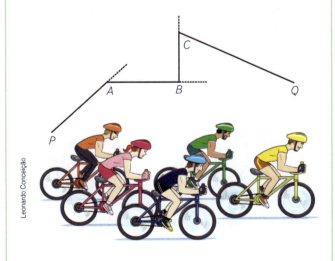

REVISANDO

24. Sem utilizar o transferidor, indique a medida aproximada de cada um dos ângulos assinalados nas figuras.

a) b)

c)

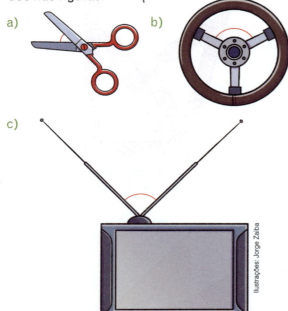

25. Use o transferidor para medir os ângulos $\hat{A}$, $\hat{B}$ e $\hat{C}$. O que você descobriu?

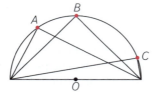

26. Quanto mede o menor ângulo formado pelos ponteiros de um relógio que está marcando:

a) 2 horas? c) 3 horas?

b) 5 horas? d) 8 horas?

27. A que horas os ponteiros do relógio formam um ângulo de:

a) 0°?   b) 180°?

Indique uma solução para cada caso.

DESAFIOS
NO CADERNO

28. Na figura há quatro ângulos. Quanto mede cada um deles?

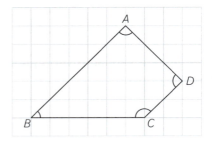

29. Quanto mede o ângulo determinado pelas semirretas verdes?

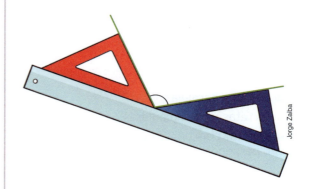

30. Vamos imaginar um relógio parado indicando 2 horas. Você dá corda nele e os ponteiros começam a rodar. Nos primeiros cinco minutos, logo após o início do funcionamento, o menor ângulo formado pelos dois ponteiros vai diminuir ou aumentar?

SEÇÃO LIVRE

31. Observe a figura:

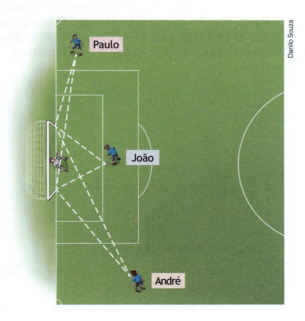

Qual dos três jogadores tem:

a) maior ângulo de visão do gol?
b) menor ângulo de visão do gol?

32. Um cavalo puxa uma carroça sempre em linha reta, em uma estrada de terra umedecida pela chuva. O que você pode dizer das marcas deixadas pelas duas rodas da carroça na estrada?

33. Um estudante desenhou numa folha de papel um ângulo de 20°. Em seguida, resolveu admirar o próprio desenho (imitando um célebre detetive) através de uma lupa que aumentava 4 vezes um objeto qualquer. Ele enxergará, olhando através da lupa, um ângulo de:

a) 20°
b) 10°
c) 40°
d) 80°

34. (Saresp) Imagine que você tem um robô tartaruga e quer fazê-lo andar num corredor sem que ele bata nas paredes. Para fazer isso, você pode acionar 3 comandos: avançar (indicando o número de casas), virar à direita e virar à esquerda. Para que você acione de forma correta o comando, imagine-se dentro do robô.

FINAL

ENTRADA

Seus comandos para que o robô vá até o final deverão ser:

a) Avançar 4 casas, virar 90° à direita, avançar 3 casas, virar 90° à direita, avançar 2 casas.

b) Avançar 4 casas, virar 90° à esquerda, avançar 3 casas, virar 90° à esquerda, avançar 2 casas.

c) Avançar 4 casas, virar 90° à direita, avançar 3 casas, virar 90° à esquerda, avançar 2 casas.

d) Avançar 4 casas, virar 90° à esquerda, avançar 3 casas, virar 90° à direita, avançar 2 casas.

AUTOAVALIAÇÃO

Anote no caderno o número do exercício e a letra correspondente à resposta correta.

35. Na ilustração, está representado o caminho que um garoto fez para ir de sua casa à biblioteca. Cada esquina por onde o garoto passou está indicada por uma letra.

Nessa trajetória há um ângulo:
a) de 90° em todas as esquinas.
b) menor do que 90°, na esquina E.
c) maior do que 90°, na esquina H.
d) menor do que 90°, na esquina G.

36. (Escola Técnica-UFPR) No sinal de entroncamento oblíquo, podem ser identificados três ângulos:

Entroncamento oblíquo à esquerda. Adverte o motorista de que em frente há uma via de saída à esquerda.

Com relação às suas medidas, esses ângulos são classificados como:

a) agudo, obtuso e raso.
b) agudo, obtuso e reto.
c) obtuso, reto e raso.
d) agudo, reto e raso.

37. O ângulo que o ponteiro dos minutos descreve em 14 minutos é de:
a) 14° c) 82°
b) 24° d) 84°

38. (Saresp) A figura abaixo mostra a localização de quatro crianças em relação às ruas Alegria e Beija-flor. As demais ruas traçadas são paralelas à rua Alegria ou à rua Beija-flor. A distância entre cada uma das ruas é de 100 metros.

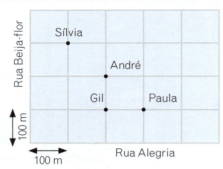

Assinale a alternativa correta.

a) André está à mesma distância das ruas Alegria e Beija-flor.
b) Paula está a 100 m da rua Alegria e a 200 m da rua Beija-flor.
c) Sílvia está a 200 m da rua Alegria e a 100 m da rua Beija-flor.
d) Gil está a 200 m da rua Alegria e a 100 m da rua Beija-flor.

39. Na figura, os três ângulos indicados têm a mesma medida. O valor de x é:

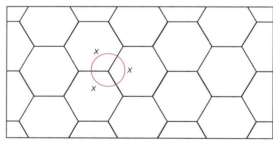

a) 60° c) 120°
b) 90° d) 135°

40. O ângulo assinalado na figura mede:
a) 105°
b) 120°
c) 135°
d) 150°

UNIDADE 10
Polígonos e circunferências

1. Polígonos

Repare como na estrutura ilustrada ao lado foram utilizados triângulos.

Isso é bastante comum nas construções de prédios, telhados, móveis etc. Você sabe por quê?

O triângulo torna as estruturas mais firmes, rígidas.

Podemos comprovar isso construindo um triângulo e um quadrado com palitos de sorvete e percevejos, como os das fotografias a seguir. Em seguida, tentamos deformar essas figuras.

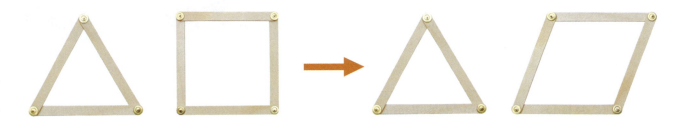

Observe que o quadrado é deformável e o triângulo é rígido.
Numa estrutura de telhado, por exemplo, a rigidez é uma característica importante. No entanto, em outras situações, a maleabilidade pode ser desejável.

Os polígonos apresentam características e propriedades importantes. Estudando-os, poderemos utilizá-los melhor no nosso dia a dia.

POLÍGONOS E CIRCUNFERÊNCIAS 157

Nomeando polígonos

A palavra **polígono** origina-se do idioma grego:

poli: muitos
gonos: ângulos

Polígono é uma figura geométrica plana limitada por segmentos de reta, chamados lados do polígono. Observe o polígono:

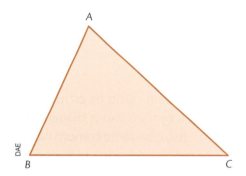

O prefixo **poli** aparece em várias palavras da língua portuguesa. Procure no dicionário o significado de:

- polissílaba;
- polivalente;
- poliglota.

Acrescente a essa lista outras palavras que tenham o prefixo **poli**, com seus respectivos significados.

Esse polígono é um **triângulo**. Ele apresenta:

- 3 lados que são segmentos de reta: $\overline{AB}$, $\overline{BC}$ e $\overline{CA}$;
- 3 ângulos internos: $\hat{A}$, $\hat{B}$ e $\hat{C}$;
- 3 vértices: A, B e C.

Podemos chamá-lo de triângulo ABC.

De acordo com o número de lados ou ângulos que o polígono apresenta, ele recebe um nome.

Veja os principais:

Muitos artistas utilizam-se de polígonos em suas obras. Acima vemos um exemplo de mosaico que faz esse uso.

Nº de lados	Nome do polígono
3	triângulo
4	quadrilátero
5	pentágono
6	hexágono
7	heptágono
8	octógono
9	eneágono
10	decágono
12	dodecágono

Utilize o quadro ao lado para nomear os polígonos abaixo.

EXERCÍCIOS

1. Por que será que os engenheiros utilizam tantas vezes o triângulo na construção de estruturas?

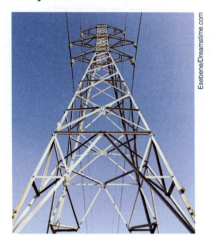

2. Veja estas três estruturas:

Qual delas é rígida?

3. Entre os polígonos representados, indique aqueles que são:

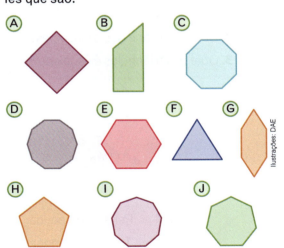

a) hexágonos;
b) quadriláteros;
c) pentágonos;
d) decágonos;
e) octógonos;
f) dodecágonos.

4. Faça a correspondência do número com a letra.

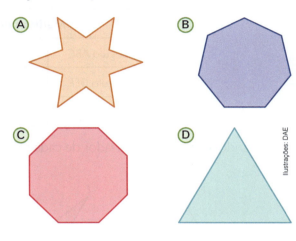

(1) Tenho 12 lados.
(2) Tenho 3 vértices.
(3) Tenho 8 lados.
(4) Sou um heptágono.

5. O desenho das bandeiras é formado por várias figuras geométricas. Quais destas bandeiras apresentam apenas figuras que são polígonos?

Jordânia   Coreia do Sul

Emirados Árabes   Paquistão

6. Decomponha o polígono dado em:

a) três triângulos;
b) um triângulo e um quadrilátero;
c) dois quadriláteros.

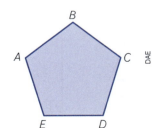

POLÍGONOS E CIRCUNFERÊNCIAS 159

2. Triângulos

Copie no caderno o quadro abaixo.

Medidas dos lados em centímetros				
Triângulo ABC	AB =	BC =	AC =
Triângulo DEF	DE =	EF =	FD =
Triângulo GHI	GH =	HI =	IG =

Usando a régua, meça os lados de cada triângulo a seguir e anote as medidas no quadro.

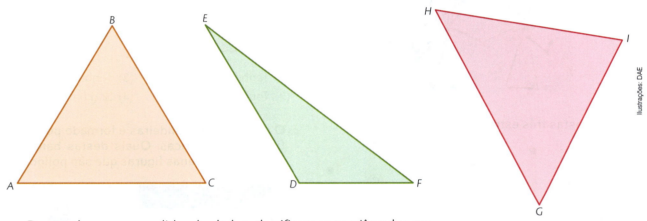

De acordo com as medidas dos lados, classificamos os triângulos em:

- **equilátero**: 3 lados com medidas iguais;
- **isósceles**: 2 lados com medidas iguais;
- **escaleno**: 3 lados com medidas diferentes.

A partir do quadro que você construiu, responda no caderno:
1. Qual dos triângulos é equilátero?
2. Qual dos triângulos é isósceles?
3. Qual dos triângulos é escaleno?

Agora, veja como os triângulos são classificados de acordo com seus ângulos:

triângulo acutângulo
3 ângulos agudos

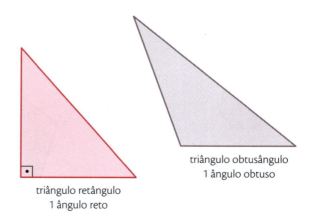

triângulo retângulo
1 ângulo reto

triângulo obtusângulo
1 ângulo obtuso

Pense e responda:
1. Existe triângulo com dois ângulos retos?
2. Existe triângulo com dois ângulos obtusos?

3. Quadriláteros

O polígono ao lado é um **quadrilátero**.
Ele apresenta:

- 4 lados: $\overline{AB}$, $\overline{BC}$, $\overline{CD}$ e $\overline{DA}$;
- 4 ângulos internos: $\hat{A}$, $\hat{B}$, $\hat{C}$ e $\hat{D}$;
- 4 vértices: A, B, C e D.

Alguns quadriláteros têm características especiais e por isso recebem nomes especiais.

Os **trapézios** são quadriláteros que apresentam 1 par de lados paralelos.

Os **paralelogramos** são quadriláteros que apresentam 2 pares de lados paralelos.

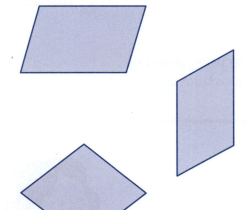

Atenção!

Observe que paralelogramos são trapézios, pois apresentam um par de lados paralelos.

Mas não para por aí. Entre os paralelogramos existem alguns que recebem nomes especiais por causa de suas propriedades.

Os paralelogramos

Os paralelogramos que apresentam todos os ângulos retos são chamados de **retângulos**.

Então retângulos são paralelogramos que têm uma característica especial: 4 ângulos de 90°.

Os paralelogramos que apresentam todos os lados com a mesma medida são chamados de **losangos**.

E os losangos também são paralelogramos especiais!

Por fim, temos os **quadrados**, que são paralelogramos que apresentam todos os ângulos retos e todos os lados com mesma medida.

Puxa! O quadrado é um paralelogramo, é um retângulo e é um losango também!

EXERCÍCIOS

7. O desenho da bandeira é formado por figuras geométricas. Veja a bandeira do Seychelles, o menor país africano.

a) Essa bandeira é formada apenas por triângulos? Justifique.

b) Identifique e escreva a cor dos dois triângulos retângulos representados na bandeira.

c) Identifique dois triângulos obtusângulos representados na bandeira.

d) Identifique três triângulos escalenos representados na bandeira.

8. Responda usando duas das palavras a seguir:

equilátero	isósceles	escaleno
acutângulo	obtusângulo	retângulo

a) A praça tem a forma de um triângulo. Classifique esse triângulo quanto aos lados e quanto aos ângulos.

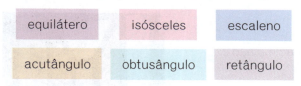

b) Os esquadros têm a forma de triângulos. Classifique-os quanto aos lados e quanto aos ângulos.

9. No painel estão representados diferentes quadriláteros.

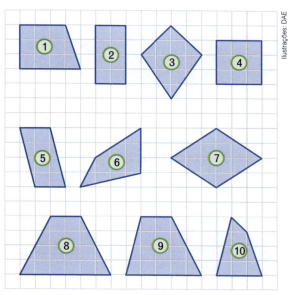

a) Quais não têm lados paralelos?
b) Quais têm apenas um par de lados paralelos? Como se chamam?
c) Quais têm dois pares de lados paralelos? Como se chamam?
d) Quais têm todos os lados com medidas iguais?
e) Quais têm todos os ângulos retos?
f) Quais são retângulos?
g) Quais são losangos?
h) Quais são quadrados?

10. Observe a figura:

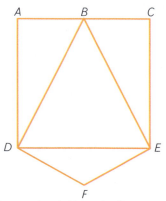

a) Há quantos triângulos?
b) Há quantos quadriláteros?
c) Há quantos pentágonos?

POLÍGONOS E CIRCUNFERÊNCIAS **163**

4. Polígonos regulares

Um polígono é **regular** quando tem todos os lados com medidas iguais e todos os ângulos com medidas iguais.

Estes polígonos são regulares:

Use régua e transferidor para medir os lados e os ângulos de cada polígono e verificar que eles realmente são regulares.

Estes polígonos não são regulares:

 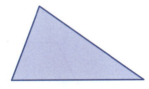  

Registrem nos cadernos.

1. Expliquem por que cada um dos quatro polígonos acima não é regular.
2. Qual é o nome do polígono regular de:
   a) 3 lados?
   b) 4 lados?
3. O número de vértices de um polígono é sempre igual ao número de lados?
4. Todo quadrado é um losango. Todo losango é um quadrado?
5. Na figura abaixo, combinamos dois polígonos para formar um mosaico. Identifique e nomeie esses polígonos. Qual deles é regular?

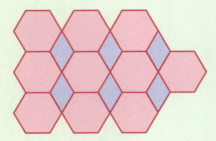

O vitral retratado ao lado é um exemplo do uso de quadriláteros para compor um mosaico.

Na página 277, na seção **Moldes e malhas**, há um modelo de malha triangular que facilita desenhar figuras geométricas. Você pode fotocopiá-la e criar uma composição bem bonita de formas, usando polígonos regulares e não regulares.

EXERCÍCIOS

11. Quais destas placas de trânsito têm forma de polígono regular?

Ⓐ

Ⓒ

Ⓑ

Ⓓ

12. Os polígonos representados a seguir têm os lados com medidas iguais, mas não são regulares. Por quê?

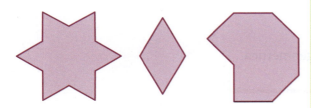

13. Observe o polígono da figura e responda:

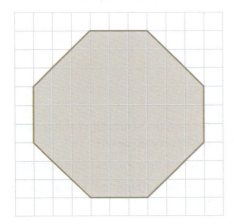

a) Qual é o nome que se dá a esse polígono?
b) Quantos graus mede cada um dos ângulos desse polígono?
c) É um polígono regular? Por quê?

14. (Saeb) Cristina desenhou quatro polígonos regulares e anotou dentro deles o valor da soma de seus ângulos internos.

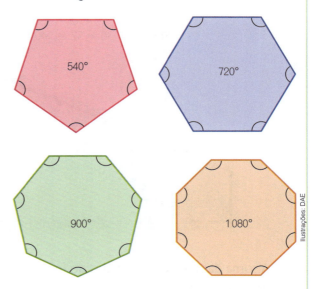

Qual é a medida de cada ângulo interno do hexágono regular?

15. Dos polígonos abaixo apenas dois são regulares. Observe as figuras e anote a alternativa correta.

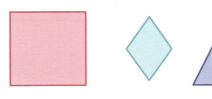

a) Retângulo, paralelogramo.
b) Quadrado, triângulo equilátero.
c) Losango, quadrado.
d) Retângulo, losango.

POLÍGONOS E CIRCUNFERÊNCIAS

5. Perímetro

O senhor Lima possui um terreno em forma de trapézio. Ele pretende cercar esse terreno com arame. Para isso, faremos um desenho representando o terreno, marcando as medidas necessárias como ele marcou:

$$10 + 48 + 30 + 52 = 140$$

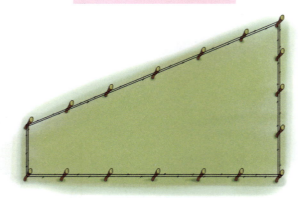

A soma das medidas dos lados do terreno é 140 m. Para contornar o seu terreno, o senhor Lima precisa de 140 m de arame.

> A medida do contorno de uma figura geométrica plana é o seu **perímetro**.

Este hexágono regular tem perímetro de 12 cm. Confira!

REFLETINDO

1. Podemos construir vários retângulos diferentes cujo perímetro seja de 24 cm. Um retângulo de 8 cm de comprimento por 4 cm de largura, por exemplo, tem perímetro de 24 cm.

   Apresente outras possibilidades para as medidas de comprimento e largura desses retângulos.

2. Estime qual deve ser o perímetro da capa retangular do seu livro de Matemática. Tire as medidas com régua, calcule o valor correto do perímetro e avalie se sua estimativa foi boa.

3. Com um colega, faça estimativas para o perímetro da sala de aula. Com auxílio de trena ou metro de carpinteiro para tirar as medidas, determinem esse perímetro e vejam se as estimativas foram satisfatórias.

   Foi mais fácil estimar o perímetro da capa do livro ou o perímetro da sala de aula? Justifiquem a resposta no caderno.

EXERCÍCIOS

16. Use o lado do quadradinho como unidade de medida de comprimento e responda: Qual é o perímetro da figura que foi montada?

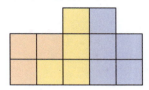

17. Todos estes quadrados têm as mesmas dimensões:

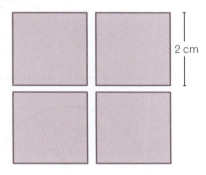

Juntando os quatro quadrados é possível formar figuras com 20 cm de perímetro. Descubra pelo menos duas dessas figuras e faça o desenho delas.

18. Responda.

a) Quanto mede o lado desconhecido?

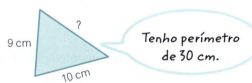

b) Quanto mede o lado do hexágono regular?

c) Qual é a largura do retângulo?

19. Qual é o menor trajeto que uma formiga deve fazer para ir de *A* até *B* usando o contorno da figura?

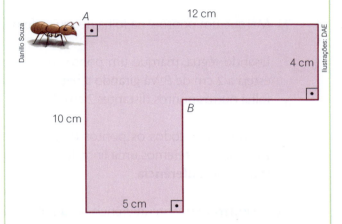

20. Queremos fazer uma cerca de 3 fios de arame em volta do terreno indicado pela figura abaixo. Cada rolo de arame tem 50 m. Quantos rolos serão necessários?

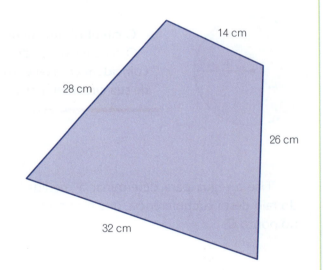

21. Qual é o perímetro do polígono da figura?

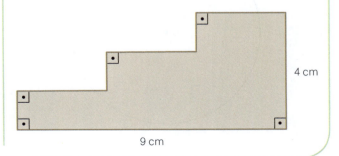

6. Circunferências

A palavra *circum* em latim quer dizer "ao redor". Mas ao redor do quê? Vamos descobrir?
Faça assim:

1. Marque um ponto P na folha de seu caderno.

2. Usando régua, marque um ponto sobre a folha que esteja a 2 cm de P. Vá girando a régua e marcando na folha outros pontos distantes 2 cm de P.

3. Se tomarmos todos os pontos da folha que distam 2 cm de P, obteremos uma linha fechada ao redor de P: uma **circunferência**.

P é o **centro** dessa circunferência. A **distância** de P até qualquer ponto da circunferência é o seu **raio**.
A circunferência do exemplo tem raio de 2 cm.
Unindo a circunferência e os pontos do seu interior, obtemos um **círculo**:

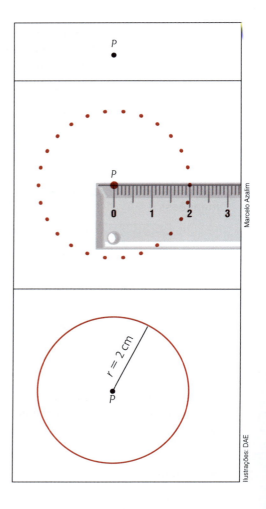

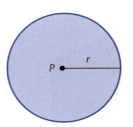

> O círculo é uma figura plana. O centro e o raio do círculo coincidem com o centro e o raio de sua circunferência.

Use a régua para determinar a medida do raio desta circunferência, que tem centro no ponto O.

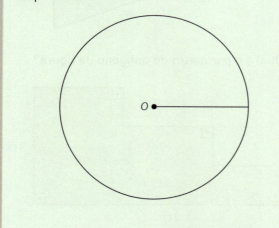

O ponto P é o centro da circunferência abaixo. $\overline{PA}$ e $\overline{PB}$ são raios da circunferência.

O segmento AB é um **diâmetro** da circunferência.

Qual é a relação entre a medida do raio e a do diâmetro de uma circunferência?

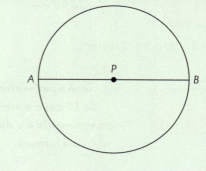

O compasso

Para traçar uma circunferência precisamos:

- fixar um ponto no plano (centro da circunferência);
- fixar uma distância (raio da circunferência);
- traçar todos os pontos do plano que estão a essa distância do centro.

O **compasso** é o instrumento ideal para esta tarefa, pois:

- as hastes se abrem, o que permite fixar uma distância com auxílio da régua;
- uma de suas hastes tem uma ponta metálica que espeta no papel, a ponta seca, fixando o centro da circunferência e na outra haste tem um grafite, que permite traçar a circunferência.

Experimente traçar algumas circunferências com compasso em seu caderno. Em cada uma nomeie o centro e anote a medida do raio.

REFLETINDO

Às vezes precisamos traçar circunferências e não dispomos de um compasso. No entanto, quem sabe o que é preciso para traçar uma circunferência é capaz de improvisar.

Para uma brincadeira, a professora precisa traçar no piso do pátio uma circunferência de 3 m de raio.

Imagine uma forma de ajudá-la a resolver essa situação.

POLÍGONOS E CIRCUNFERÊNCIAS

EXERCÍCIOS

22. Veja a posição dos jogadores e responda:

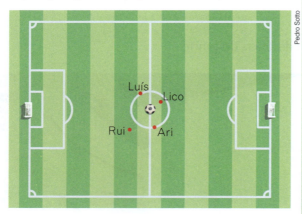

a) Qual menino está mais próximo da bola? E qual está mais longe dela?

b) Dois meninos estão à mesma distância da bola. Quais são?

23. Observe as argolas, na primeira ilustração, e o CD, na segunda, e responda:

a) Qual objeto nos dá ideia de circunferência?
b) Qual objeto nos dá ideia de círculo?

24. Observe o quadro e responda qual é o planeta que tem:

a) o menor diâmetro?
b) o maior diâmetro?
c) o diâmetro mais próximo do da Terra?

Planeta	Diâmetro (em km)
Mercúrio	4 879
Vênus	12 104
Terra	12 756
Marte	6 794
Júpiter	142 984
Saturno	120 536
Urano	51 118
Netuno	49 492

Fonte: <www.oba.org.br/cursos/astronomia/tabelacomosdiametrosequatorias.htm>.

25. Quero confeccionar uma capa quadrada para guardar um CD que tem 6 cm de raio. Qual deve ser a menor medida da lateral dessa capa?

26. Veja um tubo cilíndrico de ferro, oco, com as dimensões indicadas:

Qual é o diâmetro interno?

7. Simetria nos polígonos e no círculo

Tire uma cópia e recorte com cuidado os modelos de polígonos que estão nas páginas 282 e 283, na seção **Moldes e malhas**. Identifique-os a partir das letras marcadas nas figuras.

A) triângulo isósceles
B) triângulo equilátero
C) triângulo escaleno
D) quadrado
E) retângulo
F) paralelogramo
G) losango
H) hexágono regular
I) pentágono regular
J) círculo

Comece pelo triângulo isósceles.
Dobre-o pela reta *r* como indica a figura abaixo.

Pegue o triângulo equilátero.
Ele apresenta três eixos de simetria.
Veja abaixo como fazer as dobras.

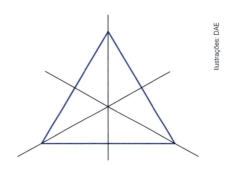

Observe que a reta *r* separou o triângulo em duas partes idênticas que se superpõem perfeitamente.
A reta *r* é o **eixo de simetria** deste triângulo.
O triângulo isósceles apresenta somente um eixo de simetria.

Já o triângulo escaleno não apresenta eixo de simetria. Confira!

Junte-se a dois colegas. Procurem eixos de simetria nos demais polígonos e no círculo. Copiem e completem o quadro ao lado nos cadernos.
Discutam com os demais colegas as questões propostas.

1. O paralelogramo F apresenta eixo de simetria?
2. Você recortou um hexágono e um pentágono que são regulares. Além deles, há mais dois polígonos entre os recortados que são regulares. Quais?
3. Observe a tabela e escreva a relação entre o número de lados de um polígono regular e o número de eixos de simetria que ele apresenta.
4. Quantos eixos de simetria apresenta o círculo?

Letra	Polígono	Número de eixos de simetria
A	triângulo isósceles	
B	triângulo equilátero	
C	triângulo escaleno	
D	quadrado	
E	retângulo	
F	paralelogramo	
G	losango	
H	hexágono regular	
I	pentágono regular	
J	círculo	

REVISANDO

27. Observe os mosaicos:

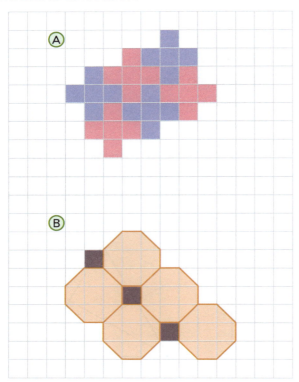

a) No mosaico A há apenas um tipo de polígono. Qual é o nome dele?
b) Dois tipos de polígonos formam o mosaico B. Quais os nomes desses polígonos?

28. Observe a figura:

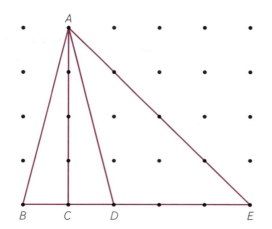

a) Indique os triângulos retângulos.
b) Indique um triângulo isósceles e acutângulo.
c) Indique um triângulo obtusângulo.

29. Observe as figuras seguintes e escreva quais das retas assinaladas são eixos de simetria.

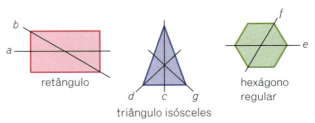

retângulo   triângulo isósceles   hexágono regular

30. Observe as bandeiras de alguns países:

Finlândia   Grécia
Japão   Brasil
Colômbia   Jamaica

Responda: Quantos eixos de simetria há em cada bandeira?

31. Indique o número de eixos de simetria de cada uma das figuras. Escreva a resposta, mas lembre-se: não risque o livro!

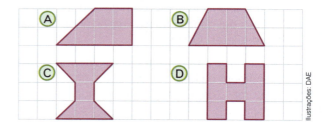

32. De um retângulo de 30 cm de largura e 40 cm de comprimento, foram retirados dois quadrados, cada um com 10 cm de lado, como mostra a figura.

a) Calcule o perímetro do octógono obtido.
b) Calcule o perímetro do retângulo inicial.
c) Compare os dois perímetros. O que você verifica? Como você explica?

33. Uma fita de 70 cm serviu para contornar uma toalha quadrada, sobrando 2 cm de fita. Qual é o comprimento do lado do quadrado?

34. No contorno de um jardim retangular há uma calçada que tem sempre a mesma largura. O perímetro exterior da calçada mede 8 metros a mais que o perímetro interior da calçada. Qual é a largura dessa calçada?

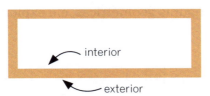

35. Escreva uma expressão do perímetro de cada um dos polígonos regulares.

n   n   n   n

DESAFIOS NO CADERNO

36. Desenhe um quadrado. Recorte-o de modo a obter 4 triângulos retângulos. Tente, com dois ou mais desses triângulos, construir:

a) um retângulo;
b) um paralelogramo;
c) um losango;
d) um trapézio.

37. Mário contou três quadrados na figura A. Quantos quadrados conseguirá contar na figura B?

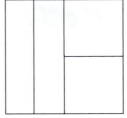 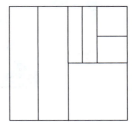

Figura A   Figura B

38. (Obmep) Pedrinho deseja cercar seu terreno quadrado usando 5 estacas em cada lado. Quantas estacas ele vai precisar?

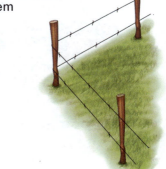

39. Observe as figuras:

1   4   9

a) Conte o número de triângulos pequenos das últimas figuras. Anote-os.
b) Escreva o número de triângulos pequenos que seriam usados em cada figura se essa sequência continuasse.

Discuta com seu colega sobre como descobrir cada número da sequência.

POLÍGONOS E CIRCUNFERÊNCIAS **173**

VALE A PENA LER

Simetria: beleza e equilíbrio

Encontramos simetria na natureza, na arquitetura, na arte...
A simetria nos dá a sensação de equilíbrio, ordem, estabilidade, harmonia.

Margaridas.

Taj Mahal, Agra, Índia.

Observe as fotografias abaixo. São obras do artista gráfico holândes Maurits Cornelis Escher, cujo trabalho impressionou o mundo.

M. C. Escher. *Limite Circular III*, 1959. Xilogravura, prova de 5 matrizes, com diâmetro de 41,5 cm.

M. C. Escher. *Limite Circular I*, 1958 Xilogravura com diâmetro de 42 cm.

Muitas gravuras de Escher lembram mosaicos. Além de figuras geométricas, ele explora outros elementos em suas composições: plantas, peixes, figuras humanas.

Converse com os colegas: Há simetria nessas obras?

Que tal desenhar figuras simétricas? Você vai precisar de papel quadriculado, lápis, régua e alguns lápis de cor. Comece com figuras mais simples. Depois, você pode criar uma composição inspirada nas obras acima.

Veja exemplos que apresentamos ao lado. As linhas em preto são eixos de simetria.

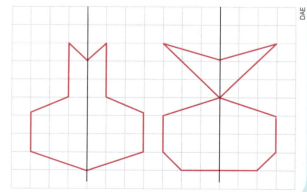

174

AUTOAVALIAÇÃO

NO CADERNO

Anote no caderno o número do exercício e a letra correspondente à resposta correta.

40. Lúcia desenhou um polígono *ABC*, em que as letras *A*, *B* e *C* representam os vértices do polígono. O polígono desenhado por Lúcia é um:

a) quadrado.
b) pentágono.
c) triângulo.
d) hexágono.

41. Um polígono de 4 lados chama-se:

a) quadrado.
b) paralelogramo.
c) retângulo.
d) nenhuma das anteriores.

42. Nesta figura, qual dos pontos está mais próximo do ponto *O*?

a) O ponto *A*.
b) O ponto *B*.
c) O ponto *C*.
d) Nenhuma das anteriores.

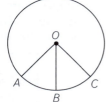

43. (Encceja-MEC) Observe o desenho abaixo:

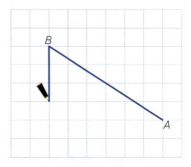

Para você completar o desenho do triângulo retângulo na malha quadriculada, partindo do ponto em que o lápis está desenhado e chegando ao ponto *A*, seria necessário:

a) virar à direita até o ponto *A*.
b) virar a esquerda até o ponto *A*.
c) descer dois quadradinhos e virar à direita até o ponto *A*.
d) descer um quadradinho e virar à direita até o ponto *A*.

44. (Cefet-SP) Uma das condições para tornar o rosto do palhaço simétrico é desenhar a outra sobrancelha no quadradinho:

a) *E*3
b) *D*3
c) *F*3
d) *E*6

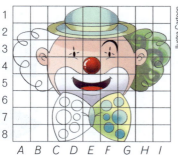

45. (Saresp) Um artista plástico está construindo um painel com ladrilhos decorados. Ele fez um esquema desse painel mostrado na figura e utilizou as formas de:

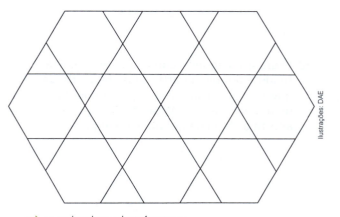

a) quadrados e hexágonos.
b) triângulos e quadrados.
c) triângulos e pentágonos.
d) triângulos e hexágonos.

46. (Saresp) Na figura abaixo tem-se representado um canteiro de flores que foi construído com a forma de quadrilátero de lados iguais e dois a dois paralelos. Sua forma é de um:

a) trapézio.
b) retângulo.
c) losango.
d) quadrado.

175

47. (SEE-RJ) As peças abaixo podem ser encaixadas de várias maneiras para formar quadrados ou retângulos inteiros.

Para formar um retângulo utilizando necessariamente a peça branca, você precisa de:

a) 2 peças pretas.
b) 2 peças azuis.
c) 1 peça azul + 1 peça preta.
d) 1 peça cinza + 2 peças pretas.

48. (Saresp) Alguém construiu uma caixa, com fundo e tampa, a partir de pedaços de papelão que são, cada um deles, polígonos com lados de mesma medida. Veja como ficou essa caixa aberta e cheia de bolinhas de algodão:

Na construção dessa caixa foram utilizados:

a) dois pentágonos e seis quadrados.
b) dois hexágonos e seis quadrados.
c) dois pentágonos e cinco quadrados.
d) dois hexágonos e cinco retângulos.

49. Se a soma dos lados de um triângulo equilátero é menor do que 17 cm e maior do que 13 cm e a medida de seus lados é um número natural, o lado desse triângulo mede:

a) 3 cm
b) 4 cm
c) 5 cm
d) 6 cm

50. (Saresp) Uma folha de papel de seda tem 40 cm de perímetro. Ela tem a forma de um retângulo e um dos seus lados tem 4 cm de comprimento. Então os outros lados medem:

a) 6 cm, 6 cm, 4 cm
b) 9 cm, 4 cm, 9 cm
c) 16 cm, 4 cm, 16 cm
d) 12 cm, 4 cm, 12 cm

51. Um retângulo de arame tem largura de 5 cm e comprimento de 7 cm. Se desmancharmos o retângulo e fizermos um quadrado, qual será a medida do seu lado?

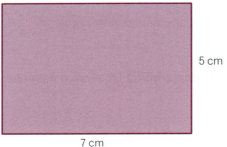

a) 4 cm
b) 6 cm
c) 7 cm
d) 5 cm

52. (Obmep) Cinco discos de papelão foram colocados um a um sobre uma mesa, conforme mostra a figura. Em que ordem os discos foram colocados na mesa?

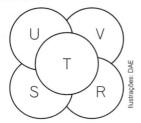

a) V, R, S, U, T
b) U, R, V, S, T
c) R, S, U, V, T
d) T, U, R, V, S
e) V, R, U, S, T

UNIDADE 11
Frações

1. Inteiro e parte do inteiro

Daniel vai se atrasar para o jantar. A mãe dele preparou uma *pizza*. Dividiu-a em 4 partes iguais e guardou uma delas para Daniel.

Para representar a parte da *pizza* reservada para Daniel, usamos uma fração: $\frac{1}{4}$.

Nas frações temos:

$\frac{1}{4}$

O número que aparece em cima (**numerador** da fração) indica quantas dessas partes foram tomadas.

O número que aparece embaixo (chamado **denominador** da fração) indica em quantas partes iguais o inteiro foi dividido.

Observe que $\frac{4}{4}$ da *pizza* correspondem à *pizza* inteira.

A fração $\frac{4}{4}$ indica uma quantidade inteira, ou seja, $\frac{4}{4} = 1$.

Veja mais um exemplo:

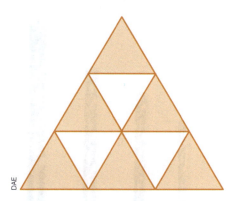

$\frac{9}{9} = 1$

O triângulo foi dividido em 9 partes iguais, e 6 delas foram pintadas.

A parte pintada corresponde a $\frac{6}{9}$ do triângulo.

FRAÇÕES 177

Lendo frações

Denominador quer dizer "aquele que dá nome". É o denominador que dá nome à fração.

- As frações de denominador 2 são os meios.
- As frações de denominador 3 são os terços.

Prosseguindo:

- denominador 4 ⟶ quartos
- denominador 5 ⟶ quintos
- denominador 6 ⟶ sextos
- denominador 7 ⟶ sétimos
- denominador 8 ⟶ oitavos
- denominador 9 ⟶ nonos

Fração	Leitura
$\frac{1}{2}$	um meio
$\frac{2}{3}$	dois terços
$\frac{2}{5}$	dois quintos
$\frac{5}{9}$	cinco nonos
$\frac{7}{8}$	sete oitavos

As frações cujo denominador é uma potência de base dez (10, 100, 1 000, 10 000 etc.) são chamadas **frações decimais**. Veja como nomeá-las:

- denominador 10 ⟶ décimos
- denominador 100 ⟶ centésimos
- denominador 1 000 ⟶ milésimos
- denominador 10 000 ⟶ décimos de milésimos

e assim por diante.

Para ler frações com denominador maior que 10 e que não sejam decimais, usamos a palavra **avos**.

Veja:

- $\frac{7}{12}$ ⟶ Lê-se: sete doze avos.
- $\frac{5}{64}$ ⟶ Lê-se: cinco sessenta e quatro avos.

Fração	Leitura
$\frac{3}{10}$	três décimos
$\frac{37}{100}$	trinta e sete centésimos
$\frac{131}{10\,000}$	cento e trinta e um décimos de milésimos

Juntamente a um colega registre no caderno

1. Na fração $\frac{3}{8}$, o que indica o denominador 8?
2. Que nome damos a:
   a) $\frac{1}{60}$ da hora?
   b) $\frac{1}{60}$ do minuto?
   c) $\frac{1}{24}$ do dia?
3. Encontramos frações em várias situações do dia a dia. Veja, por exemplo, as brocas na fotografia ao lado. Descubra, com os colegas, mais exemplos de aplicações de frações.

A medida do diâmetro dessas brocas é dada em fração de polegada, unidade de medida usada principalmente na Inglaterra e nos Estados Unidos.

EXERCÍCIOS

1. A figura representa um azulejo dividido em 9 partes iguais. Quatro dessas partes estão coloridas.

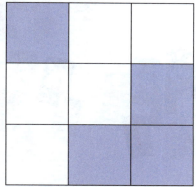

a) Escreva a fração que representa a parte colorida do azulejo.
b) Escreva como se deve ler essa fração.
c) Indique o numerador dessa fração.
d) Indique o denominador dessa fração.
e) Escreva como se lê a fração que representa a parte não colorida do azulejo.

2. Escreva a fração que representa a parte colorida das figuras.

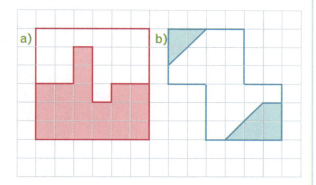

3. Indique as frações que representam:
a) sete meses do ano;
b) cinco dias da semana;
c) nove horas de um dia;
d) onze minutos de uma hora.

4. Um grupo de 15 pessoas é formado por 8 engenheiros, 5 médicos e os demais são matemáticos. Qual é a fração que representa a quantidade de matemáticos desse grupo?

5. Reproduza este segmento de reta. Ele representará a sua altura.

Usando a régua, faça marcas que correspondam a:
a) metade da sua altura;
b) um quarto da sua altura;
c) três quartos da sua altura;
d) cinco sextos da sua altura.

6. Evandro está jantando. Comeu $\frac{3}{8}$ de uma *pizza*, $\frac{1}{10}$ de uma torta de maçã e tomou $\frac{3}{5}$ de um suco.

Escreva essas frações por extenso.

7. A soma dos termos de uma fração é 23. O numerador é 7. Como se lê essa fração?

8. (Saresp) Num campeonato de boliche, os pontos que Ana, Lia, Rui e Zeca marcaram aparecem na tabela a seguir.

Jogador	Pontos
Ana	8
Lia	32
Rui	8
Zeca	16

Escreva qual gráfico mostra a correta distribuição desses pontos.

a)    c)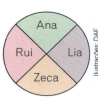

b) 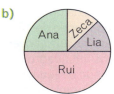   d)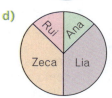

2. Frações de uma quantidade

Veja outras situações em que podemos aplicar a ideia de fração.

1. Mário tem 24 figurinhas. Ele pretende dar a sua irmã, Luísa, dois terços dessas figurinhas. Quantas figurinhas correspondem a $\frac{2}{3}$ das figurinhas de Mário?

- Para achar $\frac{1}{3}$ das figurinhas, dividimos 24 em 3 partes iguais e tomamos 1 parte.
- Logo, $\frac{1}{3}$ das figurinhas de Mário corresponde a 8 figurinhas.
- Então, $\frac{2}{3}$ das figurinhas de Mário correspondem a 16 figurinhas.

2. Bruno colocou 39 litros de gasolina no tanque de seu automóvel. O marcador, que antes assinalava tanque vazio, passou a marcar $\frac{3}{4}$ de tanque. Qual é a capacidade total desse tanque?

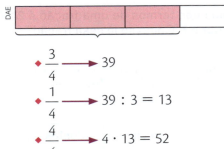

- $\frac{3}{4}$ ⟶ 39
- $\frac{1}{4}$ ⟶ 39 : 3 = 13
- $\frac{4}{4}$ ⟶ 4 · 13 = 52

$\frac{3}{4}$ do tanque correspondem a 39 litros de gasolina

$\frac{1}{4}$ do tanque corresponde a 39 : 3 = 13 litros

A capacidade total do tanque corresponde a $\frac{4}{4}$, ou seja, a 4 · 13 = 52

Resposta: 52 litros.

Junte-se a um colega e registre no caderno.

1. Mário deu $\frac{2}{3}$ de suas figurinhas a Luisa. Ele ficou com mais ou com menos do que a metade do número de figurinhas?

2. Certo automóvel percorre 10 km com 1 litro de gasolina e seu tanque tem capacidade para 80 litros de combustível. Calcule quantos quilômetros ele pode percorrer com:

a) $\frac{1}{4}$ de tanque; b) $\frac{3}{4}$ de tanque; c) o tanque cheio.

3. Combine com os colegas: cada um pesquisa a capacidade do tanque de combustível de um modelo de automóvel. Em classe, montem juntos um quadro como o representado ao lado e façam os cálculos necessários para completá-lo.

Modelo	Tanque cheio	$\frac{1}{2}$ tanque	$\frac{1}{4}$ de tanque

EXERCÍCIOS

9. Quatro amigos dividiram entre si 3 *pizzas* em partes iguais.

Quantas fatias de *pizza* caberão a cada um?

10. Rodrigo vai receber a quinta parte dos brinquedos de cada uma das coleções abaixo ilustradas.

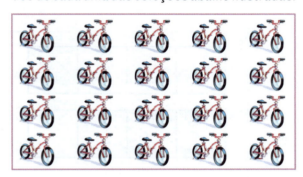

Calcule mentalmente o que Rodrigo deverá ganhar.

11. Carlos tem 11 anos, o que corresponde exatamente a $\frac{1}{3}$ da idade do pai dele. Que idade tem o pai do Carlos?

12. Margarete comprou um saco de batatas pesando 12 quilogramas. Deu um sexto à sua irmã.
    a) Quantos quilogramas de batatas recebeu a irmã de Margarete?
    b) Escreva uma fração que representa a parte do saco de batatas com que Margarete ficou.

13. Recebo 30 reais de mesada mensal e gasto apenas $\frac{3}{5}$ dessa quantia. Deposito o restante na poupança para comprar um aparelho de som. Quanto deposito por mês?

14. Numa omelete, Cássia gastou $\frac{2}{3}$ dos ovos de uma caixa como esta. Quantos ovos ela gastou?

15. Em uma classe de 36 alunos, $\frac{2}{9}$ ficaram para recuperação. Qual é o número de alunos aprovados sem necessidade de recuperação?

16. Um pacote continha 24 jujubas. Ari comeu um terço, Lia comeu um quarto e Maria, um sexto.
    a) Quantas jujubas comeu cada um deles?
    b) Será que restou um terço das jujubas no pacote?

17. Numa turma de um curso de inglês com 24 alunos, $\frac{1}{6}$ nasceu em 1994, $\frac{3}{8}$ em 1995 e os restantes em 1996. Qual fração corresponde aos alunos mais novos?

18. Um ônibus saiu de Porto Velho, capital do estado de Rondônia, transportando 48 passageiros. Na primeira parada, a metade desses passageiros desembarcou. Nesse mesmo local, outras 4 pessoas embarcaram. Na segunda parada, a maioria dos passageiros desceu, ficando apenas $\frac{3}{7}$ deles. Porém, ali embarcaram mais 13 pessoas. Quantos passageiros seguiram viagem?

3. Números mistos e frações impróprias

Mariana mediu o comprimento de seu caderno usando palitos de fósforo como unidade de medida.

Para registrar essa medida, Mariana usou um **número misto**:

$$4\,\frac{1}{2}\ \text{palito de fósforo}$$

parte inteira → 4   parte fracionária → $\frac{1}{2}$

Lemos: quatro inteiros e um meio.
O comprimento do caderno é de quatro palitos mais meio palito.

Ao lado vemos dois retângulos idênticos.

Usando um número misto, a parte pintada corresponde a $1\,\frac{3}{4}$ (lemos: um inteiro e três quartos).

No entanto, lembrando que $1 = \frac{4}{4}$, podemos registrar a parte pintada como $\frac{7}{4}$. Então, $1\,\frac{3}{4} = \frac{7}{4}$.

Frações como $\frac{7}{4}$, em que o numerador é maior ou igual ao denominador, são chamadas de **impróprias**, uma vez que, diferentemente da ideia original de fração, elas não representam uma parte do inteiro.

Portanto, um número misto pode ser escrito como uma fração imprópria.

No caso a seguir, a fração imprópria pode ser escrita como uma quantidade inteira.

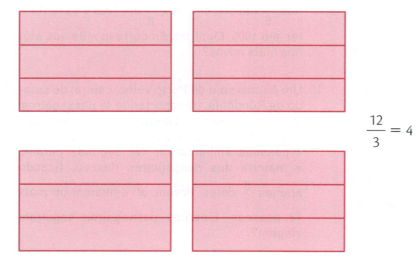

$$\frac{12}{3} = 4$$

REFLETINDO

Como você representaria:
- 1 inteiro usando uma fração de numerador 10?
- 2 inteiros usando uma fração de denominador 5?

EXERCÍCIOS

19. Escreva o número misto que representa a parte colorida das figuras.

a)

b)

20. Considere as frações:

$\frac{2}{5}$ $\frac{1}{8}$ $\frac{5}{2}$

$\frac{2}{9}$ $\frac{4}{9}$ $\frac{6}{6}$

$\frac{2}{2}$ $\frac{7}{6}$

a) Indique as que representam números menores que 1.
b) Indique as que representam o número 1.
c) Indique as que representam números maiores que 1.

21. Complete as frações com os números 3, 11, 27 e 28 de modo que todas representem números naturais.

a)

b)

c)

d)

22. Escreva a quantidade representada pela parte colorida na forma de fração imprópria e de número misto.

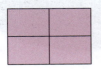 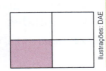

23. Escreva a quantidade de laranjas nas formas fracionária e mista.

24. Situe $\frac{15}{2}$ entre dois números naturais consecutivos.

25. Como transformar uma fração imprópria em um número misto?

Veja um exemplo:

$\frac{13}{5}$ = ▯ + ▯ + ▯

$\frac{5}{5}$ + $\frac{5}{5}$ + $\frac{3}{5}$

a) Quantos $\frac{5}{5}$ couberam em $\frac{13}{5}$?
b) Quanto sobrou?

Dizemos que extraímos os inteiros da fração, ou seja, verificamos quantos inteiros "cabem" na fração imprópria.

Assim:

$\frac{13}{5} = 2\frac{3}{5}$

c) Você pode descobrir um processo mais rápido e mais prático do que fizemos? Então, converse isso com seus colegas e com o professor.

26. Observe:

$\frac{3}{2} = 1\frac{1}{2}$

Faça do mesmo modo.

a) $\frac{7}{2} =$ d) $\frac{4}{3} =$

b) $\frac{5}{3} =$ e) $\frac{8}{7} =$

c) $\frac{8}{3} =$ f) $\frac{19}{3} =$

FRAÇÕES 183

SEÇÃO LIVRE

Egípcios, Fibonacci e as frações

A civilização egípcia contribuiu muito para o desenvolvimento da Matemática. Por volta do século XX a.C. já utilizavam frações para representar partes do inteiro. Aproveitando os símbolos do sistema de numeração criado por eles, combinados com uma forma oval, registravam frações de numerador igual a 1 da seguinte forma:

$\frac{1}{4}$ era indicado assim:

(Sobre a representação do número 4, eles desenhavam um símbolo em forma oval.)

Outro exemplo: $\frac{1}{30}$ correspondia a .

Há indícios de que esse símbolo oval representava um pão que seria o todo a ser dividido.

A preferência dos egípcios pelo uso de frações de numerador 1 era evidente e influenciou outros povos por muitos séculos.

O povo egípcio escrevia para representar $\frac{1}{32}$.

Responda em seu caderno:

1. Qual é o valor do símbolo ∩?

2. Que número representa ?

3. Como era representada a fração $\frac{1}{100}$?

Anônimo. Casal de camponeses colhendo linho, século XII a.C. Detalhe de pintura mural da tumba de Sennedjem no cemitério de Deir el-Medina, Tebas, Egito.

O traço horizontal que usamos hoje para registrar frações tornou-se comum somente no século XVI, embora o grande matemático Leonardo de Pisa, mais conhecido como Fibonacci (filho de Bonacci), tenha usado essa forma com frequência em seu livro *Líber Abaci*, completado em 1202. Leonardo viajou para o Egito, Síria e Grécia por conta dos negócios do pai. Teve um professor muçulmano que lhe transmitiu os conhecimentos matemáticos dos árabes e dos hindus. O *Líber Abaci* também teve grande importância na divulgação, na Europa, do sistema de numeração criado pelos hindus.

Fonte de pesquisa: Carl B. Boyer. *História da Matemática*. São Paulo: Edgard Blücher, 1974.

4. Frações equivalentes

Priscila e Felipe compraram, na cantina da escola, uma barra de chocolate para cada um. As barras são iguais:

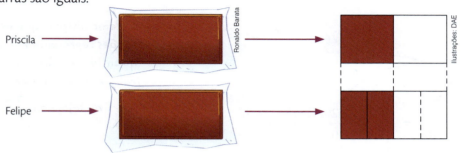

Priscila dividiu sua barra de chocolate em duas partes iguais e comeu uma delas.
Felipe dividiu sua barra em quatro partes iguais e comeu duas delas.
Qual das crianças comeu mais chocolate?

Acertou quem respondeu que ambos comeram a mesma quantidade de chocolate, pois $\frac{1}{2}$ e $\frac{2}{4}$ representam a mesma parte do todo.

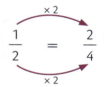

O número de partes em que o inteiro foi dividido foi multiplicado por 2, mas o número de partes consideradas também foi. Então, $\frac{1}{2} = \frac{2}{4}$.

Se duas ou mais frações representam a mesma quantidade, então elas são **frações equivalentes**.

Registre no caderno.
1. Dê outros exemplos de frações equivalentes a $\frac{1}{2}$.
2. Se multiplicarmos o numerador de uma fração por 2 e o denominador por 6, obteremos uma fração equivalente a ela? O que ocorrerá com esta fração?

Quando multiplicamos o numerador e o denominador de uma fração por um mesmo número natural diferente de zero, obtemos uma fração equivalente a ela.

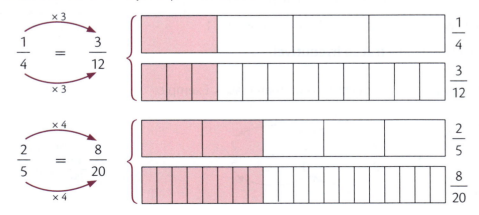

FRAÇÕES 185

Simplificação de frações

Dada uma fração qualquer, podemos obter infinitas frações equivalentes a ela. Veja um exemplo.

Frações equivalentes a $\frac{3}{5}$:

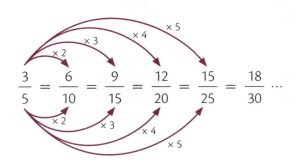

Pense nisso: já que essas frações representam a mesma quantidade, não é preferível trabalhar com a mais simples, ou seja, com $\frac{3}{5}$?

Nesse exemplo, observamos que $\frac{3}{5}$ e $\frac{18}{30}$ são frações equivalentes.

Nem sempre uma fração aparece na sua forma mais simples. Mas muitas vezes é possível encontrar uma fração equivalente a ela que tenha numerador e denominador menores. Para isso, é necessário dividir o numerador e o denominador da fração por um mesmo número natural diferente de zero.

Por exemplo, na fração $\frac{15}{20}$ é possível dividir o numerador e o denominador por 5:

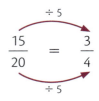

Simplificando a fração $\frac{15}{20}$, obtivemos a fração $\frac{3}{4}$, que é equivalente a ela.

A fração $\frac{3}{4}$ não pode mais ser simplificada, pois o único número natural que é divisor de 3 e de 4 é o número 1. Dizemos então que $\frac{3}{4}$ é uma **fração irredutível**.

A simplificação pode ser feita em uma ou mais etapas. Exemplo:

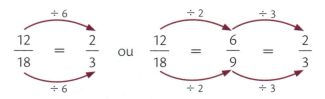

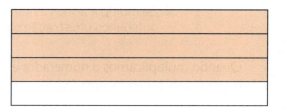

Entre as frações $\frac{14}{15}$ e $\frac{13}{39}$, qual é irredutível?

EXERCÍCIOS

27. Escreva a fração correspondente à parte colorida de cada figura.

O que você pode concluir a respeito destas frações?

28. Escreva três frações equivalentes que são sugeridas pela parte colorida da figura.

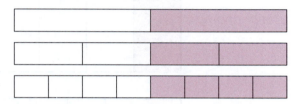

29. João dividiu uma *pizza* em 12 fatias iguais e comeu 3. Qual teria sido o modo mais rápido de dividi-la para comer a mesma quantidade?

30. Copie e complete de forma a obter frações equivalentes.

a)

b)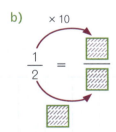

c)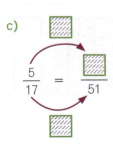

d)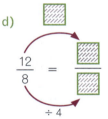

e)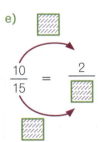

f)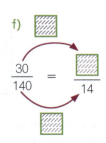

31. Copie e complete de modo a obter frações equivalentes.

a) $\dfrac{3}{4} = \dfrac{\square}{36}$

b) $\dfrac{7}{15} = \dfrac{42}{\square}$

c) $\dfrac{11}{6} = \dfrac{33}{\square} = \dfrac{\square}{30}$

d) $\dfrac{2}{3} = \dfrac{\square}{24} = \dfrac{40}{\square}$

32. Em cada um dos grupos há duas frações equivalentes. Quais são elas?

a) $\dfrac{2}{4}$ $\dfrac{1}{4}$ $\dfrac{1}{2}$

b) $\dfrac{8}{2}$ $\dfrac{2}{2}$ $\dfrac{4}{4}$

c) $\dfrac{5}{10}$ $\dfrac{6}{3}$ $\dfrac{1}{2}$

d) $\dfrac{4}{6}$ $\dfrac{8}{12}$ $\dfrac{9}{6}$

33. Escreva os dois termos seguintes de cada sequência.

a) $\dfrac{4}{7}, \dfrac{8}{14}, \dfrac{12}{21}, \dfrac{\square}{\square}, \dfrac{\square}{\square}$

b) $\dfrac{5}{2}, \dfrac{10}{4}, \dfrac{15}{6}, \dfrac{\square}{\square}, \dfrac{\square}{\square}$

34. Simplifique as frações.

a) $\dfrac{3}{6}$

b) $\dfrac{6}{3}$

c) $\dfrac{18}{32}$

d) $\dfrac{12}{20}$

e) $\dfrac{30}{70}$

f) $\dfrac{18}{24}$

g) $\dfrac{90}{12}$

h) $\dfrac{88}{110}$

i) $\dfrac{81}{108}$

j) $\dfrac{196}{210}$

k) $\dfrac{360}{270}$

l) $\dfrac{231}{924}$

35. Uma das frações seguintes é irredutível. Qual é?

a) $\dfrac{35}{7}$

b) $\dfrac{8}{27}$

c) $\dfrac{72}{63}$

d) $\dfrac{86}{140}$

5. Comparação de frações

Frações de numeradores iguais

Que parte de uma barra de chocolate é maior: $\frac{1}{4}$ ou $\frac{1}{5}$?

Vejamos...

Em ambas as frações o numerador é 1, ou seja, tomaremos uma das partes em que foi dividido o inteiro. Só que, quando dividimos em 4 partes iguais, cada parte será maior do que quando dividimos o mesmo inteiro em 5 partes iguais.

Então, $\frac{1}{4}$ é maior que $\frac{1}{5}$.

Simbolicamente: $\frac{1}{4} > \frac{1}{5}$

Quando duas frações têm mesmo numerador, a maior é a que tem menor denominador.

Diga qual é a maior fração:

a) $\frac{1}{8}$ ou $\frac{1}{10}$?   c) $\frac{3}{4}$ ou $\frac{3}{5}$?

b) $\frac{1}{12}$ ou $\frac{1}{6}$?   d) $\frac{5}{7}$ ou $\frac{5}{9}$?

Frações de denominadores iguais

Que parte de uma barra de chocolate é maior: $\frac{2}{7}$ ou $\frac{5}{7}$?

Esse caso é ainda mais fácil. Em ambas as frações, o inteiro foi dividido em 7 partes iguais. Então, 5 dessas partes representam mais que 2 dessas partes.

$\frac{5}{7} > \frac{2}{7}$

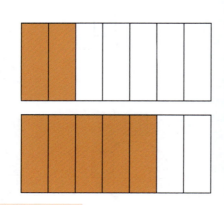

Quando comparamos frações de denominadores iguais, a maior fração é a que apresenta o maior numerador.

Numeradores diferentes e denominadores diferentes

E se quisermos comparar, por exemplo, $\frac{5}{6}$ e $\frac{8}{9}$?

Os numeradores são diferentes, e os denominadores também. No entanto, podemos encontrar **frações equivalentes** a cada uma delas de modo que essas frações tenham denominadores iguais.

O denominador que estamos procurando precisa ser múltiplo de 6 e também de 9. Vamos escolher o menor número que é múltiplo de 6 e de 9: o mmc (6, 9), que é 18.

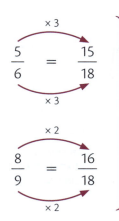

Agora ficou fácil!

$$\frac{16}{18} > \frac{15}{18}, \text{ ou seja, } \frac{8}{9} > \frac{5}{6}$$

Podemos usar no denominador qualquer múltiplo comum de 6 e 9, como 36 ou 54. Mas é melhor trabalhar com números menores, por isso, escolhemos o mmc deles.

EXERCÍCIOS
NO CADERNO

36. Qual é maior?

a) $\frac{1}{5}$ ou $\frac{1}{9}$?   c) $\frac{5}{7}$ ou $\frac{5}{12}$?

b) $\frac{1}{10}$ ou $\frac{1}{100}$?   d) $\frac{2}{7}$ ou $\frac{2}{5}$?

Explique como você pensou.

37. Qual é maior?

a) $\frac{1}{3}$ ou $\frac{2}{3}$?

b) $\frac{9}{11}$ ou $\frac{3}{11}$?

Explique seu raciocínio.

38. Escreva cada uma das frações com denominador 12.

$\frac{1}{2} = \frac{\Box}{\Box}$ $\frac{2}{3} = \frac{\Box}{\Box}$ $\frac{3}{4} = \frac{\Box}{\Box}$ $\frac{5}{6} = \frac{\Box}{\Box}$

a) Qual delas é menor?

b) Qual delas é maior?

39. Cláudia, Sílvia e Marta foram ao açougue comprar carne. Cláudia comprou $\frac{1}{4}$ kg; Sílvia, $\frac{3}{4}$ kg; e Marta, $\frac{1}{2}$ kg. Quem comprou a maior quantidade? E a menor?

40. Coloque as placas em ordem crescente dos números e descubra a palavra secreta.

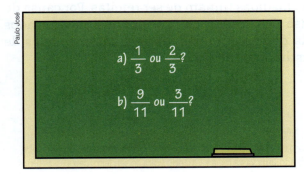

VALE A PENA LER

As frações e as medidas

Já sabemos que os números naturais surgiram da necessidade de contar. Durante muito tempo, os números naturais foram suficientes para resolver os problemas cotidianos do homem primitivo.

A distância entre dois nós era tomada como unidade de medida.

No entanto, com o surgimento da agricultura, possuir terras mais férteis passou a ser importante. No Antigo Egito, por exemplo, as terras próximas ao Rio Nilo eram muito disputadas.

Por isso, os faraós tinham funcionários que mediam e demarcavam os terrenos. Eles usavam cordas com nós separados sempre pela mesma distância. Para medir um comprimento, a corda era esticada e se verificava quantas vezes a unidade de medida cabia neste comprimento.

Muitas vezes, a unidade de medida não cabia um número inteiro de vezes no comprimento a ser medido, ou seja, os números naturais não eram suficientes para registrar as medidas. Era preciso criar uma maneira de registrar uma parte da unidade. Daí a ligação entre o uso das frações e os problemas de medidas.

Todos os anos, as cheias do Rio Nilo carregavam as marcações que limitavam os terrenos e as medidas tinham de ser refeitas. Por causa do uso das cordas, os funcionários encarregados da demarcação das terras eram chamados de estiradores de cordas.

Fonte: *Atlas geográfico escolar*. Rio de Janeiro: IBGE, 6. ed., 2012.

O Rio Nilo fica na África e é o segundo maior rio do mundo em extensão, com 6 741 km. Entre junho e setembro, o nível das águas do Nilo sobe, inundando uma vasta região. Quando volta ao seu leito, deixa essas terras muito férteis.

6. Operações com frações

Adição e subtração de frações de denominadores iguais

Dividi uma cartolina em oito partes iguais. Ontem pintei três partes de verde e hoje, duas de laranja.

- Que fração da cartolina toda eu já pintei?
- Que fração da cartolina toda falta pintar?

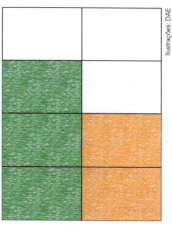

Observe:

cartolina toda → $\frac{8}{8}$

fração pintada ontem → $\frac{3}{8}$

fração pintada hoje → $\frac{2}{8}$

Fração da cartolina já pintada: $\frac{3}{8} + \frac{2}{8} = \frac{5}{8}$.

Resta pintar $\frac{8}{8} - \frac{5}{8} = \frac{3}{8}$ da cartolina.

EXERCÍCIOS — NO CADERNO

41. Observe as figuras e efetue as operações com as frações:

a)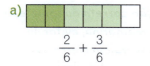

$\frac{2}{6} + \frac{3}{6}$

b)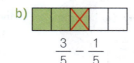

$\frac{3}{5} - \frac{1}{5}$

42. Quanto é?

a) $\frac{2}{7} + \frac{3}{7}$

b) $\frac{1}{4} + \frac{9}{4} + \frac{3}{4}$

43. Calcule e simplifique os resultados, quando for possível.

a) $\frac{4}{5} - \frac{1}{5}$

b) $\frac{5}{6} - \frac{2}{6}$

44. O Sr. Quintino está pintando o muro da sua casa. No primeiro dia pintou quatro décimos do muro, no dia seguinte cinco décimos.

a) Que parte do muro pintou nesses dois dias?
b) Que parte do muro ainda falta pintar?

45. Utilizando a figura, calcule e apresente cada um dos resultados na forma de uma fração simplificada:

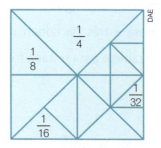

a) $\frac{1}{4} + \frac{1}{4}$

b) $\frac{1}{8} + \frac{1}{8}$

c) $\frac{1}{16} + \frac{1}{16}$

d) $\frac{1}{32} + \frac{1}{32}$

e) $\frac{1}{4} + \frac{1}{4} + \frac{1}{4} + \frac{1}{4}$

f) $\frac{1}{8} + \frac{1}{8} + \frac{1}{8} + \frac{1}{8}$

g) $\frac{1}{16} + \frac{1}{16} + \frac{1}{16} + \frac{1}{16}$

h) $\frac{1}{32} + \frac{1}{32} + \frac{1}{32} + \frac{1}{32}$

Adição e subtração de frações de denominadores diferentes

Dona Júlia vai fazer um bolo. A receita indica a utilização de um terço de tablete de margarina para a massa e meio tablete de margarina para a cobertura.

◆ Qual é a quantidade total de margarina necessária?

$$\frac{1}{3} + \frac{1}{2} = ?$$

As frações que devem ser somadas têm denominadores diferentes, portanto representam pedaços de tamanhos diferentes, o que dificulta identificar a fração total resultante. Mas podemos encontrar frações equivalentes a cada uma delas que tenham denominadores iguais. Todos os pedaços ficarão do mesmo tamanho e poderemos contar quantos são.

$$\left.\begin{array}{l}\frac{1}{3} = \frac{2}{6}\\ \frac{1}{2} = \frac{3}{6}\end{array}\right\} \quad \frac{2}{6} + \frac{3}{6} = \frac{5}{6}, \text{ então } \frac{1}{3} + \frac{1}{2} = \frac{5}{6}$$

Para fazer o bolo, dona Júlia utilizará $\frac{5}{6}$ de um tablete de margarina. Ela deve dividir o tablete em seis partes iguais, usando duas partes na massa e três na cobertura. Ainda sobrará $\frac{1}{6}$ do tablete para untar a forma!

Veja exemplos de adição e subtração de frações com denominadores diferentes:

◆ $\frac{1}{8} + \frac{5}{6} = \frac{3}{24} + \frac{20}{24} = \frac{23}{24}$

◆ $\frac{7}{10} + \frac{1}{4} = \frac{14}{20} + \frac{5}{20} = \frac{19}{20}$

◆ $\frac{2}{3} - \frac{1}{5} = \frac{10}{15} - \frac{3}{15} = \frac{7}{15}$

A mesma receita de bolo utiliza $1\frac{1}{2}$ xícara de leite para fazer a massa e $\frac{3}{4}$ de xícara de leite para fazer a cobertura.

Use um número misto para indicar a quantidade total de leite utilizada na receita.

EXERCÍCIOS

46. Calcule e simplifique os resultados, quando for possível.

a) $\dfrac{1}{2} + \dfrac{2}{3}$

b) $\dfrac{5}{6} + \dfrac{2}{3}$

c) $\dfrac{4}{5} + \dfrac{2}{3}$

d) $\dfrac{9}{2} + \dfrac{7}{4} + \dfrac{2}{3}$

e) $\dfrac{2}{5} + \dfrac{1}{10} + \dfrac{1}{2}$

f) $\dfrac{2}{7} + \dfrac{1}{10} + \dfrac{3}{2}$

47. Rui comeu $\dfrac{1}{4}$ do bolo, e Mara comeu $\dfrac{1}{5}$. Que fração do bolo sobrou?

48. Calcule e simplifique os resultados, quando for possível:

a) $\dfrac{1}{2} - \dfrac{1}{3}$

b) $\dfrac{5}{6} - \dfrac{1}{3}$

c) $\dfrac{4}{5} - \dfrac{2}{7}$

d) $\dfrac{7}{8} - \dfrac{1}{6}$

e) $\dfrac{5}{4} - \dfrac{1}{2}$

f) $\dfrac{8}{10} - \dfrac{1}{5}$

49. Rodrigo toma $\dfrac{1}{4}$ de litro de suco de laranja de manhã, $\dfrac{1}{2}$ litro durante o almoço e $\dfrac{1}{4}$ de litro no jantar.

Que quantidade de suco ele consome diariamente?

50. Calcule mentalmente o valor de cada uma das expressões.

a) $\dfrac{3}{4} + \dfrac{1}{4}$

b) $1 - \dfrac{1}{6}$

c) $\dfrac{4}{3} - \dfrac{4}{6}$

d) $\dfrac{3}{7} + \dfrac{2}{5} + \dfrac{4}{7} + \dfrac{3}{5}$

51. Qual fração deixa a balança equilibrada?

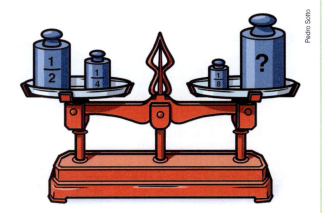

52. No início de uma viagem, um carro tinha o tanque de gasolina cheio até $\dfrac{2}{3}$ de sua capacidade. No fim da viagem, a gasolina ocupava apenas $\dfrac{1}{6}$ do tanque. Que fração representa a parte do tanque correspondente à gasolina gasta nesse percurso?

53. Observe o exemplo e efetue as seguintes adições e subtrações:

$$2 + \dfrac{1}{4} = \dfrac{8}{4} + \dfrac{1}{4} = \dfrac{9}{4}$$

↓ número natural

Representamos o 2 por uma fração com denominador 4: $\quad 2 = \dfrac{8}{4}$

a) $7 + \dfrac{5}{6}$

b) $4 - \dfrac{3}{11}$

c) $\dfrac{1}{5} + 2 + \dfrac{3}{5}$

d) $\dfrac{5}{3} + 1 - \dfrac{7}{3}$

54. Calcule o valor das expressões.

a) $\dfrac{5}{6} - \dfrac{1}{4} + \dfrac{2}{3}$

b) $8 + \dfrac{1}{3} - \dfrac{3}{4}$

Multiplicações envolvendo frações

Qual é o dobro de $\frac{3}{8}$?

Ora, o dobro de $\frac{3}{8}$ corresponde a $2 \cdot \frac{3}{8} = \frac{6}{8}$, que na forma irredutível é $\frac{3}{4}$.

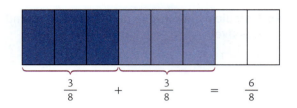

Observe: $2 \cdot \frac{3}{8} = \frac{2}{1} \cdot \frac{3}{8} = \frac{2 \cdot 3}{1 \cdot 8} = \frac{6}{8} = \frac{3}{4}$.

De forma semelhante, $\frac{1}{3} \cdot 12 = 4$, pois a terça parte de 12 é igual a 4.

Observe: $\frac{1}{3} \cdot 12 = \frac{1}{3} \cdot \frac{12}{1} = \frac{1 \cdot 12}{3 \cdot 1} = \frac{12}{3} = 4$.

E que quantidade corresponderá a $\frac{2}{3}$ de $\frac{4}{5}$? As figuras vão nos ajudar a descobrir.

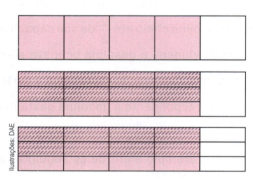

Colorimos $\frac{4}{5}$ da figura.

Hachuramos $\frac{2}{3}$ dos $\frac{4}{5}$ coloridos.

Observe que $\frac{2}{3}$ de $\frac{4}{5}$ correspondem a $\frac{8}{15}$ da figura.

Então, $\frac{2}{3} \cdot \frac{4}{5} = \frac{2 \cdot 4}{3 \cdot 5} = \frac{8}{15}$.

> **Na multiplicação de frações, multiplicamos os numeradores e multiplicamos os denominadores.**

> No caderno, mostre por meio de figuras que $\frac{1}{2}$ de $\frac{3}{4} = \frac{3}{8}$.

- $\frac{5}{6} \cdot \frac{3}{4} = \frac{5 \cdot 3}{6 \cdot 4} = \frac{15}{24} = \frac{5}{8}$ (na forma irredutível)

- $\frac{1}{3} \cdot \frac{2}{5} \cdot \frac{6}{7} = \frac{1 \cdot 2 \cdot 6}{3 \cdot 5 \cdot 7} = \frac{12}{105} = \frac{4}{35}$ (na forma irredutível)

Também podemos fazer a simplificação antes de efetuar o produto:

- $\frac{18}{25} \cdot \frac{5}{12} = \frac{\cancel{18}^3 \cdot \cancel{5}^1}{\cancel{25}_5 \cdot \cancel{12}_2} = \frac{3 \cdot 1}{5 \cdot 2} = \frac{3}{10}$

- $\frac{1}{3} \cdot \frac{4}{7} \cdot \frac{21}{10} = \frac{1 \cdot \cancel{4}^2 \cdot \cancel{21}^1}{\cancel{3}_1 \cdot \cancel{7}_1 \cdot \cancel{10}_5} = \frac{1 \cdot 2 \cdot 1}{1 \cdot 1 \cdot 5} = \frac{2}{5}$

Esta técnica é chamada de cancelamento.

EXERCÍCIOS

55. Escreva um produto que represente a parte colorida da figura.

56. Vamos relacionar o "de" com a multiplicação. Veja:

> Três caixas de vinte balas são 3 · 20 ou 60 balas.

Complete.

a) Quatro pacotes de meio quilo são ou quilos.

b) Seis pacotes de um quarto de quilo são ou quilos.

57. A parte colorida corresponde a que fração:

a) da metade?
b) do total?

58. Quanto é?

a) $\dfrac{5}{9} \cdot \dfrac{7}{8}$
b) $\dfrac{3}{5} \cdot \dfrac{3}{4}$
c) $\dfrac{1}{2} \cdot \dfrac{1}{5} \cdot \dfrac{1}{3}$
d) $\dfrac{3}{4} \cdot \dfrac{1}{2} \cdot \dfrac{3}{2}$

59. Marília comeu $\dfrac{1}{4}$ da metade de uma melancia. Que fração da melancia ela comeu?

60. Escreva o produto que a situação sugere.

61. Quanto é?

a) $3 \cdot \dfrac{2}{5}$
b) $\dfrac{1}{12} \cdot 5$
c) $5 \cdot \dfrac{1}{3} \cdot \dfrac{2}{7}$
d) $4 \cdot \dfrac{7}{3} \cdot 2$

62. Uma lata de achocolatado tem $\dfrac{3}{4}$ kg. Quantos quilogramas terão 8 latas?

63. Calcule mentalmente:

a) $\dfrac{1}{3}$ de 180 ovos;
b) $\dfrac{2}{3}$ de 180 ovos;
c) $\dfrac{2}{5}$ de 30 homens;
d) $\dfrac{3}{4}$ de 24 meses.

64. Quanto é?

a) $15 \cdot 1\dfrac{1}{4}$
b) $8\dfrac{1}{2} \cdot 3$

65. Para preparar um copo de refresco, André enche $\dfrac{2}{3}$ do copo com água. Quanto de água ele vai gastar para preparar:

a) 5 copos de refresco?
b) 12 copos de refresco?

7. Inversa de uma fração

Observe os produtos:

- $\dfrac{2}{5} \cdot \dfrac{5}{2} = \dfrac{2 \cdot 5}{5 \cdot 2} = 1$
- $\dfrac{8}{3} \cdot \dfrac{3}{8} = \dfrac{8 \cdot 3}{3 \cdot 8} = 1$

Por qual fração devemos multiplicar $\dfrac{7}{9}$ para obter produto igual a 1?

Quando o produto de duas frações é igual a 1, essas **frações** são **inversas** uma da outra.

- $\dfrac{2}{5}$ é a inversa de $\dfrac{5}{2}$
- $\dfrac{8}{3}$ é a inversa de $\dfrac{3}{8}$

e assim por diante.

A inversa de $\dfrac{1}{5}$ é $\dfrac{5}{1}$, ou simplesmente 5.

A inversa de 3, que pode ser escrito como $\dfrac{3}{1}$, é $\dfrac{1}{3}$.

Divisão envolvendo frações

Para descobrir como se efetuam divisões com frações, vamos estudar algumas situações.

1. Quantos copos com capacidade igual a $\dfrac{1}{4}$ de litro cabem em uma vasilha com capacidade igual a 3 litros?

Para saber quantas vezes uma quantidade cabe em outra, usamos a divisão: $3 : \dfrac{1}{4} = ?$

Resolveremos essa divisão com o auxílio de figuras.

$\dfrac{1}{4}$ cabe 12 vezes em 3, ou seja, $3 : \dfrac{1}{4} = 12$

Repare que $3 \cdot 4 = 12$.

↓ inversa de $\dfrac{1}{4}$

Dividir por $\dfrac{1}{4}$ é o mesmo que multiplicar por 4, que é a inversa de $\dfrac{1}{4}$.

2. Quanto é a metade de $\frac{3}{5}$?

A operação que traduz essa pergunta é $\frac{3}{5} : 2$.
Observe as figuras:

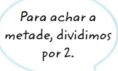

Para achar a metade, dividimos por 2.

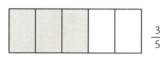 $\frac{3}{5}$ ◆ $\frac{3}{5} : 2 = \frac{3}{10}$

 $\frac{3}{5} : 2$ ◆ Repare que $\frac{3}{5} \cdot \frac{1}{2} = \frac{3}{10}$

inversa de 2

3. Nesta outra situação, os desenhos nos mostram que $\frac{1}{8}$ cabe 6 vezes em $\frac{3}{4}$, ou seja:

◆ $\frac{3}{4} : \frac{1}{8} = 6$ e $\frac{3}{\cancel{4}_1} \cdot \cancel{8}^2 = 6$

◆ Mais uma vez, vemos que dividir por $\frac{1}{8}$ é o mesmo que multiplicar por 8, que é a inversa de $\frac{1}{8}$.

Para efetuar divisões envolvendo frações, multiplicamos o dividendo pela inversa do divisor.

INTERAGINDO

Respondam no caderno:

1. Duas metades mais três terços equivalem a quantos inteiros?
2. $\frac{17}{10}$ é maior ou menor que $\frac{17}{100}$? Quantas vezes maior ou menor?
3. $\frac{1}{3}$ de uma dúzia equivale a que fração de meia dúzia?
4. Quantas vezes $\frac{1}{2}$ cabe em:
   a) $\frac{7}{2}$?
   b) $5\frac{1}{2}$?
5. A quarta parte de $\frac{8}{9}$ é maior ou menor que $\frac{1}{2}$?
6. Qual a inversa de 1?

FRAÇÕES

EXERCÍCIOS

66. Escreva a inversa das frações.

a) $\dfrac{4}{5}$ c) 6

b) $\dfrac{9}{7}$ d) $\dfrac{1}{15}$

67. Calcule.

a) $\dfrac{4}{5} : \dfrac{2}{3}$ f) $5 : \dfrac{2}{3}$

b) $\dfrac{4}{9} : \dfrac{6}{5}$ g) $\dfrac{1}{10} : \dfrac{1}{10}$

c) $\dfrac{1}{4} : \dfrac{7}{3}$ h) $\dfrac{6}{7} : 5$

d) $\dfrac{2}{7} : \dfrac{1}{5}$ i) $3\dfrac{1}{2} : \dfrac{4}{7}$

e) $\dfrac{8}{7} : \dfrac{9}{2}$ j) $\dfrac{4}{5} : 1\dfrac{1}{2}$

68. Com 10 kg de azeitonas se pretende encher pacotes de vários tamanhos. Quantos pacotes poderão ser enchidos se cada pacote tiver:

a) $\dfrac{1}{2}$ kg?   c) $\dfrac{1}{8}$ kg?

b) $\dfrac{1}{4}$ kg?   d) $\dfrac{2}{5}$ kg?

69. Calcule mentalmente.

a) $9 : 9$ d) $2 : \dfrac{1}{2}$

b) $\dfrac{1}{4} : \dfrac{1}{4}$ e) $\dfrac{1}{2} : 2$

c) $\dfrac{7}{5} : 1$ f) $3 : \dfrac{1}{10}$

70. Responda.

a) Quantas metades há em cinco *pizzas*?

b) Quantos quartos de *pizzas* há em três *pizzas*?

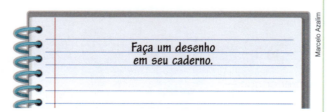

Faça um desenho em seu caderno.

71. Josefa toma $\dfrac{1}{4}$ de litro de leite por dia. Quantos dias levará para beber $3\dfrac{1}{2}$ litros?

72. Qual dos seguintes números é o maior?

a) $\dfrac{1}{2} + \dfrac{1}{3}$ c) $\dfrac{1}{3} : \dfrac{1}{2}$

b) $\dfrac{1}{2} \cdot \dfrac{1}{3}$ d) $\dfrac{1}{2} : \dfrac{1}{3}$

73. Tomei no almoço a metade de uma garrafa de água e no jantar tomei a metade do que sobrou. Qual a fração do líquido que restou na garrafa?

74. Se para pintar $\dfrac{2}{3}$ de muro são necessárias 6 latas de tinta, qual fração desse muro é pintada com o conteúdo de uma lata de tinta?

75. O tanque de gasolina de um carro tem capacidade para 56 litros. O marcador aponta exatamente a metade da distância entre $\dfrac{1}{2}$ e $\dfrac{3}{4}$.

Quantos litros de gasolina há no tanque?

8. Potenciação e raiz quadrada de frações

Observe:

$2^5 = \underbrace{2 \cdot 2 \cdot 2 \cdot 2 \cdot 2}_{5 \text{ fatores iguais a 2}} = 32$

Você se lembra de que a potenciação é uma multiplicação de fatores iguais?

Com frações, a ideia é a mesma. Veja:

- $\left(\dfrac{5}{7}\right)^2 = \dfrac{5}{7} \cdot \dfrac{5}{7} = \dfrac{25}{49}$
- $\left(\dfrac{1}{2}\right)^3 = \dfrac{1}{2} \cdot \dfrac{1}{2} \cdot \dfrac{1}{2} = \dfrac{1}{8}$
- $\left(\dfrac{9}{4}\right)^0 = 1$
- $\left(\dfrac{3}{2}\right)^1 = \dfrac{3}{2}$

Sabemos que $\sqrt{25} = 5$ porque $5^2 = 25$.
Veja algumas raízes quadradas de frações:

- $\sqrt{\dfrac{16}{49}} = \dfrac{4}{7}$ porque $\left(\dfrac{4}{7}\right)^2 = \dfrac{16}{49}$
- $\sqrt{\dfrac{1}{100}} = \dfrac{1}{10}$ porque $\left(\dfrac{1}{10}\right)^2 = \dfrac{1}{100}$

 REFLETINDO

Pense e responda no caderno:

$\dfrac{1}{2}$ ao quadrado é maior ou menor que $\dfrac{1}{2}$ ao cubo?

EXERCÍCIOS

 NO CADERNO

76. Escreva na forma abreviada:

$$\dfrac{1}{2} \cdot \dfrac{1}{2} \cdot \dfrac{1}{2} \cdot \dfrac{1}{2}$$

Como se lê essa potência?

77. Calcule o valor das potências.

a) $\left(\dfrac{4}{5}\right)^2$ c) $\left(\dfrac{1}{3}\right)^5$ e) $\left(\dfrac{1}{2}\right)^4$

b) $\left(\dfrac{1}{4}\right)^3$ d) $\left(\dfrac{9}{10}\right)^2$ f) $\left(\dfrac{9}{15}\right)^1$

78. Calcule o valor de:

a) $\left(\dfrac{3}{2}\right)^2$ c) $\dfrac{2^4}{3}$

b) $\left(\dfrac{2}{3}\right)^4$ d) $\dfrac{2}{3^4}$

79. Calcule e compare com a unidade.

a) 1^6 c) $\left(\dfrac{2}{5}\right)^3$

b) $\left(\dfrac{1}{5}\right)^2$ d) $\left(\dfrac{5}{2}\right)^2$

80. Escreva os seguintes números em ordem crescente:

$\left(\dfrac{4}{3}\right)^2$ $\left(\dfrac{7}{6}\right)^0$ $\left(\dfrac{1}{3}\right)^3$ $\left(\dfrac{1}{6}\right)^2$ $\left(\dfrac{1}{2}\right)^5$

81. Calcule.

a) $\sqrt{\dfrac{9}{4}}$ c) $\sqrt{\dfrac{1}{49}}$ e) $\sqrt{\dfrac{100}{81}}$

b) $\sqrt{\dfrac{49}{81}}$ d) $\sqrt{\dfrac{36}{64}}$ f) $\sqrt{\dfrac{1}{100}}$

FRAÇÕES **199**

REVISANDO

82. Escreva a fração que corresponde à parte das cadeiras ocupadas.

83. Observe a figura e responda:

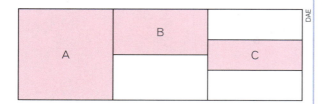

a) Qual fração representa a parte A da figura?

b) Qual fração representa a parte B da figura?

c) Qual fração representa a parte C da figura?

84. Observe a figura:

a) Que horas são?

b) Que horas marcará o relógio se o ponteiro dos minutos se deslocar:

- $\frac{1}{4}$ de hora?
- $\frac{1}{2}$ hora?
- $\frac{3}{4}$ de hora?

85. Represente por meio de uma fração o número que corresponde a cada um dos pontos assinalados em vermelho na semirreta.

86. Escreva três frações correspondentes à parte escura do tabuleiro e a fração equivalente mais simples.

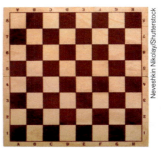

87. Carolina passa $\frac{1}{3}$ do dia dormindo, $\frac{1}{24}$ do dia comendo, $\frac{1}{4}$ do dia estudando e o resto do tempo divertindo-se.

a) Desenhe a figura abaixo e pinte com cores diferentes as partes do dia correspondentes ao tempo dedicado a cada uma das ocupações mencionadas.

b) Que fração representa o tempo que Carolina se diverte?

88. Numa cidade, $\frac{3}{7}$ da população torce pelo Corinthians e $\frac{2}{5}$ torce pelo Palmeiras. Que time tem mais torcedores?

89. (Cesgranrio-RJ) A firma onde Paula trabalha dará vale quinzenal de $\frac{20}{100}$ de seu salário-base como prêmio pelo aumento de trabalho no mês de julho. Se o salário de Paula é R$ 750,00, quanto ela receberá de vale nesse mês?

90. Calcule mentalmente:

a) metade de 72 reais;
b) a terça parte de 24 kg;
c) um quarto de 100 kg;
d) dois terços de 36 litros.

91. Calcule mentalmente quantos blocos foram utilizados na construção deste muro.

92. (Saresp) Numa escola foi aplicada uma prova em que os alunos obtiveram notas inteiras de 1 até 10. No gráfico abaixo mostramos a distribuição de notas.

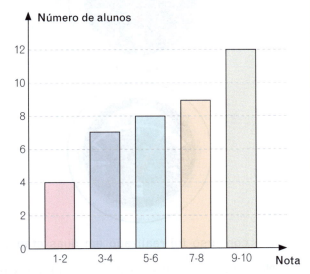

Com base nesse gráfico, podemos afirmar que:

a) mais de um terço tirou 1, 2, 3 ou 4.
b) metade dos alunos tirou 1, 2, 3, 4, 5 ou 6.
c) menos de um quinto tirou 7 ou 8.
d) mais de um quarto tirou 9 ou 10.

93. Calcule.

a) $\dfrac{3}{4} - \dfrac{1}{2}$

b) $\dfrac{3}{8} + \dfrac{3}{2}$

c) $\dfrac{3}{5} + \dfrac{3}{4} + \dfrac{3}{10}$

d) $\dfrac{8}{5} - \dfrac{1}{4} - \dfrac{3}{10}$

94. Calcule.

a) $4 + \dfrac{1}{2} + \dfrac{2}{3}$

b) $\dfrac{1}{3} + 2\dfrac{1}{5}$

c) $\dfrac{0}{10} + \dfrac{3}{20} + \dfrac{11}{30}$

d) $2 - \dfrac{1}{3} - \dfrac{1}{5}$

95. Calcule e simplifique, se necessário.

a) $\dfrac{23}{7} + \dfrac{1}{3} - 2 + \dfrac{1}{6}$

b) $4\dfrac{2}{3} - 1\dfrac{1}{2} + \dfrac{7}{8}$

96. Considere os números:

$\dfrac{5}{7}$ $\dfrac{8}{7}$ $\dfrac{12}{10}$ $\dfrac{3}{2}$

Qual é a diferença entre o maior e o menor deles?

97. O sr. Francisco colheu a produção de pimentões de sua horta e colocou-os em 3 sacolas. Veja como ele fez:

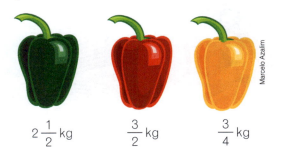

$2\dfrac{1}{2}$ kg $\dfrac{3}{2}$ kg $\dfrac{3}{4}$ kg

a) Será que a colheita atingiu cinco quilogramas?

b) A colheita de pimentão verde foi maior do que a de pimentão vermelho? Em caso afirmativo, em quanto foi maior?

c) A colheita de pimentão vermelho foi maior do que a de pimentão amarelo? Em caso afirmativo, em quanto foi maior?

DESAFIOS NO CADERNO

98. Um ônibus demora $3\frac{1}{2}$ h para fazer uma viagem de São Paulo a São Carlos; um automóvel demora $2\frac{1}{4}$ h. Qual é a diferença de tempo entre uma viagem de automóvel e uma viagem de ônibus?

99. Calcule.

a) $\frac{3}{7} \cdot \frac{1}{4}$

b) $7 \cdot \frac{3}{8} \cdot \frac{1}{2}$

c) $\frac{1}{5} \cdot \frac{1}{4} \cdot \frac{1}{3}$

d) $2 \cdot \frac{7}{5} \cdot 1\frac{1}{6}$

e) $\frac{2}{3} : \frac{5}{2}$

f) $\frac{3}{4} : 7$

g) $8 : \frac{4}{5}$

h) $7\frac{1}{3} : 6$

100. (Saresp) Um inspetor recebeu 120 pastas com contas para analisar. Na primeira semana, analisou $\frac{2}{3}$ do número total. Na segunda, $\frac{3}{4}$ do restante. Quantas pastas ainda faltam ser analisadas?

101. Alberto pretende colocar $5\frac{1}{2}$ litros de refrigerante em vários copos.

a) Quantos copos de $\frac{1}{4}$ de litro poderá encher?

b) Poderá encher 28 copos de $\frac{1}{5}$ de litro?

102. Qual é a média aritmética de:

a) $\frac{1}{3}$ e $\frac{1}{6}$?

b) $\frac{3}{5}$, $\frac{13}{4}$ e $\frac{1}{2}$?

103. Tenho 90 alunos. Metade da terça parte dos meus alunos usam óculos. Quantos alunos não usam óculos?

104. (Obmep) A capacidade do tanque de gasolina do carro de João é de 50 litros. As figuras mostram o medidor de gasolina do carro no momento de partida e no momento de chegada de uma viagem feita por João. Quantos litros de gasolina João gastou nessa viagem?

105. Um concurso foi realizado em duas etapas. Na primeira, $\frac{2}{5}$ dos inscritos foram aprovados; passando para a segunda etapa, $\frac{3}{10}$ foram selecionados. Se os selecionados nessa segunda etapa preencheram as 72 vagas disponíveis, quantas pessoas se inscreveram nesse concurso?

AUTOAVALIAÇÃO

NO CADERNO

Anote no caderno o número do exercício e a letra correspondente à resposta correta.

106. A fração que representa a parte colorida da figura é:

a) $\dfrac{1}{4}$

b) $\dfrac{3}{10}$

c) $\dfrac{3}{16}$

d) $\dfrac{5}{16}$

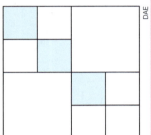

107. O número $\dfrac{7}{8}$ está compreendido entre:

a) 0 e 1
b) 3 e 4
c) 5 e 6
d) 7 e 8

108. A alternativa verdadeira é:

a) $\dfrac{0}{6} = 0$

b) $\dfrac{6}{0} = 0$

c) $\dfrac{8}{0} = 8$

d) $\dfrac{2}{6} = 3$

109. A metade de $\dfrac{3}{8}$ é:

a) $\dfrac{3}{2}$

b) $\dfrac{3}{4}$

c) $\dfrac{3}{16}$

d) $\dfrac{3}{32}$

110. Na reta numérica:

a) A representa $\dfrac{5}{3}$ e B representa $\dfrac{1}{3}$.

b) A representa $\dfrac{1}{4}$ e B representa $\dfrac{7}{4}$.

c) A representa $\dfrac{7}{4}$ e B representa $\dfrac{1}{4}$.

d) A representa $\dfrac{1}{5}$ e B representa $\dfrac{9}{5}$.

111. (Fesp-RJ) Uma torneira aberta enche de água um tanque em 10 minutos. A fração do tanque que esta torneira enche em 1 minuto é:

a) $\dfrac{1}{2}$

b) $\dfrac{1}{6}$

c) $\dfrac{1}{8}$

d) $\dfrac{1}{10}$

112. Dos números $\dfrac{2}{3}, \dfrac{4}{5}, \dfrac{3}{4}, \dfrac{1}{2}$:

a) o maior é $\dfrac{4}{5}$ e o menor é $\dfrac{2}{3}$.

b) o maior é $\dfrac{4}{5}$ e o menor é $\dfrac{1}{2}$.

c) o maior é $\dfrac{3}{4}$ e o menor é $\dfrac{2}{3}$.

d) o maior é $\dfrac{3}{4}$ e o menor é $\dfrac{1}{2}$.

113. (Obmep) Qual o sinal que Clotilde deve colocar no lugar de "?" para que a igualdade fique correta?

a) ÷
b) ×
c) +
d) −

114. (Ipad-PE) Em uma grande indústria, metade dos funcionários vai ao trabalho de bicicleta, a terça parte em automóvel e os outros 300 funcionários usam transporte coletivo. Quantos funcionários há nessa indústria?

a) 1 200 funcionários
b) 1 500 funcionários
c) 1 600 funcionários
d) 1 800 funcionários

115. Veja este anúncio:

> **VENDEM-SE TUBOS DE PLÁSTICO PARA JARDINS**
>
> $\frac{3}{16}$, $\frac{1}{4}$, $\frac{3}{8}$ e $\frac{1}{2}$ polegada de diâmetro

A fração de polegada que corresponde ao tubo de plástico mais fino é:

a) $\frac{1}{4}$ b) $\frac{3}{8}$ c) $\frac{3}{16}$ d) $\frac{1}{2}$

116. Um professor pediu a dois alunos que efetuassem a adição $\frac{2}{5} + \frac{3}{10}$.

- Sílvio encontrou como resposta: $\frac{7}{10}$
- Cláudio encontrou como resposta: $\frac{14}{20}$

Como o professor aceita o desenvolvimento incompleto da resposta, podemos afirmar que:

a) apenas Sílvio acertou.
b) apenas Cláudio acertou.
c) os dois erraram.
d) os dois acertaram.

117. (Fuvest-SP) $\frac{9}{7} - \frac{7}{9}$ é igual a:

a) 0   b) $\frac{2}{23}$ c) 1   d) $\frac{32}{63}$

118. (PUC-SP) A parte colorida representa que fração do círculo?

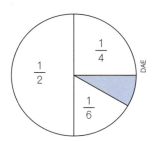

a) $\frac{1}{3}$ b) $\frac{3}{10}$ c) $\frac{1}{12}$ d) $\frac{1}{24}$

119. Um terço da metade de 36 é:

a) 6   b) 12   c) 18   d) 24

120. Um pedreiro foi contratado para construir um muro. No primeiro dia de serviço ele construiu um oitavo do muro, e no segundo dia o triplo do que havia construído no primeiro dia.

Dessa forma, nos dois primeiros dias ele já construiu:

a) o muro inteiro.
b) a metade do muro.
c) mais da metade do muro.
d) menos da metade do muro.

121. (Cesgranrio-RJ) Dois terços da despesa de uma firma destinam-se a pagamento de pessoal. Sabendo-se que a firma gastou R$ 18.000,00 em pessoal, seu gasto total foi de:

a) R$ 24.000,00   c) R$ 30.000,00
b) R$ 27.000,00   d) R$ 36.000,00

UNIDADE 12

Números decimais

1. A notação decimal

A necessidade dos seres humanos de registrar números que não são inteiros é muito antiga. Lembra-se dos estiradores de cordas do Antigo Egito, que citamos na Unidade 11?

As frações foram criadas para que esses números pudessem ser registrados.

E das frações decimais, lembra-se? São aquelas que têm como denominador uma potência de base 10, como 10, 100, 1 000 etc. ou que são equivalentes a uma fração com um desses denominadores. Pois bem, no século XVI novas formas de registro foram criadas para representar essas frações, utilizando as regras do sistema de numeração decimal.

Essas ideias foram aperfeiçoadas e hoje funcionam assim:

- O sistema decimal é posicional, isto é, o valor do algarismo depende da posição que ele ocupa no numeral.

| ...Unidades de milhar | Centenas | Dezenas | Unidades... |

- Cada ordem vale dez vezes a ordem que está imediatamente à sua direita, ou cada ordem é a décima parte da ordem que está imediatamente à sua esquerda.

Coloca-se uma vírgula para separar a parte inteira da parte fracionária.

Se prosseguirmos com o mesmo padrão, criando ordens à direita da unidade, teremos:

| ...Unidades, | Décimos | Centésimos | Milésimos | Décimos de milésimos... |

Registramos a décima parte da unidade como 0,1, que é a representação decimal de $\frac{1}{10}$:

A centésima parte da unidade é representada, na notação decimal, por 0,01.

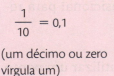

$\frac{1}{10} = 0,1$

(um décimo ou zero vírgula um)

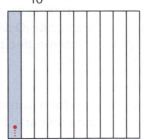

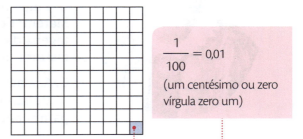

$\frac{1}{100} = 0,01$

(um centésimo ou zero vírgula zero um)

A milésima parte da unidade é representada, na notação decimal, por 0,001.

$\dfrac{1}{1\,000} = 0{,}001$ (um milésimo ou zero vírgula zero, zero um)

E assim por diante.

Veja mais exemplos de frações decimais escritas em sua forma de representação decimal:

- $\dfrac{7}{10} = 0{,}7$ (sete décimos ou zero vírgula sete)

- $\dfrac{13}{10} = 1\dfrac{3}{10} = 1{,}3$ (um inteiro e três décimos ou um vírgula três)

  parte inteira — parte fracionária

- $\dfrac{249}{10} = 24\dfrac{9}{10} = 24{,}9$ (vinte e quatro inteiros e nove décimos ou vinte e quatro vírgula nove)

- $\dfrac{34}{100} = 0{,}34$ (trinta e quatro centésimos ou zero vírgula trinta e quatro)

- $\dfrac{302}{100} = 3\dfrac{2}{100} = 3{,}02$ (três inteiros e dois centésimos ou três vírgula zero dois)

- $\dfrac{781}{1\,000} = 0{,}781$ (setecentos e oitenta e um milésimos ou zero vírgula setecentos e oitenta e um)

- $\dfrac{3}{10\,000} = 0{,}0003$ (três décimos de milésimos ou zero vírgula zero, zero, zero, três)

Curiosidade

Em países como a Inglaterra e os EUA, a parte fracionária e a parte inteira do número são separadas por um ponto em vez de uma vírgula, como nós fazemos.

Nas calculadoras também é utilizado o ponto.

O número de casas à direita da vírgula é igual ao número de zeros da potência de dez que está no denominador da fração.

Os numerais decimais não tiveram um único "inventor". Muitos matemáticos contribuíram em seu estudo e aperfeiçoamento. Conheça alguns deles:

François Viète. Gravura.

- François Viète (1540-1603)

  Foi advogado e dedicava suas horas vagas ao estudo da Matemática. Defendeu o uso das frações decimais e criou notações para representá-las.

- Simon Stevin (1548-1620)

  Engenheiro belga, valorizava as aplicações práticas da Matemática. Seu livro *De thiende* (O décimo) divulgou as vantagens da utilização do sistema decimal posicional para registrar números não inteiros.

- G. A. Magini (1555-1617)

  Italiano, provavelmente foi o primeiro a utilizar um ponto para separar a parte inteira da parte fracionária do número.

EXERCÍCIOS

1. Quais das frações abaixo são decimais?

a) $\dfrac{3}{40}$ e) $\dfrac{17}{1000}$

b) $\dfrac{9}{10}$ f) $\dfrac{10}{3}$

c) $\dfrac{7}{45}$ g) $\dfrac{1}{10\,000}$

d) $\dfrac{3}{100}$ h) $\dfrac{100}{9}$

2. Copie e complete o quadro.

1,9	
	dois inteiros e sessenta e três centésimos
10,245	
	quinze milésimos
0,27	
	dois inteiros e quatro décimos
9,008	
	trinta inteiros e três centésimos

3. Uma loja mostra na vitrine algumas peças de roupa com os seguintes preços:

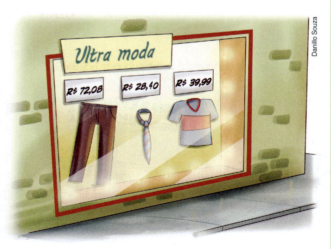

Escreva por extenso o preço de cada produto.

4. Indique, em cada caso, o valor do algarismo 3.

a) 1 538   c) 9,013
b) 6,32   d) 7,834

5. Qual é o número que falta em cada ?

a)
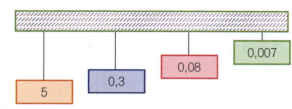

b)
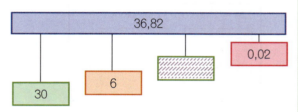

6. Transforme as frações decimais em números decimais.

a) $\dfrac{519}{10}$ d) $\dfrac{1364}{100}$

b) $\dfrac{87}{100}$ e) $\dfrac{5\,116}{1000}$

c) $\dfrac{249}{100}$ f) $\dfrac{693}{10\,000}$

7. Escreva cada número usando algarismos.

a)
| 5 unidades |
| 2 décimos |
| 7 centésimos |
| 1 milésimo |

b)
| 2 dezenas |
| 6 unidades |
| 8 centésimos |
| 3 milésimos |

8. Considere o número:

736,82

a) Qual é o algarismo das dezenas? E o dos décimos?
b) Qual é o algarismo das centenas? E o dos centésimos?
c) Que número supera o número acima em 100 unidades?

Trabalhando com figuras

Vamos representar alguns números decimais por meio de figuras. Observe:

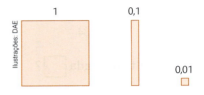

O quadrado (unidade) corresponde a 10 barras. A barra corresponde a 10 quadradinhos.

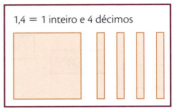

1,4 = 1 inteiro e 4 décimos

Usamos a notação decimal para registrar quantias em dinheiro. A centésima parte do real (unidade monetária brasileira) é o centavo.
R$ 1,00 → um real
R$ 0,01 → um centavo de real
R$ 6,45 → seis reais e quarenta e cinco centavos

2,03 = 2 inteiros e 3 centésimos

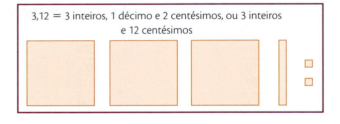

3,12 = 3 inteiros, 1 décimo e 2 centésimos, ou 3 inteiros e 12 centésimos

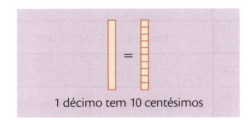

1 décimo tem 10 centésimos

 INTERAGINDO   CONECTANDO SABERES

1. 0,000001 corresponde a que parte de 1 inteiro?

2. Na bomba de combustível de um posto, o preço de 1 litro de gasolina está indicado por R$ 3,499. Como se lê essa quantia?

    Há moeda que valha 1 milésimo de real? Por que vocês acham que o posto usa esse tipo de registro?

3. Basta estar atento para encontrar números decimais em inúmeras situações do nosso cotidiano. No jornal, na TV, no comércio, na ciência... Procure em jornais ou revistas: notícias, tabelas, gráficos, anúncios em que apareçam números decimais. Recorte-os e cole em seu caderno. Escreva cada um por extenso e explique o tipo de aplicação que ele tem: registro de uma medida, preço, dados econômicos etc.

4. Você utilizou algum número decimal hoje? Em que situação? Conte aos colegas! Troquem informações!

EXERCÍCIOS

9. Lembrando que:

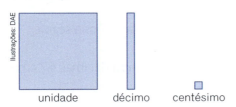

escreva os números com vírgulas representados pelas figuras.

a)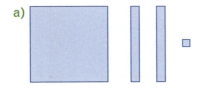

b)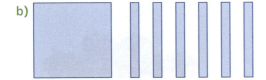

c)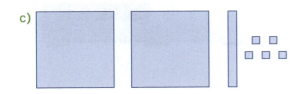

d)

e)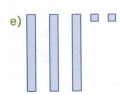

f)

10. Destes números, escreva os maiores que uma unidade.

11. A mãe de Luís fez um bolo como o representado na figura. Durante o lanche, Luís e alguns amigos comeram a parte correspondente à que está colorida.

Escreva, na forma decimal, a parte do bolo que sobrou.

12. Escreva a fração decimal e o número decimal correspondentes à figura.

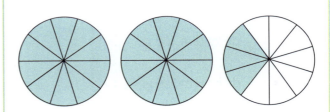

13. Responda.

a) Troquei 5 reais em centavos. Quantos centavos recebi?

b) Troquei 1 200 centavos em reais. Quantos reais recebi?

c) Troquei 8,30 reais em centavos. Quantos centavos recebi?

14. Considere o número 341509.

Reescreva-o colocando uma vírgula de modo a obter:

a) um número maior que 1 e menor que 10;

b) um número maior que 10 e menor que 100.

2. Números decimais e o registro de medidas

Usamos os números decimais para registrar medidas não inteiras. Veja as situações a seguir.

1. Registramos a medida do segmento AB, em centímetros, com um número decimal: 4,7 cm.

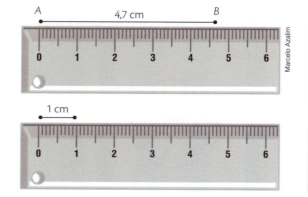

Meça com uma régua e registre em seu caderno as medidas em centímetros dos segmentos CD e EF. As extremidades de um segmento são pontos.

2. A balança está marcando 1,2 kg — quilograma

$1,2 = 1\dfrac{2}{10}$

Como 1 kg tem 1 000 g — grama

- $\dfrac{1}{10}$ de kg tem 100 g
- $\dfrac{2}{10}$ de kg tem 200 g

Então 1,2 kg corresponde a 1 kg e 200 g.

3. Os termômetros medem temperaturas. Este, ao lado, é usado para medir a temperatura ambiente, geralmente expressa em graus Celsius (°C).
Se dividirmos 1 °C em 10 partes iguais, obteremos décimos de grau. Cada parte corresponderá a 0,1 °C.

Registre em seu caderno a temperatura marcada por esse termômetro.

CONECTANDO SABERES

Anders Celsius (1701-1744) era sueco e foi um importante astrônomo. Apesar de morrer jovem, Celsius trouxe importantes contribuições em várias áreas do conhecimento, entre elas a escala termométrica que leva seu nome, apresentada em 1742 à Academia de Ciências da Suécia. A escala é dividida em 100 partes iguais. Os pontos de fusão e de ebulição da água correspondem respectivamente a 0 °C e a 100 °C.

Fonte de pesquisa: Faculdade de Engenharia Mecânica da Unicamp <http://www.fem.unicamp.br/>

EXERCÍCIOS

15. Indique o número decimal correspondente às setas.

a)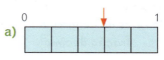

b)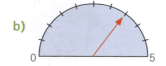

c)

16. Desenhe a reta e indique os pontos *A*, *B* e *C*, que correspondem a 3,2; 4,6 e 5,4.

17. Copie e complete as sequências abaixo.

a)
| 4,5 | 5,0 | 5,5 | | |

b)
| 1,3 | | 0,7 | 0,4 | |

c)
| 0,01 | | 1 | 10 | 100 |

18. Você já sabe: termômetros servem para medir a temperatura. Leia as temperaturas e escreva-as por extenso.

a)    b)

19. Quantos décimos há em cada número a seguir?
a) 0,6
b) 0,1
c) 1,5
d) 2,8
e) 4
f) 4,3

20. Responda:
a) 3 unidades correspondem a quantos décimos?
b) 72 unidades correspondem a quantos centésimos?
c) 50 décimos correspondem a quantas unidades?

21. Você já sabe: 2,5 cm significa dois centímetros e meio.
a) O que significa 3,5 kg?
b) O que significa 1,5 dia?

22. Um posto de combustível anuncia o preço da gasolina por 3,198 reais o litro. Isso significa que o posto vende a gasolina a 3 reais e:
a) 0,198 décimos de real.
b) 0,198 centésimos de real.
c) 198 centésimos de real.
d) 198 milésimos de real.

23. A temperatura normal de Rosa é 37 graus. Ela ficou gripada e observou que estava com 37,9 graus de temperatura. Tomando um antitérmico receitado pelo médico, sua temperatura baixou meio grau. Em que valor chegou a temperatura de Rosa?

24. Leia o texto e escreva os números destacados, usando algarismos e vírgula.

Em uma consulta, o médico examinou Gustavo: ele tem **um metro e cinquenta e três centímetros** de altura, pesa **quarenta e seis quilogramas e meio** e está com **trinta e oito graus e um décimo** de febre (em graus Celsius).

25. Indique entre quais números naturais consecutivos se situa cada um dos números:
a) 2,5
b) 8,34
c) 0,7

3. Números decimais na forma de fração

Vamos escrever os números decimais na forma de fração?

$2{,}7 = 2\dfrac{7}{10} = 2 + \dfrac{7}{10} = \dfrac{20}{10} + \dfrac{7}{10} = \dfrac{27}{10}$

1 casa decimal: denominador 10

O número de casas decimais é igual ao número de zeros do denominador da fração decimal.

$12{,}09 = 12\dfrac{9}{100} = \dfrac{1209}{100}$

2 casas decimais: denominador 100

$0{,}005 = \dfrac{5}{1000}$, que na forma irredutível fica $\dfrac{1}{200}$

3 casas decimais: denominador 1 000

4. Comparando números decimais

Multiplicando o numerador e o denominador de uma fração pelo mesmo número natural, obtemos uma fração equivalente a ela. Por exemplo:

- $\dfrac{3}{10} = \dfrac{30}{100} = \dfrac{300}{1000} = \dfrac{3\,000}{10\,000} = \ldots$

Na forma decimal, $0{,}3 = 0{,}30 = 0{,}300 = 0{,}3000 = \ldots$

Podemos acrescentar ou retirar zeros à direita da parte decimal de um número decimal sem alterá-lo. Mais um exemplo:

- $23{,}7 = 23{,}70 = 23{,}700 = 23{,}7000 = \ldots$

Agora acompanhe a situação a seguir:

- Paulo tem 1,57 m e Ademir, 1,45 m. Qual deles é mais alto?
  Paulo é mais alto, pois $1{,}57 > 1{,}45$.
  Para descobrir qual entre dois números decimais é maior, comparamos primeiro a parte inteira: $1 = 1$.
  Como houve igualdade, comparamos os décimos: $5 > 4$.
  Pronto! $1{,}57 > 1{,}45$.

Observe mais um exemplo:

- $5{,}009 < 5{,}01$

  Parte inteira: $5 = 5$
  Décimos: $0 = 0$
  Centésimos: $0 < 1$

Claro! $5{,}01 = 5{,}010$; então $5{,}009 < 5{,}010$, porque 9 milésimos é menor que 10 milésimos.

EXERCÍCIOS

26. Transforme os números decimais em frações decimais.

a) 0,9
b) 7,1
c) 3,29
d) 0,05
e) 2,468
f) 0,023
g) 74,09
h) 5,016
i) 148,33

27. Qual é o maior, 1,3 ou 1,30? Justifique sua resposta.

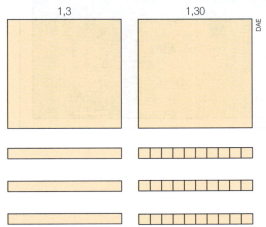

28. Escreva os números que representam a mesma quantidade.

0,93	3,81	0,500	1,02
38,10	4,7	6,20	38,01
0,5	4,70	0,47	1,020
6,2	3,8100	0,930	1,002

0,93	=	0,930
	=	
	=	
	=	
	=	

29. Gustavo deve colocar etiquetas em vidros que contêm certa quantidade de líquido. Observe as etiquetas:

| 0,48 litro | 0,25 litro | 0,5 litro | 0,435 litro |

Qual etiqueta Gustavo deve colocar no frasco em que há maior quantidade de líquido?

30. (Saresp) Dona Cláudia faz uma mistura de cereais para o café da manhã. Ela prepara uma lata de cada vez, colocando:

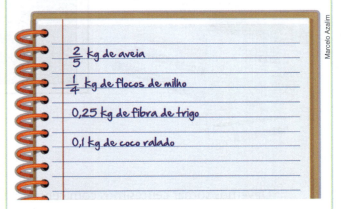

a) Qual produto aparece em maior quantidade?
b) Qual produto aparece em menor quantidade?

31. A tabela a seguir apresenta as medidas de altura de alguns alunos do 6º ano.

Aluno	Altura
Marcos	1,34 metro
Romário	1,05 metro
Lúcio	1,51 metro
Leonardo	1,50 metro
Leandro	1,43 metro

a) Qual dos alunos é mais alto?
b) Qual dos alunos é mais baixo?
c) Escreva os cinco números em ordem decrescente.

5. Adição e subtração de números decimais

Dona Sílvia vai ao banco pagar as contas do mês. Para saber quanto ela gastará no total, fazemos:

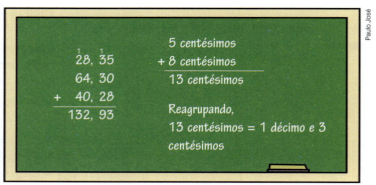

Devemos somar centésimos com centésimos, décimos com décimos, unidades com unidades e assim por diante. Isso fica mais fácil se colocarmos vírgula embaixo de vírgula.

Dona Sílvia tem no banco R$ 456,78. Se ela pagar as contas com esse dinheiro, quanto lhe sobrará?

Podemos acrescentar zeros à direita da parte decimal para visualizar melhor o que se passa nas adições ou subtrações.

Por exemplo:

8 − 0,94 = ?
8 = 8,00

$$\begin{array}{r} 8,00 \\ -\ 0,94 \\ \hline 7,06 \end{array}$$

EXERCÍCIOS

32. Calcule mentalmente e anote os resultados.

a) 12 + 0,7
b) 15 − 0,5
c) 27 + 3,2
d) 15,8 − 0,8
e) 34 + 0,06
f) 4,8 + 11,2
g) 6 − 1,5
h) 1,71 + 0,09
i) 0,05 + 2,95
j) 8 − 0,01

33. (Saresp) Observe a tabela de preços desta lanchonete:

Calcule mentalmente: quanto você iria gastar se comprasse o lanche, o sorvete e o suco mais baratos?

34. Considere os números:

| 14 | 7,009 | 1,6 | 15,2 | 6,13 |

Calcule:

a) a soma dos dois números menores;
b) a soma dos dois números maiores;
c) a soma do número maior com o menor.

35. Na hora de registrar o valor da minha compra, que foi de R$ 9,15, o dono da padaria se enganou e trocou o 1 pelo 7. Quanto ele me cobrou a mais?

36. Qual é o perímetro do terreno?

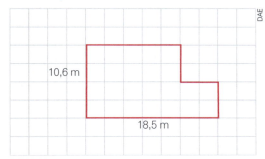

37. (UFRJ) Pedi R$ 30,00 emprestados a José Marco. Uma semana depois, devolvi R$ 22,00, mas acabei precisando recorrer novamente ao amigo, que me emprestou outros R$ 15,00. Acabo de pagar R$ 19,50 a José Marco. Qual é minha dívida atual com ele?

38. Uma das atividades favoritas de Rodolfo é andar de bicicleta. Mas, depois de tantas pedaladas, sua "máquina voadora" precisa de manutenção. Veja os gastos de Rodolfo com o conserto de sua bicicleta.

a) Qual é o valor total do conserto?
b) Rodolfo pagou com uma nota de R$ 50,00. Quanto ele recebeu de troco?
c) Escreva o valor do troco por extenso.

6. Multiplicando por 10, 100, 1 000, ...

Quanto é 10 · 0,01? E 10 · 0,1?

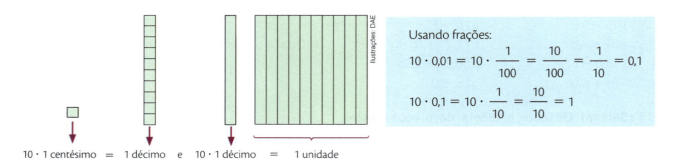

10 · 1 centésimo = 1 décimo e 10 · 1 décimo = 1 unidade

Usando frações:

$10 \cdot 0{,}01 = 10 \cdot \dfrac{1}{100} = \dfrac{10}{100} = \dfrac{1}{10} = 0{,}1$

$10 \cdot 0{,}1 = 10 \cdot \dfrac{1}{10} = \dfrac{10}{10} = 1$

Como nosso sistema é decimal, fazemos grupos de dez: 10 vezes 1 centésimo resulta 1 décimo.

$$10 \cdot 0{,}01 = 0{,}1$$

Da mesma forma,

$$10 \cdot 0{,}1 = 1$$

Digite na calculadora um número decimal qualquer. Multiplique-o por 10. O que aconteceu com a posição da vírgula?

Quando multiplicamos por 10, os centésimos passam a ser décimos; e os décimos, a ser unidades. Na prática, isso equivale a deslocar a vírgula uma casa para a direita.

Usando a mesma ideia, podemos verificar que para multiplicar por:

- 100, deslocamos a vírgula duas casas para a direita;
- 1 000, deslocamos a vírgula três casas para a direita;
- 10 000, deslocamos a vírgula quatro casas para a direita, e assim por diante.

Veja exemplos:

- $0{,}068 \cdot 100 = 6{,}8$
- $2{,}036 \cdot 100 = 203{,}6$
- $0{,}00132 \cdot 1\,000 = 1{,}32$
- $5{,}4 \cdot 1\,000 = 5\,400$

Observe que foi necessário acrescentar zeros para que a vírgula se deslocasse três casas para a direita.

Na calculadora, efetue 0,000145 ⊠ 100 000. O que ocorreu com a posição da vírgula?

Você também pode usar a forma fracionária do número decimal.

- $0{,}47 \cdot 10 = \dfrac{47}{100} \cdot 10 = \dfrac{47 \cdot \cancel{10}^{1}}{\underset{10}{\cancel{100}} \cdot 1} = \dfrac{47}{10} = 4{,}7$

- $18{,}5 \cdot 10 = \dfrac{185}{10} \cdot 10 = \dfrac{185 \cdot \cancel{10}}{\cancel{10} \cdot 1} = 185$

A vírgula estaria à direita do 5, mas não precisa ser escrita.

E as divisões por 10, 100, 1 000, ...? Como ficam?

Quando dividimos por 10, unidades passam a ser décimos, décimos passam a ser centésimos e assim por diante. Na prática, dividir por 10 equivale a deslocar a vírgula uma casa para a esquerda.

- 2,8 : 10 = 0,28
- 43,7 : 10 = 4,37
- 123 : 10 = 12,3

Ao dividir por 10, duas unidades passam a ser dois décimos, e oito décimos passam a ser oito centésimos.

Quando dividimos por:

- 100, deslocamos a vírgula duas casas para a esquerda;
- 1 000, deslocamos a vírgula três casas para a esquerda;
- 10 000, deslocamos a vírgula quatro casas para a esquerda, e assim por diante.

Veja exemplos:

- 589 : 1 000 = 0,589
- 0,8 : 100 = 0,008
- 46,2 : 1 000 = 0,0462

Foi necessário acrescentar zeros para deslocar a vírgula duas casas para a esquerda.

Usando a forma fracionária:

- $21,4 : 100 = \dfrac{214}{10} : 100 = \dfrac{214}{10} \cdot \dfrac{1}{100} = \dfrac{214}{1000} = 0,214$

Podemos escrever, por exemplo:
2,38 = 238 : 100
12,45 = 1 245 : 100
1 656 = 1,656 · 1 000

EXERCÍCIOS

NO CADERNO

39. Veja os preços e responda:

R$ 0,83   R$ 0,03

a) Quanto custam 10 bombons?
b) Quanto custam 100 bombons?
c) Quanto custam 10 pregos?
d) Quanto custam 100 pregos?

40. Responda.

a) Quanto é 0,5 · 10 · 10?
b) Quanto é 0,5 · 100?
c) Multiplicar por 10 e, depois, por 10 de novo, é o mesmo que multiplicar por quanto?

41. Você ganha R$ 29,75 por dia. Quanto ganhará em 10 dias?

42. Qual é o valor unitário de cada parafuso?

43. Calcule.

a) 5,237 · 10
b) 4,169 · 100
c) 8,63 · 1 000
d) 0,287 · 100
e) 1 000 · 0,9
f) 10 · 0,3
g) 4,83 : 10
h) 674,9 : 100
i) 0,08 : 10
j) 7 814,9 : 1 000
k) 0,017 : 100
l) 6 312,4 : 1 000

7. Multiplicação de números decimais

Se o quilograma do queijo prato custa R$ 29,64, quanto se paga por 2 kg desse queijo?

Para saber, temos de efetuar 2 · 29,64.

Fazemos com facilidade 2 · 2 964 = 5 928.

Como 2 964 = 29,64 · 100, o preço obtido é 100 vezes maior que o correto.

$$5\,928 : 100 = 59,28$$

Portanto, paga-se R$ 59,28 por 2 kg desse queijo.

Observe:

2 · 29,64

2 não tem casas decimais

29,64 tem duas casas decimais

O produto 2 · 29,64 = 59,28 tem

0 + 2 = 2 casas decimais.

E quanto custa 1,6 kg do mesmo queijo?

Mais uma vez devemos multiplicar a quantidade de queijo pelo preço do quilo: 1,6 · 29,64.

Fazemos 16 · 2 964 = 47 424.

Como 16 = 1,6 · 10 e 2 964 = 29,64 · 100, o preço obtido é 1 000 vezes maior que o correto.

$$47\,424 : 1\,000 = 47,424$$

Então, arredondando os centavos, 1,6 kg do queijo custa R$ 47,42.

Observe:

1,6 tem 1 casa decimal

29,64 tem 2 casas decimais

O produto 1,6 · 29,64 = 47,424

tem 3 casas decimais.

INTERAGINDO

Multiplicando 2 por um número menor que 1, como 0,8, por exemplo:

$$2 \cdot 0,8 = 1,6$$

O produto 1,6 é menor que 2.

1. Usem a calculadora para efetuar 84,5 · 0,38. O produto obtido é maior ou menor que 84,5?

2. Discutam: o que acontece com o produto quando multiplicamos um número por outro menor que 1?

3. Multipliquei um número com três casas decimais por um número com uma casa decimal. O produto terá quantas casas decimais?

4. Se 128 · 34 = 4 352, qual o resultado de 1,28 · 3,4?

5. Cinco centésimos de quarenta segundos são quantos segundos?

6. Copiem as operações que têm o mesmo resultado.
    a) 2,8 · 10 : 100
    b) 0,028 · 100 : 1 000
    c) 2,8 : 10
    d) 1 000 · 2,8 : 10

EXERCÍCIOS

44. Quanto é:

a) o dobro de 0,65?

b) o triplo de 9,5?

c) 20 vezes 13 centésimos?

d) 3 vezes 175 milésimos?

45. Um teste é composto de três partes. Cada item da parte A vale 0,5 ponto, cada item da parte B vale 1,0 ponto e cada item da parte C vale 0,25 ponto. Mauro acertou três itens da parte A, quatro itens da B e cinco itens da C. Qual foi sua nota no teste?

46. A padaria estava fazendo a seguinte oferta na venda de pães:

Pão de coco
Unidade: R$ 0,45
Leve 6 e pague 5

Gustavo aproveitou a oferta e levou 14 pães. Quanto ele pagou?

47. Carolina foi à padaria com R$ 30,00 e comprou 11 pães de queijo, uma bandeja de iogurte, $\frac{1}{2}$ kg de queijo e 3 litros de leite. Com base nos preços dos produtos abaixo, qual foi o troco que Carolina recebeu?

Produto	Preço (R$)
leite (litro)	1,95
iogurte (bandeja)	3,75
pão de queijo (unidade)	0,48
queijo (quilograma)	18,00

48. Numa corrida de táxi, o valor fixo (bandeirada) é de R$ 8,90, e cada quilômetro rodado vale R$ 2,40. Quanto se pagará em reais por uma corrida de 15 km?

49. Uma companhia de telefonia celular cobra R$ 0,29 por minuto em ligações locais para outros celulares e R$ 1,87 por minuto em ligações a distância. Roberta fez 8 ligações locais para outros celulares de 2,5 minutos cada e 2 ligações a distância de 0,5 minuto cada. Levando-se em conta apenas o preço do minuto em cada ligação, quanto Roberta vai pagar à companhia telefônica?

50. (CPII-RJ) No lançamento do sabão BOM, o fabricante fez a seguinte promoção:

Suponha que o poder de limpeza do sabão BOM seja idêntico ao do sabão UNO, cuja caixa de 500 gramas custa R$ 1,60.
Assinale a opção mais vantajosa (justifique sua resposta).

a) Comprar duas caixas do sabão BOM (em promoção).

b) Comprar quatro caixas de 500 gramas do sabão UNO.

Estime produtos!

Os arredondamentos podem ajudar-nos a estimar produtos de números decimais, evitando erros.

Veja:
7,9 · 30,4 = ?
Estimamos o produto arredondando:

7,9 ⟶ 8
30,4 ⟶ 30   8 · 30 = 240

O produto deve estar próximo de 240.

De fato:
7,9 · 30,4 = 240,16

Se, por engano, você colocasse a vírgula na posição errada, como 24,016, sua estimativa ajudaria a detectar o erro.

Sabe como eu fiz para calcular mentalmente 4,1 · 20? Quatro vezes vinte é oitenta. Um décimo de vinte é dois. Então 4,1 · 20 é 82.

REFLETINDO

Como você calcularia mentalmente 1,5 · 64?

EXERCÍCIOS

NO CADERNO

51. Calcule mentalmente.

a) 5 · 0,8
b) 3 · 0,6
c) 0,9 · 0,7
d) 0,5 · 36 · 2
e) 7,18 · 2 · 5
f) 0,25 · 14,3 · 4

52. Se o produto de 16 por 457 é igual a 7 312, qual é o produto de 16 por 45,7?

53. Dona Carmela foi à feira e comprou 2,5 kg de feijão. Quanto gastou?

Cálculo mental

54. (SEE-RJ) Um padeiro usa a seguinte receita:

Receita para 100 pães de leite:

2 quilos de farinha

2 litros de leite

100 gramas de sal

1 tablete de fermento

Calcule mentalmente: qual quantidade de cada ingrediente o padeiro deve usar para fazer 150 pães do mesmo tipo?

55. Calcule mentalmente o preço de 21 laranjas.

6 laranjas por R$ 4,00

8. Divisão de números naturais com quociente decimal

Suponha que temos uma corda com 31 metros de comprimento e precisamos cortá-la em 5 pedaços de mesmo comprimento.

A operação a ser feita é 31 : 5.

```
3 1 | 5
 1    6
```

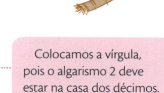

Usando somente os números naturais, obtemos quociente 6 e sobra 1 unidade.

Mas agora que conhecemos os números decimais, podemos prosseguir a divisão:

1 unidade = 10 décimos

10 décimos divididos por 5 resultam 2 décimos, e o resto é zero.

Veja, a seguir, como fica a divisão.

```
3 1  | 5
 1 0   6,2
   0
```

Colocamos a vírgula, pois o algarismo 2 deve estar na casa dos décimos.

Essa divisão tem quociente decimal.

Cada parte da corda deve ter 6,2 metros de comprimento.

Se quiséssemos dividir a mesma corda em 4 partes de comprimentos iguais, faríamos 31 : 4.

```
3 1  | 4
 3 0   7,75
   2 0
     0
```
→ centésimos
→ décimos

- 31 dividido por 4 dá 7 e sobram 3 unidades
- 3 unidades = 30 décimos
- 30 décimos divididos por 4 dá 7 décimos e sobram 2 décimos
- 2 décimos = 20 centésimos
- 20 centésimos divididos por 4 dá 5 centésimos e resto zero

Cada parte deveria ter 7,75 metros de comprimento.

E quando o dividendo é menor que o divisor, como em 1 : 8?

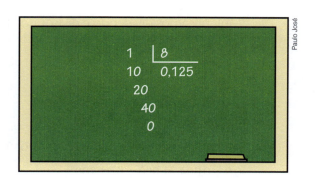

Como 1 é menor que 8, colocamos zero unidade no quociente, fazemos 1 unidade = 10 décimos e prosseguimos como nos exemplos anteriores.

9. Divisão de números decimais

Vimos que, numa divisão, o quociente não se altera quando multiplicamos dividendo e divisor por um mesmo número natural que não seja zero.

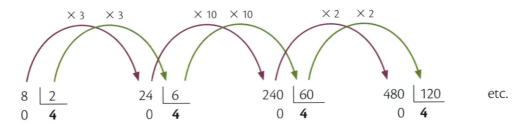

Usaremos essa propriedade e mais os conhecimentos sobre multiplicação por 10, 100, 1 000, ... para efetuar divisões entre números decimais.

Veja exemplos:

1. 2,4 : 1,6 =

Se multiplicarmos 2,4 por 10 e 1,6 também por 10, o quociente não se altera e ficamos com uma divisão de números naturais que já sabemos resolver.

2,4 : 1,6 = 24 : 16 = 1,5

```
 24 | 16
 80   1,5
  0
```

REFLETINDO

1. 0,1 é quantas vezes menor que 10?
2. Por quanto devemos multiplicar 0,05 para obter 1,45?

2. 15,12 : 2,7 =

Para ficarmos com uma divisão entre números naturais, devemos multiplicar o dividendo e o divisor por 100.

15,12 : 2,7 = 1512 : 270 = 5,6

```
1512 | 270
1620   5,6
   0
```

3. 3,2 : 5 =

Multiplicamos dividendo e divisor por 10.

3,2 : 5 = 32 : 50 = 0,64

```
 32 | 50
320   0,64
200
  0
```

4. 0,8 : 0,004 =

Multiplicamos dividendo e divisor por 1 000.

0,8 : 0,004 = 800 : 4 = 200

O quociente de dois números decimais pode ser um número natural!

800 : 4 dá para dividir mentalmente!

EXERCÍCIOS

56. Quatro amigos foram jantar num restaurante e gastaram R$ 51,00. Dividiram a despesa em partes iguais. Quanto pagou cada um?

57. Observe a tabela abaixo. Note que está incompleta.

Produto	Preço unitário (R$)	Quantidade	Preço total (R$)
leite		10	28,30
bolacha	0,65	12	
margarina		6	13,50
pão de queijo	1,30		7,80

Quanto vou gastar comprando uma unidade de cada produto da tabela?

58. Calcule.

a) 7,2 : 1,8
b) 5,6 : 0,7
c) 13,5 : 5
d) 144 : 0,25
e) 72 : 0,09
f) 3,6 : 5

59. Na figura estão representados polígonos regulares dos quais se conhece o perímetro.

Perímetro: 39 cm

Perímetro: 46 cm

Qual é a medida do lado de cada figura?

60. Calcule mentalmente.

a) 0,76 : 10
b) 0,76 : 100
c) 0,76 : 1000
d) 0,76 : 0,1
e) 0 : 9,8
f) 4,2 : 0,6

61. João usou 561 metros de arame para cercar um terreno. A cerca ficou com 4 voltas de arame. Qual é o perímetro desse terreno?

62. No supermercado Tudo Barato, a garrafa do refrigerante Pek Cola de 2 litros custa R$ 3,89. Mais adiante, em outra gôndola (prateleira), há um cartaz indicando:

Promoção: Leve 6 garrafas (2 litros) de Pek Cola por R$ 23,34

Há desconto na compra de 6 refrigerantes? Justifique sua resposta.

63. Veja os preços das fotocópias numa papelaria:

Cópia	Preço (R$)
simples	0,15
colorida	2,40

Eu tinha R$ 10,00 e pedi 3 cópias coloridas de uma gravura. Com o dinheiro restante, quantas cópias simples poderei pagar?

64. Calcule o valor das expressões.

a) 5,06 + 0,1 − 4,972
b) 3,5 : 0,2 − 0,08 : 0,8
c) 3,8 − 1,7 + 1,5 : 0,5
d) 5 · 1,6 − (2,18 · 0,4 − 0,36)
e) (6 · 1,2 − 5 · 0,8) − (5 − 2 · 1,9)

Dízimas periódicas

Vamos efetuar 5 : 11.

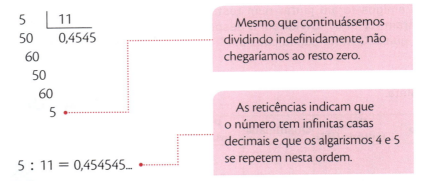

Mesmo que continuássemos dividindo indefinidamente, não chegaríamos ao resto zero.

As reticências indicam que o número tem infinitas casas decimais e que os algarismos 4 e 5 se repetem nesta ordem.

5 : 11 = 0,454545...

0,454545... ou $0,\overline{45}$ é uma dízima periódica. Seu período é 45.

> Faça os cálculos no caderno e verifique quais quocientes representam dízimas periódicas.
> a) 8 : 33 b) 17 : 8 c) 238 : 35 d) 43 : 15

CONECTANDO SABERES

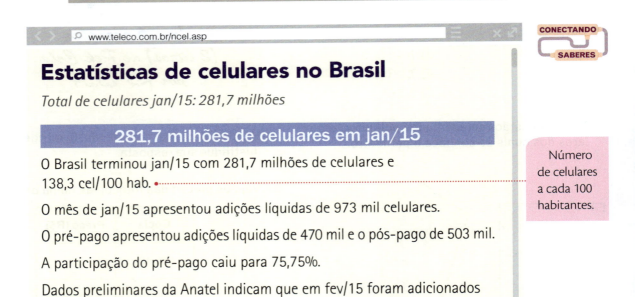

www.teleco.com.br/ncel.asp

Estatísticas de celulares no Brasil

Total de celulares jan/15: 281,7 milhões

281,7 milhões de celulares em jan/15

O Brasil terminou jan/15 com 281,7 milhões de celulares e 138,3 cel/100 hab.

O mês de jan/15 apresentou adições líquidas de 973 mil celulares.

O pré-pago apresentou adições líquidas de 470 mil e o pós-pago de 503 mil.

A participação do pré-pago caiu para 75,75%.

Dados preliminares da Anatel indicam que em fev/15 foram adicionados 392 mil acessos móveis no pré-pago.

Número de celulares a cada 100 habitantes.

> Observe que, na notícia, escreveu-se 281,7 milhões de celulares em vez de 281 700 000. Esse tipo de registro é comum nas mídias, pois muitas vezes é mais econômico, rápido e evita erros: é mais fácil escrever 2,1 bilhões ou 2 100 000 000?
>
> Agora você pratica no caderno.
>
> 1. Escreva por extenso.
>   a) 973 mil b) 2,75 milhões
>
> 2. Use o registro mais econômico para escrever:
>   a) 36 800 b) 1 200 000 c) 4 500 000 000

EXERCÍCIOS

65. Um grupo de 160 amigos fará uma excursão. Quantos micro-ônibus de 24 lugares eles deverão alugar?

66. Numa família, o pai ganhou R$ 1.645,71 em maio; R$ 1.709,08 em junho e R$ 1.650,00 em julho. Qual foi, aproximadamente, em reais, a renda média mensal?

67. (Vunesp) Uma papelaria copiadora tem a seguinte tabela de preços:

Nº de cópias de um mesmo original	Preço por cópia
de 1 a 49	R$ 0,15
de 50 a 99	R$ 0,10
100 ou mais	R$ 0,08

Baseando-se nessa tabela, um professor que dispõe da quantia exata de R$ 8,90 para fazer cópias de um mesmo original poderá solicitar, no máximo:

a) 110 cópias.
b) 111 cópias.
c) 112 cópias.
d) 113 cópias.

68. (Cesgranrio-RJ) Ao caminhar 100 metros, uma mulher dá, em média, 120 passos. Quantos passos uma mulher dará, em média, ao caminhar 750 metros?

69. (NCE-UFRJ) Saí com uma nota de R$ 20,00, uma nota de R$ 5,00, uma nota de R$ 2,00, duas moedas de R$ 0,25 e três moedas de R$ 0,05 no bolso. Passei no açougue e comprei uma peça de carne pela qual paguei R$ 18,30. No botequim da esquina, gastei R$ 6,70 tomando um refrigerante e comendo dois pastéis. Cheguei na padaria e quero comprar pãezinhos. Cada pãozinho custa R$ 0,12. Posso então comprar, no máximo, a seguinte quantidade de pãezinhos:

a) 14
b) 19
c) 22
d) 25

70. (CPII-RJ) Na escola de Eduardo, há uma biblioteca na qual cada aluno pode levar até 5 livros emprestados por mês. A escola fez uma pesquisa para verificar a quantidade de livros lidos por turma durante um mês. O resultado da turma de Eduardo pode ser verificado no gráfico abaixo.

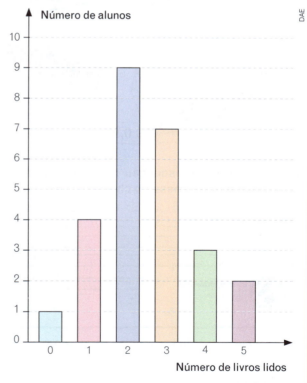

a) Qual é o número de alunos da turma de Eduardo?
b) Qual é a média de livros lidos, por aluno, nesta turma?

NÚMEROS DECIMAIS **225**

REVISANDO

71. Ordene os preços seguintes, do mais barato ao mais caro.

72. O avô de Pedro esqueceu os óculos e pediu ao neto que preenchesse o cheque.

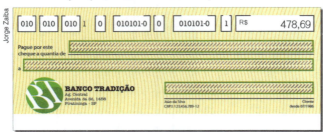

Escreva por extenso o valor do cheque.

73. (Fesp-RJ) $\frac{2}{5}$ de 24 reais são:

a) 9 reais.
b) 9 reais e 6 centavos.
c) 9 reais e 60 centavos.
d) 9 reais e 66 centavos.

74. Calcule o número representado por ▨ em cada sentença.

a) ▨ + 6,1 = 10
b) ▨ − 7,3 = 22,82
c) ▨ + 2 + 0,4 + 1,3 = 19,8

75. Utilize os números representados nos quadros para completar as frases.

29,9	30	29,5	1,9
1,09	2,08	2,1	2

a) ▨ é o menor número
b) ▨ é o maior número
c) ▨ é um inteiro e noventa centésimos
d) ▨ está situado entre 2 e 2,1
e) ▨ está mais próximo de 30 do que 29,5

76. Veja a figura e escreva o nome dos três garotos, do mais baixo para o mais alto.

77. Complete com >, < ou =.

a) 0,85 ▨ 8,5
b) 0,3 ▨ 0,300
c) 6,0 ▨ $\frac{60}{10}$
d) 9,4 ▨ 4,9
e) 0,5 + 0,5 ▨ 1
f) 1,3 ▨ $1\frac{1}{2}$

78. Observe e responda.

Patrícia "pesa" 32,6 kg.

a) Quantos quilos tem Fernanda?

b) Quantos quilos tem Ricardo?

79. (Cesgranrio-RJ) A "terra" é uma moeda social criada em Vila Velha, comunidade da Região Metropolitana de Vitória. Essa moeda só circula na comunidade, e um real vale o mesmo que um "terra". Mas quem compra com "terra" paga mais barato. O preço do pãozinho é R$ 0,15, ou 0,10 "terra" e um refrigerante, que custa R$ 1,50, é vendido por 1,00 "terra". Comparado ao real, qual será o desconto para quem comprar 4 pãezinhos e 2 refrigerantes, pagando com "terra"?

a) 0,80
b) 1,20
c) 1,80
d) 2,40

80. (Obmep) Lucinda manchou com tinta dois algarismos em uma conta que ela tinha feito, como mostra a figura. Qual foi o menor dos algarismos manchados?

a) 4
b) 5
c) 6
d) 7
e) 8

81. O gráfico mostra o número de gols marcados por um time nos 5 jogos realizados em um campeonato. Qual é a média de gols por partida nesses 5 jogos?

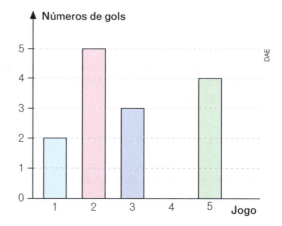

82. O comprimento do lado de um hexágono regular é 5 cm. Qual será o comprimento do lado de um pentágono regular com o mesmo perímetro desse hexágono?

83. (Cesgranrio-RJ) Um motorista parou em um posto para abastecer seu caminhão com óleo diesel. Ele pagou com uma nota de R$ 100,00 e recebeu R$ 5,75 de troco. Se o litro do óleo diesel custava R$ 1,45, quantos litros ele comprou?

NÚMEROS DECIMAIS **227**

84. Para encher completamente de óleo o recipiente maior, quais recipientes menores devem ser utilizados?

Encontre duas soluções diferentes.

85. Copie as expressões e coloque parênteses onde for necessário para que as afirmações sejam verdadeiras.

a) 3,3 − 1,1 + 2,2 = 0

b) 12,5 + 2 − 7 + 6,5 = 1

86. Calcule o valor das expressões.

a) 7,4 − 8 · 0,5

b) 1,9 + 7,2 : 2,4

c) 2,5 · 13 − 6,8

d) 3,2 : 4 − 0,018

e) 5 · (0,2 + 1,3)

f) 4,8 : 2 + 0,1 − 0,6

87. Calcule.

a) (0,5 + 0,7) : 0,3

b) (4 + 0,5) : (1 − 0,5)

c) (8 − 0,8) : (3 · 0,4)

d) (6 − 1,2 · 2) : (0,1 + 0,4)

88. Usando os algarismos 0, 6, 7 e a vírgula, escreva:

a) um número maior que 7;

b) um número maior que 6 e menor que 7;

c) um número maior que 0,6 e menor que 0,7.

DESAFIOS

89. Qual é o próximo número desta sequência?

0,1   0,5   2,5   12,5

90. O número 380 000 000 pode ser escrito da seguinte forma:

a) 38 milhões.

b) 3,8 bilhões.

c) 38 bilhões.

d) 0,38 bilhões.

91. Num debate entre quatro pessoas, o mediador fixou a seguinte regra:

"Cada assunto será discutido em, no máximo, 15 minutos. Dividindo 15 por 4, resulta 3,75. Portanto, cada debatedor tem direito a falar durante 3 minutos e 75 segundos".

O que há de errado nessa regra?

92. (FCC-SP) Um camelô comprou 600 canetas planejando revendê-las a R$ 2,75 cada uma. No entanto, algumas das canetas compradas estavam com defeito e não podiam ser vendidas. Para continuar recebendo a quantia planejada, o camelô aumentou o preço de venda para R$ 3,00. Quantas canetas estavam com defeito?

AUTOAVALIAÇÃO

NO CADERNO

Anote no caderno o número do exercício e a letra correspondente à resposta correta.

93. Quatro inteiros e setenta e dois décimos de milésimos é igual a:

a) 4,72
b) 4,0072
c) 4,072
d) 4,00072

94. Gilda completou a "conta" com os números que faltavam.

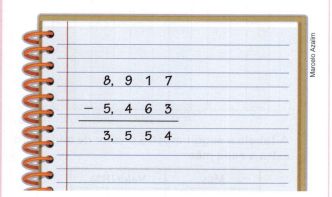

Cometeu erro na coluna dos:

a) inteiros.
b) décimos.
c) centésimos.
d) milésimos.

95. Examine a figura:

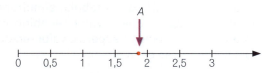

O ponto A corresponde a um dos números abaixo. A qual deles?

a) 2,25
b) 1,25
c) 1,45
d) 1,85

96. (Vunesp) Para encontrar a metade de 1 356, posso efetuar:

a) $1356 \cdot 0,5$
b) $1356 : 0,5$
c) $1356 \cdot 2$
d) $1356 : \dfrac{1}{2}$

97. O valor de $\dfrac{1}{3} + 2 + 0,75$ é:

a) $\dfrac{5}{4}$
b) $\dfrac{6}{7}$
c) $\dfrac{13}{10}$
d) $\dfrac{37}{12}$

98. (Obmep) Em 1998, a população do Canadá era de 30,3 milhões. Qual das opções abaixo representa a população do Canadá em 1998?

a) 303 000
b) 303 000 000
c) 30 300 000
d) 30 300 000 000

99. Dona Helena pagou R$ 3,58 por 0,25 kg de carne. O preço de 1 kg dessa carne é:

a) R$ 7,16
b) R$ 10,74
c) R$ 14,32
d) R$ 21,48

100. (UFRJ) Um motorista passa, em uma estrada, por um posto que cobra R$ 2,68 por litro de gasolina. Em seguida passa por outro posto, que cobra R$ 2,65 por litro, e resolve abastecer o seu carro com 45 litros de gasolina. Em relação ao preço do primeiro posto, ele fez uma economia de:

a) R$ 1,35
b) R$ 1,55
c) R$ 1,75
d) R$ 1,85

101. (Vunesp) Comprei uma garrafa de 2,5 litros de refrigerante e um pacote de bolachas, pagando um total de R$ 5,40. O refrigerante custou R$ 0,40 a mais que a bolacha. O custo de apenas um litro desse refrigerante foi:

a) R$ 1,08
b) R$ 1,16
c) R$ 1,00
d) R$ 1,10

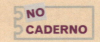

102. (Obmep) Alvimar pagou uma compra de R$ 3,50 com uma nota de R$ 5,00 e recebeu o troco em moedas de R$ 0,25. Quantas moedas ele recebeu?

a) 4
b) 6
c) 7
d) 8

103. (Cesgranrio-RJ) Severina foi ao mercado com R$ 3,00 para comprar 2 kg de feijão. Lá chegando, viu o cartaz:

Só hoje! Venda Especial

Feijão kg — R$ 1,50 R$ 1,10
Arroz kg — R$ 2,30 R$ 2,00
Batata kg — R$ 1,15 R$ 0,90
Mandioca kg — R$ 0,90 R$ 0,70
Tomate kg — R$ 1,10 R$ 0,90

Como os preços estavam mais baixos, Severina recebeu troco. Com esse troco ela poderia comprar:

a) 0,5 kg de arroz.
b) 0,5 kg de batata.
c) 1,0 kg de batata.
d) 1,0 kg de tomate.
e) 1,5 kg de mandioca.

kg é o símbolo de quilograma

104. (Cesgranrio-RJ) O gráfico abaixo apresenta a quantidade de arroz, em kg, consumida durante uma semana na Escola Central.

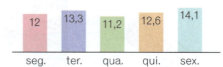

Escola Central
Semana de 31/08 a 04/09
Consumo de arroz (em kg)

seg. 12 ter. 13,3 qua. 11,2 qui. 12,6 sex. 14,1

Qual foi o consumo médio diário de arroz, em kg, nessa semana?

a) 10,48
b) 11,60
c) 12,64
d) 12,88

105. (Vunesp) O gráfico a seguir mostra o número de horas extras que um trabalhador fez nos 6 primeiros meses do ano passado.

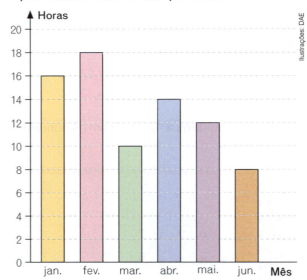

A tabela a seguir mostra o valor de cada hora extra a cada mês:

Mês	Valor (R$)
janeiro	8,00
fevereiro	8,50
março	9,00
abril	9,00
maio	9,50
junho	10,00

Analisando o gráfico e a tabela, simultaneamente, conclui-se que o valor recebido com horas extras em janeiro supera o valor recebido com horas extras em maio em:

a) 12,50
b) 13,00
c) 13,50
d) 14,00

106. (Prominp) Uma reportagem revelou que a Petrobras atingiu novo recorde de exportação: 22,72 milhões de barris de petróleo exportados em março de 2010. Desse total, $\frac{8}{25}$ foram exportados para os Estados Unidos e $\frac{1}{25}$, para o Canadá. Ao todo, aproximadamente, quantos milhares de barris foram exportados para esses dois países?

a) 4,26
b) 6,28
c) 8,18
d) 9,16

UNIDADE 13

Porcentagens

1. O que é porcentagem?

Se você abrir o jornal de hoje, provavelmente encontrará dados representados por meio de porcentagens.

Aprender porcentagens e os cálculos relacionados a elas nos ajuda a entender e utilizar melhor essas informações.

> O símbolo % se identifica com centésimos. Porcentagens são frações com denominador 100.

Veja os exemplos:

$\frac{85}{100} = 85\%$ — Lê-se: oitenta e cinco por cento.

$\frac{7}{100} = 7\%$ — Lê-se: sete por cento.

$\frac{12}{100} = 12\%$ — Lê-se: doze por cento.

$\frac{63}{100} = 63\%$ — Lê-se: sessenta e três por cento.

Frações de denominador 100 podem ser escritas na forma de porcentagem: $\frac{79}{100} = 79\%$.

E 100% (cem por cento), quanto é?

100% é $\frac{100}{100}$, ou seja, 100% é a totalidade. Veja alguns exemplos:

- Se uma classe tem 30 alunos, esses 30 alunos correspondem a 100% dos alunos da classe.
- Se tenho R$ 80,00 na carteira, então R$ 80,00 correspondem a 100% do que tenho na carteira.

50% de um número

Quando lemos um anúncio como este ao lado, sabemos que as mercadorias estão sendo vendidas pela metade do preço. Por quê?

Porque se 100% é o total, 50% é a metade do total. Observe:

$$50\% = \frac{50}{100} = \frac{1}{2}$$

Para calcular 50% de um total, basta dividi-lo por 2.
- 50% de 30 é 15, porque 30 : 2 = 15
- 50% de 46 é 23
- 50% de 7 é 3,5
- 50% de 0,8 é 0,4

Escreva no caderno outra maneira de dar a informação:
"Cinquenta por cento dos alunos da classe gostam de Geografia".

Como calcular 25% de um número?

Para calcular 25% de um número, basta dividi-lo por 4, pois $25\% = \frac{25}{100} = \frac{1}{4}$.

25% corresponde à quarta parte do total.

- 25% de 12 é 3, porque 12 : 4 = 3
- 25% de 200 é 50, porque 200 : 4 = 50
- 25% de 26 é 6,5, porque 26 : 4 = 6,5
- 25% de 3 é 0,75, porque 3 : 4 = 0,75

10% de um valor

Agora, imagine-se aproximando do caixa de uma loja e vendo o aviso ao lado.

Como sua compra soma R$ 20,00, você calcula:
20 : 10 = 2, e conclui que terá R$ 2,00 de desconto se pagar a compra à vista.

Você sabe por que, para calcular 10% de um valor, basta dividi-lo por 10?

Porque $10\% = \frac{10}{100} = \frac{1}{10}$.

10% corresponde à décima parte do total:
- 10% de 50 é 5
- 10% de 160 é 16

- 10% de 178 é 17,8
- 10% de 9 é 0,9

E quanto é 1%?

Para achar 1% de um total, basta dividi-lo por 100.

$1\% = \frac{1}{100}$, que é a centésima parte do total:
- 1% de 900 é 9
- 1% de 45 é 0,45
- 1% de 186 é 1,86
- 1% de 7 é 0,07

EXERCÍCIOS

1. Relativamente ao número total de quadradinhos na figura abaixo, qual é a porcentagem dos quadradinhos com a letra:

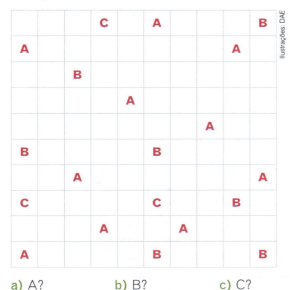

   a) A?   b) B?   c) C?

2. Represente, com fração e na forma de porcentagem, a parte colorida de cada uma das figuras:

   a)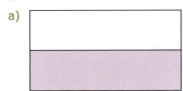

   b)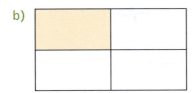

   c)

   d)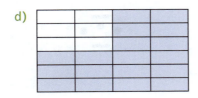

3. Escreva cada fração na forma de porcentagem.

   a) $\dfrac{47}{100}$ b) $\dfrac{7}{20}$ c) $\dfrac{2}{5}$ d) $\dfrac{3}{25}$

4. Escreva cada porcentagem na forma de fração irredutível.

   a) 20%   b) 45%   c) 5%   d) 80%

5. Escreva a porcentagem dos quadrados vermelhos, dos amarelos e dos azuis.

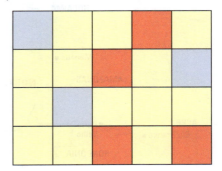

6. A geleia de morango contida na embalagem abaixo tem 28% de açúcar.

   a) O que significa a expressão 28% de açúcar?

   b) Qual é o peso do açúcar contido nessa embalagem de geleia?

7. Quanto é? Calcule mentalmente e anote os resultados.

   a) 50% de 600 reais
   b) 25% de 4 000 reais
   c) 10% de 2 800 ovos
   d) 20% de 2 800 ovos
   e) 1% de 2 800 ovos
   f) 100% de 350 gramas

2. Calculando porcentagens

Agora que sabemos o que é porcentagem, podemos trabalhar com diversas situações. Acompanhe.

1. Em 2001, as regiões Sudeste, Nordeste e Centro-Oeste do Brasil enfrentaram uma crise no fornecimento de energia elétrica. Os moradores de cada residência deveriam consumir 20% menos que a média de consumo dos meses de maio, junho e julho de 2000.

Fonte: IBGE. *Atlas Geográfico Escolar*, Rio de Janeiro: IBGE, 6 ed., 2012.

Vamos tomar como exemplo uma residência em que essa média de consumo tenha sido de 300 kWh. Nosso total é de 300 kWh. Precisamos calcular 20% de 300.
Neste exemplo, 300 kWh corresponde a 100%.

- 10% de 300 = 300 : 10 = 30
- 20% é o dobro de 10%

Então,
20% de 300 = 2 · 30 = 60.
Os moradores dessa residência teriam de economizar 60 kWh, ou seja, o consumo deveria cair para:
300 − 60 = 240 kWh.

2. As contas de energia elétrica na cidade de São Paulo têm 2% de multa se pagas com atraso. Numa conta de R$ 70,00, qual seria o valor da multa?

Veja uma forma bem simples de calcular e registrar os cálculos:

- 100% ⟶ 70
- 1% ⟶ 70 : 100 = 0,7
- 2% ⟶ 2 · 0,7 = 1,4

2% = 2 · 1%

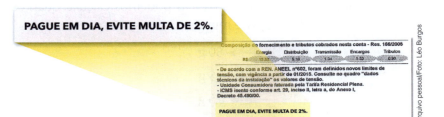

A multa seria de R$ 1,40.

3. Segundo dados do Censo 2010 realizado pelo IBGE (Instituto Brasileiro de Geografia e Estatística), o estado da Bahia tinha, em números redondos, nesse ano, 14 milhões de habitantes, dos quais 72% viviam na zona urbana. Com essa informação podemos afirmar que 28% da população da Bahia vivia na zona rural (campo), pois:

100% − 72% = 28%

⟶ porcentagem da população que vivia na zona rural;

⟶ porcentagem da população que vivia na zona urbana;

⟶ corresponde à população total do estado em 2010.

Dica!

Você sabe o que é e para que serve o Censo?

Além de servir para contar a população do país, o Censo coleta dados importantes sobre as condições de vida nos municípios, nos estados e nas regiões. Por exemplo: se há água, esgoto, energia elétrica, coleta de lixo; se as pessoas trabalham, estudam, moram em casa própria, quanto ganham por mês etc. O governo usa essas informações para, por exemplo, saber onde é preciso investir em escolas, hospitais, rede elétrica, criação de empregos e muitas outras coisas.

Podemos calcular também *quantas pessoas* viviam na zona rural:

Acho 1% dividindo o total por 100. Multiplico esse valor por 28 porque quero determinar 28% do total.

Ou seja, aproximadamente 3 920 000 pessoas viviam na zona rural da Bahia no ano de 2010.

4. Você quer ter boa saúde? Então faça exercícios físicos, pratique algum esporte e alimente-se de forma equilibrada, evitando doces, refrigerantes e frituras.
Consumir alimentos que contenham proteínas é essencial. O leite e o queijo, por exemplo, são fontes de proteína. Na composição do queijo de minas, 9% corresponde a proteínas. Usando as porcentagens básicas podemos calcular quantos gramas de proteína há numa fatia de 50 gramas de queijo de minas.

- 100% ⟶ 50 g
- 10% ⟶ 5 g
- 1% ⟶ 0,5 g

Como 9% = 10% − 1%, faremos 9% de 50 g = 5 − 0,5 = 4,5 g.
Portanto, numa fatia de 50 g de queijo de minas há 4,5 g de proteína.

Eu pensei diferente: Se 1% corresponde a 0,5 g, então 9% corresponde a 9 · 0,5 g, que é 4,5 g.

5. Você sabe o que é voluntariado? É a atividade em que as pessoas dão sua contribuição trabalhando em escolas, creches, hospitais e centros comunitários em seu tempo livre e sem receber por isso. Os alunos de certa escola fizeram uma pesquisa estatística. Eles entrevistaram pessoas perguntando se elas participavam de algum tipo de ação voluntária em sua cidade. Do total de entrevistados, 25% responderam afirmativamente à pergunta. Se esses 25% correspondiam a 150 pessoas, quantas pessoas foram entrevistadas pelos alunos?
O total de entrevistados corresponde a 100%.

- 100% = 4 · 25%
- 25% ⟶ 150
- 100% ⟶ 4 · 150 = 600

Os alunos entrevistaram 600 pessoas.

> Em sua escola há algum tipo de trabalho voluntário? E em seu bairro?
> Converse com seus colegas. Alguém conhece ações voluntárias com as quais vocês poderiam contribuir? Pensem nisso!

EXERCÍCIOS

8. Calcule mentalmente.

a) 10% de 400
b) 5% de 400
c) 15% de 400
d) 30% de 600
e) 5% de 600
f) 35% de 600

9. Continue calculando mentalmente.

a) 50% de 300
b) 10% de 300
c) 60% de 300
d) 100% de 800
e) 25% de 800
f) 75% de 800

10. Continue calculando mentalmente.

a) 10% de 500
b) 90% de 500
c) 100% de 500
d) 110% de 500

> Converse com seu colega sobre qual é a maneira mais fácil de fazer esses cálculos.

11. Observe o quadro de comparação de preços em três lojas.

Produto	Loja 1	Loja 2	Loja 3
A	R$ 860,00	R$ 900,00	R$ 960,00
B	R$ 4.020,00	R$ 4.300,00	R$ 4.500,00
C	R$ 14.700,00	R$ 15.600,00	R$ 16.000,00
Promoção	desconto de 10%	desconto de 15%	desconto de 20%

Onde será mais vantajoso adquirir cada um dos produtos indicados?

12. Numa lanchonete, Sílvia pagou R$ 6,50 por um sanduíche e um refrigerante e ainda deu uma gorjeta de 10% ao garçom.

a) Quanto o garçom recebeu de gorjeta?
b) Quanto Sílvia pagou no total?

13. Doze por cento de um lote de 4 200 peças de automóvel são peças defeituosas. Qual é o número de peças sem defeito?

14. Veja a figura:

Quantos gramas tem a embalagem em promoção?

15. Uma funcionária da minha escola tem um salário de R$ 1.280,00, mas ela não recebe essa quantia. Do valor do salário é descontado 8% para a previdência social. Quanto ela acaba recebendo?

16. O gerente de uma empresa recebeu a incumbência de distribuir um prêmio de R$ 12.000,00 entre três funcionários, de acordo com a eficiência de cada um. Se um deles recebeu 20% desse valor e um outro recebeu 55%, quantos reais recebeu o terceiro?

3. A forma decimal das porcentagens

Como identificamos o símbolo % com centésimos, as porcentagens podem ser escritas na forma decimal.

- $35\% = \dfrac{35}{100} = 0,35$
- $8\% = \dfrac{8}{100} = 0,08$
- $40\% = \dfrac{40}{100} = 0,40 = 0,4$

A forma decimal das porcentagens é bastante utilizada, principalmente para calcular porcentagens na calculadora.

Para calcular 43% de 200 na calculadora, basta fazer 0,43 · 200. Observe por quê:

$43\% = \dfrac{43}{100} = 0,43$

43% de 200 = 43% · 200 = 0,43 · 200

Indica multiplicação.

Então, 43% de 200 = 86.

> Faça na calculadora 0,35 · 18 para obter 35% de 18.

Falando de calculadoras...

A maioria delas possui a tecla . Como devemos usá-la?

Digamos que você queira calcular 17% de 150:

- digite 150;
- pressione a tecla ✕ da multiplicação;
- digite 17;
- pressione a tecla % .

Aparecerá no visor o resultado: 25,5.

> Use a calculadora e a tecla de porcentagem para determinar:
> a) 32% de 180
> b) 6% de 25

INTERAGINDO

Registrem no caderno:

1. Mostrem que:
   a) $150\% = \dfrac{3}{2}$
   b) $60\% = \dfrac{3}{5}$

2. Por qual número decimal devemos multiplicar um valor x para obter:
   a) 10% de x?
   b) 8% de x?
   c) 95% de x?

3. Invente um anúncio oferecendo um produto com 50% de desconto. Coloque o preço sem desconto. Troque de caderno com um colega. Cada um calcula quanto se pagará pelo produto com desconto. Destroquem os cadernos e confiram as respostas.

4. Peguem uma folha de papel quadriculado. Imaginem e desenhem nessa folha a planificação de um bairro de forma que cada item ocupe a porcentagem do total de quadradinhos indicada a seguir.
   - residências: 40%;
   - praças esportivas: 5%;
   - ruas e avenidas: 20%;
   - edifícios comerciais: 15%;
   - colégios: 5%;
   - áreas verdes: 15%.

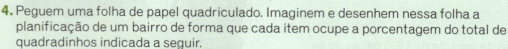

EXERCÍCIOS

17. Copie e complete o quadro.

Porcentagem	Número decimal	Fração
25%		
	0,35	
		$\frac{3}{4}$
	0,08	
3%		
		$\frac{1}{100}$
	0,7	
16%		

18. Calcule mentalmente.

a) 25% de 800

b) $\frac{1}{4}$ de 800

c) 0,25 de 800

Após calcular, responda: O que você concluiu?

19. Uma farinha com mistura de cereais tem 65% de trigo e 25% de milho.

a) Você acha que essa mistura contém apenas trigo e milho? Por quê?

b) Qual é o "peso" do trigo em 800 gramas dessa mistura?

20. Os quatro funcionários de uma loja arrumaram todos os CDs nas estantes.

O gráfico mostra a quantidade de CDs que cada funcionário arrumou.

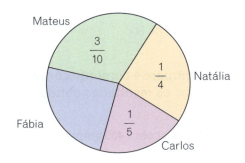

a) Que fração de CDs Fábia arrumou?

b) Que porcentagem de CDs Carlos arrumou?

21. Copie e complete o quadro.

15% de 200	0,15 · 200	30
32% de 500		
87% de 600		
4% de 900		

22. Em qual das lojas é preferível comprar? Por quê?

PORCENTAGENS 239

REVISANDO

23. Calcule.

a) 2% e 20% de 80

b) 5% e 50% de 80

c) 10% e 100% de 80

d) 200% e 300% de 80

> Compare e comente com os colegas os resultados obtidos.

24. Numa empresa com 1 400 empregados, 35% são mulheres.

a) Qual a porcentagem de homens?

b) Quantas mulheres trabalham na empresa? E quantos homens?

25. Comprei um refrigerador por R$ 1.400,00, a ser pago do seguinte modo:

a) Qual é o valor da entrada?

b) Qual é o valor de cada prestação?

26. (Saresp) Helena vende sanduíches naturais na cantina da escola e, devido ao aumento de custos, teve de reajustar os preços em 6%. Calcule qual será o novo preço de um sanduíche que custava, antes do aumento, R$ 2,50.

27. No gráfico, os dados indicam o resultado de uma pesquisa sobre iogurtes em uma escola. Cada pessoa pôde escolher somente um sabor.

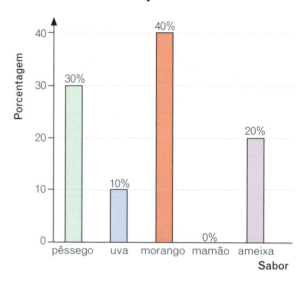

a) Qual foi o sabor preferido?

b) Qual foi o sabor que nenhum dos entrevistados indicou como preferido?

c) Se a pesquisa foi feita com 240 alunos da escola, determine quantos indicaram ameixa.

28. Em um supermercado, várias caixas iguais de bombons foram organizadas da forma que pode ser vista na figura abaixo.

O preço de cada caixa de bombons é R$ 18,50, mas vai ser vendida com 12% de desconto.

Qual é o valor que o supermercado vai arrecadar se vender todas as caixas de bombons mostradas na figura?

29. O conteúdo de um ovo pesa 84 gramas.

Veja o quadro e calcule aproximadamente a quantidade de água, proteínas e gordura que o ovo contém.

Água	Minerais	Proteínas	Gordura
65%	12%	12%	11%

30. Numa negociação salarial entre patrão e empregado, ficou decidida a concessão de um aumento, dividido em duas parcelas. Para isso, o patrão fez duas propostas:

I. Dois aumentos sucessivos, um de 15% e outro de 10%.

II. Dois aumentos sucessivos, um de 20% e outro de 5%.

Se o empregado tem um salário de R$ 1.600,00, qual proposta é mais vantajosa para ele?

31. Em um almoço num restaurante foram feitas despesas nos itens bebidas e prato principal. A nota de caixa relativa a essas despesas apresentava alguns números ilegíveis.

Veja abaixo o conteúdo dessa nota, e observe que cada algarismo ilegível está representado por um asterisco.

Verifique que sobre o consumo foi acrescentado 10% a título de serviço. Qual é o valor total da nota?

DESAFIOS NO CADERNO

32. Calcule mentalmente.

a) Se 4% de um número é 73, quanto será 40% desse número?

b) Se 30% de um número é 99, quanto será 3% desse número?

33. Um feirante pretendia obter R$ 1.000,00 com a venda de 500 abacaxis. Ao receber os abacaxis de seu fornecedor, constatou que 20% estavam impróprios ao consumo. Para conseguir a quantia prevista inicialmente, por quanto teve de vender cada abacaxi restante?

34. (UERJ) Um supermercado vende cada lata de um achocolatado por R$ 4,00 e cada pacote de biscoito por R$ 1,00. Para chamar a atenção dos clientes, ofereceu um desconto de 20% no preço da lata do achocolatado e de 10% no preço do pacote de biscoito, caso o cliente comprasse um "kit promoção" com 1 lata de achocolatado e 2 pacotes de biscoito.

a) Qual é o valor, em reais, do "kit promoção"?

b) Qual é o número máximo de "kits promoção" que uma pessoa poderá comprar com R$ 20,00?

PORCENTAGENS **241**

AUTOAVALIAÇÃO

NO CADERNO

Anote no caderno o número do exercício e a letra correspondente à resposta correta.

35. (UFRN) 25% da terça parte de 1026 é igual a:
a) 855
b) 769,5
c) 94,5
d) 85,5

36. Um aluguel de R$ 700,00, aumentado em 35%, passa a ser de:
a) R$ 735,00
b) R$ 845,00
c) R$ 945,00
d) R$ 950,00

37. (Saresp) Em uma chácara há um total de 350 árvores frutíferas, assim distribuídas:

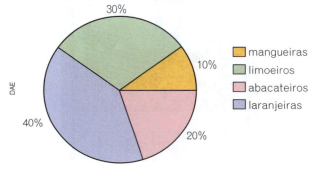

As quantidades de laranjeiras e mangueiras são, respectivamente:
a) 140 e 70
b) 140 e 35
c) 105 e 70
d) 140 e 105

38. Em uma fábrica, sobre o preço final do produto, sabe-se que:
- $\frac{1}{4}$ desse preço são salários;
- $\frac{1}{5}$ desse preço são impostos;
- 25% desse preço é o custo da matéria-prima;
- o restante é o lucro.

O percentual do preço que representa o lucro é:
a) 10%
b) 15%
c) 20%
d) 30%

39. Um artigo está sendo vendido com 15% de desconto sobre o preço de tabela. Então, para calcular o valor a ser pago pelo artigo, o preço de tabela deve ser:
a) dividido por 0,15.
b) dividido por 85.
c) multiplicado por 0,85.
d) multiplicado por 0,15.

40. (Ceetesp) Das 14 toneladas diárias da coleta seletiva de lixo, 37% são de alumínio (latas de refrigerante e cerveja).

Com o quilo de alumínio ao preço de R$ 0,70, a arrecadação no final de um dia é:
a) R$ 2.394,00
b) R$ 3.626,00
c) R$ 4.497,00
d) R$ 5.362,00

41. Na loja Compre Aqui, um modelo de televisor tem o preço de R$ 820,00 e pode ser comprado de duas formas:

> à vista, com desconto correspondente a 20% do preço;

> a prazo, com entrada correspondente a 10% do preço e o saldo acrescido de 30% de seu valor, pago em 5 parcelas iguais.

Carlos e Heitor compraram esse aparelho, o primeiro à vista e o outro a prazo. Quanto Heitor pagou a mais que Carlos?
a) R$ 378,00
b) R$ 357,60
c) R$ 324,80
d) R$ 385,40

242

UNIDADE 14

Medidas

1. O que é medir?

Veja, ao lado, várias situações que envolvem medidas. Em todas elas temos um número acompanhado de uma unidade de medida.

Medir é comparar. A unidade de medida é o padrão com o qual comparamos o que queremos medir.

A medida depende da unidade utilizada.

Vamos medir o segmento AB.

Acompanhe:

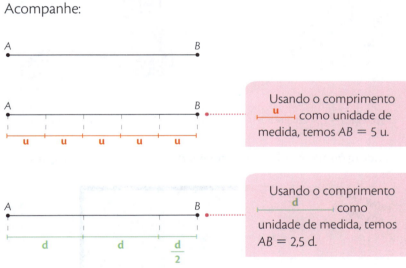

Usando o comprimento u como unidade de medida, temos AB = 5 u.

Usando o comprimento d como unidade de medida, temos AB = 2,5 d.

Se quero medir uma massa, comparo-a com outra massa tomada como unidade de medida.

Se quero medir um comprimento, comparo-o com outro comprimento tomado como unidade de medida.

MEDIDAS 243

O surgimento do sistema métrico decimal

Você já reparou como muitas vezes usamos partes do nosso corpo como unidade de medida de comprimentos?

— Estou a três passos de você!

— Passei a um palmo do poste.

— A barra deste par de calças precisa ser abaixada dois dedos.

Na realidade, durante muito tempo algumas partes do corpo humano foram usadas para medir. Nas medidas de comprimento, por exemplo, eram comuns unidades derivadas de partes do corpo dos reis de cada território.

Ainda hoje, principalmente nos Estados Unidos e na Inglaterra, são utilizadas algumas unidades que têm essa origem, como a polegada, o pé e a jarda.

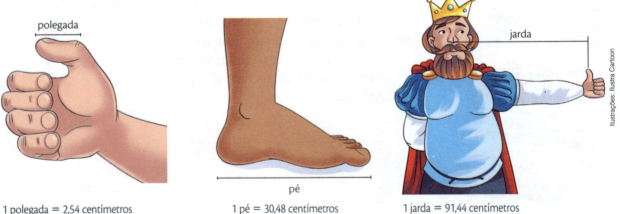

1 polegada = 2,54 centímetros   1 pé = 30,48 centímetros   1 jarda = 91,44 centímetros

Encontramos medidas em polegadas em algumas situações:

PROMOÇÃO TV 20 polegadas

Tubo PVC

diâmetro: $\frac{1}{4}$ polegada

Por muitos séculos, os padrões de medida variavam de um território para o outro. No entanto, com a expansão do comércio e o desenvolvimento das ciências, surgiu a necessidade de estabelecer unidades de medida mais universais, pois padrões diferentes geravam dificuldades e muitas confusões.

Em 1790, o rei Luís XVI, da França, decretou a criação de uma comissão de cientistas que tinha como missão criar um sistema padronizado de medidas para ser usado por todos. Um decreto, assinado na França em 1795, instituiu o chamado **sistema métrico decimal** (SMD), mas somente em 1840 ele foi definitivamente implantado nesse país.

O Brasil aderiu oficialmente a esse sistema em 1862.

2. Comprimentos no sistema métrico decimal

Para medir comprimentos, a unidade fundamental do sistema métrico decimal é o **metro**, cujo símbolo é **m**.

Mas o metro, só, não é suficiente. Para medir distâncias como a da Terra ao Sol é mais adequado usar uma unidade maior que o metro. Da mesma forma, ele não é conveniente para medir a espessura de um vidro de janela, por exemplo.

Por isso, partindo da unidade fundamental, o metro, obtemos seus múltiplos:

- 1 decâmetro (**dam**) = 10 metros
- 1 hectômetro (**hm**) = 100 metros
- 1 quilômetro (**km**) = 1 000 metros

Subdividindo o metro, obtemos seus submúltiplos:
- O decímetro (**dm**), que é a décima parte do metro ⟶ 1 dm = 0,1 m
- O centímetro (**cm**), que é a centésima parte do metro ⟶ 1 cm = 0,01 m
- O milímetro (**mm**), que é a milésima parte do metro ⟶ 1 mm = 0,001 m

O sistema métrico é decimal.

Nesta tabela podemos observar que cada unidade é 10 vezes maior que a unidade imediatamente à sua direita.

km	hm	dam	m	dm	cm	mm
1 000 m	100 m	10 m	**1 m**	0,1 m	0,01 m	0,001 m

Apesar de existirem e completarem a escala do sistema métrico decimal, algumas dessas unidades são pouco utilizadas na prática.

As unidades de medida de comprimento mais comuns são o metro, o quilômetro, o centímetro e o milímetro.

Responda no caderno: das unidades de medida de comprimento do sistema métrico decimal citadas, qual é a mais adequada para medir:

a) o comprimento da sala de aula?
b) o comprimento do seu lápis?
c) o diâmetro do seu lápis?
d) a distância entre duas cidades?

MEDIDAS **245**

Conversões entre unidades de medida de comprimento

Quilômetro e metro

Veja, ao lado, um desenho representando a chácara do senhor Siqueira. Para calcular quantos metros de arame são necessários para cercá-la, ele precisa somar as medidas de seu contorno. Só que não podemos operar com medidas que estão em **unidades diferentes**! É preciso convertê-las para a mesma unidade.

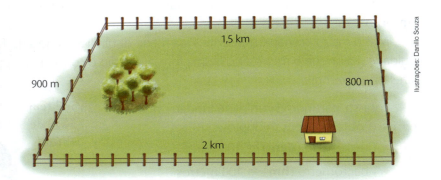

Fazer conversões entre as principais unidades de medida de comprimento do sistema métrico decimal não é difícil. Veja:

- 1 km = 1 000 m
- 2 km = 2 000 m
- 3 km = 3 000 m

e assim por diante.

> Para converter uma medida de quilômetros para metros, basta multiplicá-la por 1 000.

Multiplicar por 1 000 equivale a deslocar a vírgula três posições para a direita. Veja os exemplos:

- 1,5 km = 1 500 m
- 0,075 km = 75 m
- 8,26 km = 8 260 m

Então, para saber quantos metros de arame são necessários para cercar a chácara do senhor Siqueira, transformamos as medidas 1,5 km e 2 km em metros e calculamos o perímetro.

$$2\,000\text{ m} + 1\,500\text{ m} + 800\text{ m} + 900\text{ m} = 5\,200\text{ m}$$

Portanto, o perímetro dessa chácara é de 5 200 metros, e, se a cerca tiver somente uma volta, serão necessários 5 200 metros de arame.

Para escrever em quilômetros o perímetro de 5 200 metros, basta dividir 5 200 por 1 000:

5 200 m = 5,2 km

Entendi! Para converter uma medida de metros para quilômetros, basta dividi-la por 1 000, o que equivale a deslocar a vírgula três posições para a esquerda!

246

Metro e centímetro

Dona Marta pretende contornar esta toalha com renda. Assim como o senhor Siqueira, ela precisa converter as medidas a uma mesma unidade para calcular o perímetro da toalha e comprar a metragem correta de renda.

Agora estamos trabalhando com centímetros e metros:

- 1 m = 100 cm
- 2 m = 200 cm
- 3 m = 300 cm

e assim por diante.

> Para converter uma medida de metros para centímetros, basta multiplicá-la por 100.

E de centímetros para metros?

Não precisa nem falar, porque já entendi: para converter uma medida de centímetros para metros, devo dividir por 100, certo?

É isso mesmo! Veja exemplos:

- 38 cm = 0,38 m
- 125 cm = 1,25 m
- 70 cm = 0,7 m
- 3 cm = 0,03 m

Com essas informações podemos calcular quantos metros de renda dona Marta precisa comprar:

- 80 cm = 0,8 m

2 m + 2 m + 0,8 m + 0,8 m = 5,6 m

Então, ela precisa comprar 5,6 m de renda.

 INTERAGINDO

Agora é com você e seus colegas. No caderno, respondam às questões ou façam o que se pede.

1. Como se faz para converter uma medida:
   a) de metros para milímetros?
   b) de milímetros para metros?

2. Quantos:
   a) milímetros há em 3 centímetros?
   b) centímetros há em 50 mm?

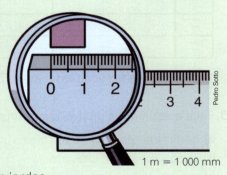

3. Descubram situações em que apareçam medidas em pés e em jardas.

4. Se 1 polegada é igual a 2,54 cm e 1 pé é igual a 30,48 cm, calculem quantas polegadas tem 1 pé.

5. Um avião comercial viaja a uma altitude de 36 000 pés. Usem arredondamento para a medida de 1 pé e calculem mentalmente a quantos metros essa altitude corresponde.

6. Escolham dois colegas para medir o comprimento da sala de aula. Eles devem usar o próprio passo como unidade de medida.
   a) As medidas obtidas foram iguais? Por quê?
   b) O passo é uma unidade de medida que não varia?

MEDIDAS 247

EXERCÍCIOS

1. A figura mostra uma régua graduada em centímetros, e cada um desses centímetros está dividido em 10 partes (milímetros).

   a) Qual é o comprimento do prego em centímetros?
   b) Qual é o comprimento do prego em milímetros?

2. Faça uma estimativa do comprimento de cada um dos segmentos:

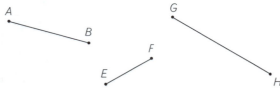

   Meça com uma régua o comprimento de cada um dos segmentos, copie e complete o quadro.

	Comprimento estimado	Comprimento medido
$\overline{AB}$		
$\overline{EF}$		
$\overline{GH}$		

   Você acha que fez boas estimativas?

3. Faça a estimativa destes comprimentos:
   a) comprimento de uma formiga;
   b) comprimento de um gato;
   c) comprimento de um lápis;
   d) comprimento de um automóvel;
   e) altura de um prédio de 10 andares.

4. Uma folha de cartolina tem 1 mm de espessura. Indique a altura de uma pilha com:
   a) 10 folhas;
   b) 20 folhas;
   c) 200 folhas;
   d) 2000 folhas.

5. Veja a seguir os números de uma competição de lançamento de peso. Os resultados obtidos pelas quatro primeiras classificadas foram os seguintes:

   Rita .... 9,23 m
   Clara.......... 8,4 m
   Ana .... 9,37 m
   Paula .... 8,35 m

   De acordo com os resultados acima, copie e preencha o quadro.

Classificação	Nome
1º lugar	
2º lugar	
3º lugar	
4º lugar	

6. Indique em metros:
   a) 12 metros e 70 centímetros;
   b) 29 metros e 6 centímetros.

7. Escreva em centímetros:
   a) 7 m
   b) 1,5 m
   c) 0,42 m
   d) 81,9 m
   e) 63 mm
   f) 2,8 mm

8. Escreva em metros:
   a) 65 cm
   b) 138 cm
   c) 5 cm
   d) 5 mm

9. Escreva:
   a) 4 km em metros;
   b) 0,5 km em metros;
   c) 1 cm em milímetros;
   d) 1 m em milímetros.

10. **(SEE-RJ)**
Uma agência de entregas só aceita encomendas em caixas se a soma das medidas das três dimensões for, no máximo, 2 metros.

Indique a única caixa abaixo que não será aceita para remessa por essa agência:

a) 70 cm × 50 cm × 50 cm
b) 80 cm × 60 cm × 40 cm
c) 80 cm × 70 cm × 60 cm
d) 70 cm × 60 cm × 40 cm
e) 1 m × 50 cm × 40 cm

11. Um agente é responsável pelo patrulhamento de uma rua de 175 metros de comprimento. Diariamente ele caminha 18 vezes de uma ponta à outra da rua. Quantos quilômetros ele caminha por dia?

12. Um automóvel está no quilômetro 33 de uma rodovia e percorre 1,5 km por minuto. Onde ele estará depois de 6 minutos?

13. Com o auxílio de uma vara que julgava ter 2 m, medi o comprimento de um fio elétrico e encontrei 40 m. Verifiquei depois que a vara media 2,05 m. Qual é o verdadeiro comprimento do fio?

14. O João das Pedras deixa cair uma pedrinha branca a cada 10 passos. Cada um dos seus passos mede 50 cm e ele tem 328 pedrinhas no bolso. Quantos metros ele já havia percorrido no momento em que deixou cair a última pedrinha?

15. Construí o esqueleto do cubo com espetinhos de madeira. Cada aresta é um espetinho e cada espetinho mede 8,4 cm. O comprimento total dos espetinhos utilizados ultrapassa 100 cm? Se sua resposta for sim, em quantos centímetros?

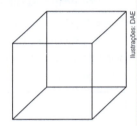

16. Quantos metros de arame são necessários para construir a grade desenhada abaixo?

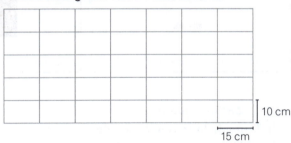

17. A figura abaixo representa um terreno de perímetro 65 m. Quanto mede a frente deste terreno?

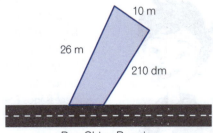

Rua Chico Buquira

MEDIDAS 249

3. Medindo superfícies

Quando se coloca carpete no piso de uma sala, forra-se a **superfície** desse piso.

À sua volta, você pode observar várias superfícies: no tampo de uma mesa, na folha do caderno, no vidro da janela, nas paredes.

Uma superfície pode ser medida. A medida de uma superfície é a sua **área**. Sabendo a área da sala, por exemplo, podemos comprar a quantidade correta de carpete, evitando a falta ou o desperdício de material.

Se para medir comprimentos utilizamos um comprimento como unidade de medida, para medir superfícies a unidade de medida deve ser uma superfície.

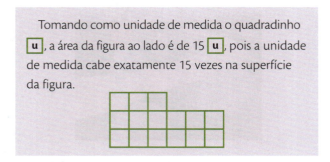

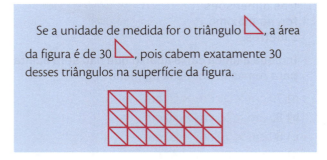

Podemos escolher outras superfícies como unidade de medida. No entanto, no sistema métrico decimal existem padrões para medidas de área.

A unidade fundamental de área nesse sistema é o **metro quadrado** (**m²**), que é a superfície ocupada por um quadrado de 1 metro de lado. Também são usados o centímetro quadrado (cm²) e o quilômetro quadrado (km²). Visualize no quadro a seguir essas unidades:

O quadrado de 1 cm de lado tem 1 cm² de área. | O quadrado de 1 m de lado tem 1 m² de área. | O quadrado de 1 km de lado tem 1 km² de área.

Então o quadrado de 1 mm de lado tem 1 mm² de área! Você consegue imaginar esse quadrado?

CONECTANDO SABERES

O Brasil ocupa uma área de 8 547 404 km².

Isso significa que se fosse possível "forrar" o solo brasileiro com quadrados de 1 km de lado, seriam necessários 8 547 404 quadrados.

Fonte: *Atlas Geográfico Escolar*. Rio de Janeiro: IBGE, 6. ed., 2012.

REFLETINDO

CONECTANDO SABERES

1. Que unidade de medida você usaria para medir a área:
   a) da capa do seu caderno?
   b) do piso da sala de aula?
   c) do estado do Amazonas?

2. Pisos cerâmicos, azulejos, carpetes, alguns tipos de tapetes etc. são vendidos por metro quadrado (m²) porque se destinam a cobrir superfícies. Reúna-se com alguns colegas e procurem anúncios desses tipos de produtos em jornais, revistas ou folhetos. Colem os anúncios em uma folha de cartolina e exponham na sala de aula.

4. A área do retângulo

Quantos quadrados de 1 cm de lado cabem no retângulo ao lado? Temos 3 fileiras de 4 quadrados cada:

$3 \cdot 4 = 12$ quadrados de 1 cm de lado

A área deste retângulo é $A = 12$ cm².

Repare que, para calcular a área de um retângulo, basta multiplicar a medida do comprimento pela medida da largura.

Se chamarmos o comprimento de c e a largura de ℓ, teremos:

$$A_{\text{retângulo}} = c \cdot \ell$$

Como no quadrado o comprimento é igual à largura, a área do quadrado de lado ℓ é:

$$A_{\text{quadrado}} = \ell \cdot \ell = \ell^2$$

REFLETINDO

Pense e responda no caderno.

1. Com uma lata de tinta pode-se pintar 30 m² de superfície. Será que 1 lata é suficiente para pintar um muro retangular de 8 m de comprimento por 3 m de altura?

2. Numa loja, os tapetes são vendidos por metro quadrado.
   a) Um tapete quadrado de 3 m de lado custa o mesmo que um tapete retangular de 4,5 m por 2 m. Você sabe dizer por quê?
   b) A franja usada no contorno dos tapetes é vendida por metro. Os dois tapetes vão consumir a mesma metragem de franja?

Ilustrações: Jorge Zaiba

EXERCÍCIOS

18. Se a área de um quadradinho é 1 cm², calcule:

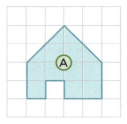
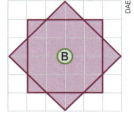

a) a área de A;

b) a área de B.

19. (SEE-RJ) As normas de arquitetura recomendam que um quarto de uma moradia tenha, no mínimo, 9 m². Qual das plantas abaixo representa um quarto que satisfaz a essa norma?

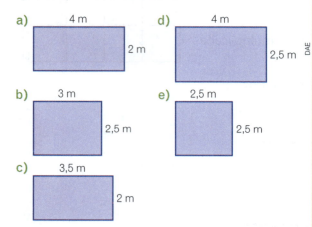

20. Calcule a área da figura.

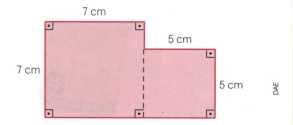

21. Quanto custa este anúncio no jornal, sabendo-se que 1 cm² de publicidade custa R$ 2,50?

22. Uma costureira confecciona 15 toalhas de retalhos por semana. Todos os retalhos têm formato de um quadrado de 30 cm de lado.

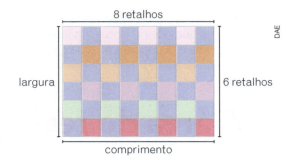

Observe as medidas da toalha e responda:

a) Quantos retalhos são utilizados na confecção de uma toalha?

b) Qual é, em centímetros, o comprimento da toalha?

c) Qual é, em centímetros, a largura da toalha?

d) Quantos metros quadrados de tecido são necessários para confeccionar uma toalha?

e) Quantos metros quadrados de tecido são necessários para confeccionar as toalhas de uma semana?

23. Uma casa possui 5 janelas, cada uma com 6 vidros retangulares de 30 cm de largura por 45 cm de comprimento cada um. Qual valor será gasto para colocar vidro em todas as janelas, sabendo-se que o m² de vidro custa R$ 80,00?

252

24. Observe a figura abaixo. Ela representa uma placa retangular de 12 m² de área.

Um corretor mandou confeccionar várias dessas placas, todas com 6 m de comprimento. Qual a largura de cada uma dessas placas?

25. Um pintor cobra R$ 1,50 por m² de parede pintada. Quanto ele cobrará para pintar as 4 paredes e o teto de um salão que mede 7 m de comprimento, 5 m de largura e 3 m de altura?

26. Quatro tiras de papel retangulares, de comprimento 10 cm e largura 1 cm, são colocadas sobre uma mesa umas sobre as outras, perpendicularmente, como mostra a figura. Qual é a área da mesa coberta?

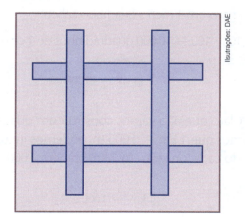

27. (CPII-RJ) Na torcida para a conquista do pentacampeonato, os meninos e as meninas de uma rua resolveram fazer, no chão da rua, uma figura colorida de verde, amarelo e azul.

Depois de muito discutir, fizeram o seguinte:

- marcaram no chão da rua um retângulo com 250 cm de comprimento e 150 cm de largura;
- marcaram a metade dos lados do retângulo;
- ligaram essas marcas formando o losango;
- pintaram o losango de amarelo;
- pintaram dois triângulos de verde e dois de azul.

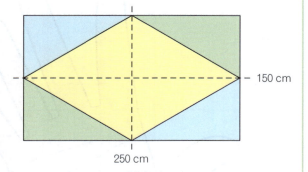

a) Quantos metros quadrados tem o retângulo?
b) Que fração da figura foi pintada de amarelo?
c) Que percentual da figura foi pintado de azul?
d) Eles usaram 3 latinhas de tinta azul. Quantas latinhas de tinta amarela, iguais às de tinta azul, eles usaram?

Relacionando km², m² e cm²

Consiga folhas de papel quadriculado (os quadradinhos devem ter 1 cm de lado). Emende-as com cuidado e, com auxílio da régua, trace um quadrado de 1 m de lado. Você construiu 1 m². Observe que ele tem 100 fileiras com 100 quadradinhos de 1 cm de lado em cada uma.

Então, em 1 metro quadrado cabem:

100 · 100 = 10 000 quadradinhos de 1 cm de lado, ou seja:

$$1\ m^2 = 10\,000\ cm^2$$

Claro que não vamos construir um quadrado de 1 km de lado usando papel quadriculado. Mas, como sabemos que 1 km = 1 000 m, podemos imaginar que em 1 km² há 1 000 fileiras de 1 000 quadrados de 1 m de lado cada, ou seja, em 1 km² cabem 1 000 · 1 000 = 1 000 000 de quadrados de 1 m de lado.

$$1\ km^2 = 1\,000\,000\ m^2$$

> Você é capaz de descobrir quantos cm² cabem em 1 km²?

Estimando áreas

Para estimar a área da figura ao lado, podemos contar os quadrados inteiros e agrupar de forma aproximada os que ficaram incompletos, obtendo um total de 13.

Como cada quadrado tem 0,25 cm², a área aproximada da figura é de 13 · 0,25 = 3,25 cm².

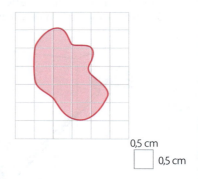

$A_\square = 0{,}5 \cdot 0{,}5 = 0{,}25\ cm^2$

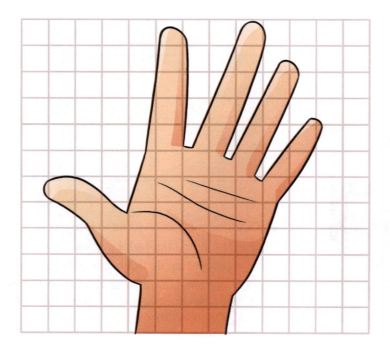

> Contorne a sua mão em uma folha de papel quadriculado (os quadradinhos devem ter 1 cm de lado) e determine a medida aproximada da área da palma da sua mão.

EXERCÍCIOS

28. Veja os dois quadrados da figura.

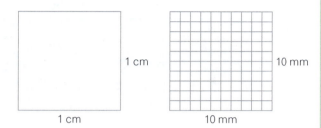

Quantos milímetros quadrados formam 1 cm²?

29. O Distrito Federal ocupa uma área aproximada de 5 814 km². Expresse esse valor em m².

30. Quantas mangueiras podem ser plantadas num terreno quadrado de 1 km de lado, reservando 50 m² para cada mangueira?

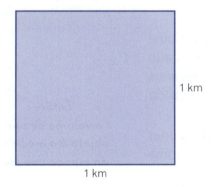

31. Abaixo mostramos o desenho de um terreno que tem forma irregular. Nesse quadriculado, o lado de cada quadradinho mede 10 m.

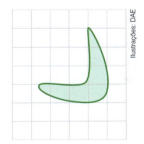

a) Quantos quadradinhos (aproximadamente) correspondem à área do terreno?
b) Qual é a área de cada quadradinho?
c) Qual é a área aproximada do terreno?

32. Qual é a área da figura?

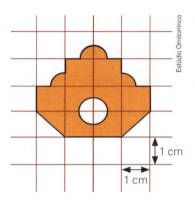

33. Qual é a área da figura?

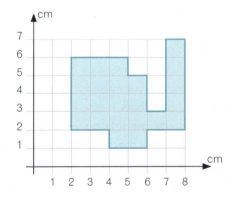

34. (Unicamp-SP) Quantos ladrilhos de 20 cm por 20 cm são necessários para ladrilhar um cômodo de 4 m por 5 m?

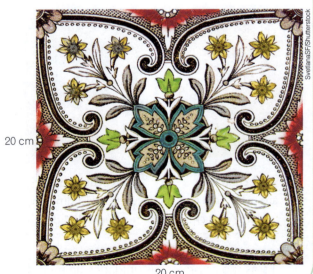

MEDIDAS 255

5. Volumes

Nos supermercados é comum encontrarmos produtos empilhados.

Quantas caixas de sabão em pó há nesta pilha?

◆ A pilha tem 2 camadas.

◆ Cada camada tem 8 · 3 = 24 caixas.

Então temos no total 48 caixas de sabão, pois 2 · 24 = 48.

Usando o mesmo raciocínio, calcule o número de caixas desta outra pilha.

Qual dos dois empilhamentos ocupa maior **volume**?

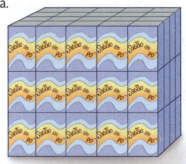

◆ Volume da 1ª pilha: 48 caixas.

◆ Volume da 2ª pilha: 60 caixas.

A segunda pilha tem maior volume.

Ao comparar o volume das duas pilhas, usamos como referência o volume de uma caixa de sabão. Nesse caso, o volume da caixa de sabão foi usado como unidade de medida do volume de cada empilhamento. No entanto, existem unidades de medida mais adequadas para medir o espaço ocupado por algo, ou seja, o volume.

Se para medir superfícies usamos a superfície de quadrados como padrão, para medir o espaço ocupado usaremos como padrão o volume de cubos.

Então o volume de um objeto é a medida do espaço que ele ocupa!

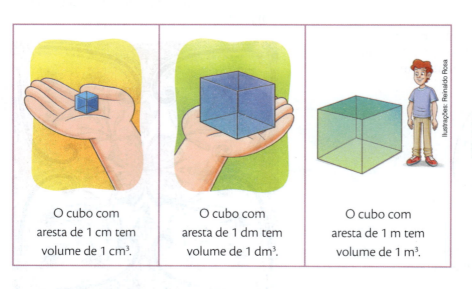

O cubo com aresta de 1 cm tem volume de 1 cm³.

O cubo com aresta de 1 dm tem volume de 1 dm³.

O cubo com aresta de 1 m tem volume de 1 m³.

Essas são as principais unidades de medida de volume do sistema métrico decimal. Para expressarmos o volume de um objeto, basta compará-lo com uma delas.

Volume do bloco retangular

Essas pilhas foram formadas com cubos de 1 cm de aresta. Elas têm formas diferentes, mas o mesmo volume.

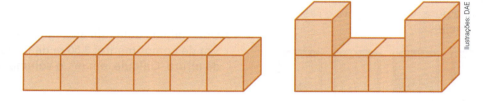

1. Qual é esse volume em centímetros cúbicos?
Se sua resposta foi 6 cm³, você acertou.

2. Desenhe em seu caderno outra pilha de forma diferente, mantendo o mesmo volume.

Será que para calcular, por exemplo, o volume de uma caixa em forma de bloco retangular teremos de preenchê-la com cubinhos de 1 cm³ e depois contá-los? Isso não seria muito prático...

Usaremos a ideia das camadas, como fizemos para contar as caixas de sabão empilhadas.

O bloco retangular da figura tem 5 cm de altura: temos 5 camadas de 1 cm.

Cada camada tem 10 · 8 = 80 cubinhos de 1 cm³.

Então o volume do bloco é:

V = 80 · 5 = 400 cm³

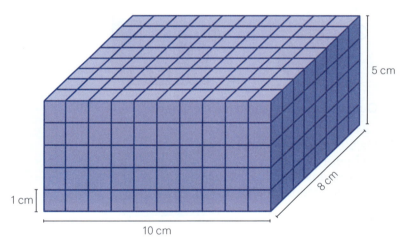

O volume de qualquer bloco retangular pode ser calculado usando este raciocínio:

V = comprimento · largura · altura   ou   V = c · ℓ · a

número de cubos por camada · número de camadas

comprimento largura altura

Lembrando que o cubo tem todas as arestas com a mesma medida, ou seja, comprimento = largura = altura, podemos calcular seu volume fazendo:

V = a · a · a = a³, em que a é a medida da aresta

MEDIDAS 257

EXERCÍCIOS

35. Em copos iguais com a mesma quantidade de água, mergulharam-se uma maçã, uma laranja, um limão e uma pera. Veja na figura o resultado dessa experiência.

a) Qual das frutas tem maior volume?
b) Há duas frutas que têm o mesmo volume? Quais são?

36. Um garoto fez várias construções com cubinhos todos iguais.

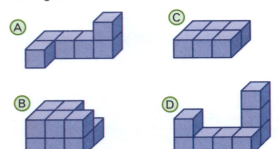

Qual construção ocupa mais espaço?

37. Os blocos retangulares da figura foram construídos com cubinhos todos iguais.

Quais deles têm o mesmo volume?

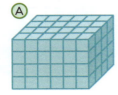
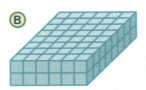
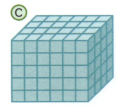

38. Quantas caixas A cabem dentro da caixa B?

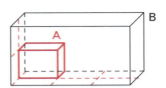

39. Uma caixa-d'água tem a forma de um cubo de 3 m de aresta. Qual é o volume dessa caixa?

40. Uma sala de aula tem as seguintes dimensões: 8 m de comprimento; 3,50 m de largura e 2,80 m de altura. Calcule, em m³, o volume da sala.

41. Um caminhão, como o da figura, é usado para transportar areia. Sabendo que a areia é comprada em metros cúbicos, quantas viagens faz o caminhão para entregar um pedido de 60 m³ de areia?

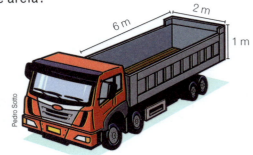

42. Observe as dimensões destas duas caixas cheias de um mesmo produto químico:

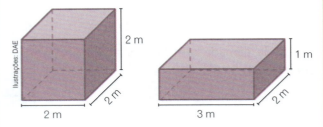

A primeira custa R$ 560,00 e a segunda, R$ 480,00. Qual a embalagem mais econômica para o comprador?

43. Vanessa arrumou os seus 48 CDs, formando com eles o bloco retangular representado na figura:

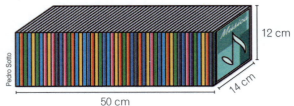

a) Que volume ocupam os CDs de Vanessa?
b) Calcule o volume de cada CD.

6. Quando usamos cada unidade?

As unidades de medida de volume estão presentes em nosso dia a dia.
O consumo de água em nossas casas, por exemplo, é medido em **metros cúbicos**.
Imagine um cubo medindo 1 metro por 1 metro por 1 metro.

Um consumo de 14 m³ indica que poderíamos encher completamente 14 cubos iguais ao que você imaginou com a água que gastamos nesse mês. É um volume grande, não?

O **centímetro cúbico** é usado para medir pequenos volumes (em laboratórios, por exemplo).

E o **decímetro cúbico**? Ele é muito importante. Sabe por quê?

Usando papel-cartão, tesoura e cola, recorte e monte um cubo de 1 dm de aresta, sem a face de cima ("tampa"), conforme o modelo ao lado. Reforce as arestas com fita adesiva. Forre por dentro com plástico para não haver vazamentos. Apoie o cubo sobre uma mesa e despeje em seu interior exatamente 1 litro de água, usando para isso um recipiente graduado. Se for difícil utilizar água, você pode substituí-la por grãos de arroz. O cubo ficará completamente cheio.

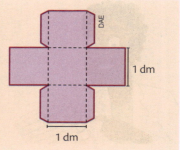

A capacidade de um cubo de 1 dm de aresta equivale a 1 litro.

O **litro**, que nós tanto usamos, equivale a 1 dm³.

$1 L = 1 dm^3$ símbolo do litro

Os fornos de micro-ondas têm sua capacidade interna dada em litros. As geladeiras também.

O litro é uma medida de capacidade, pois é um volume associado à ideia de "quanto cabe", de volume interno de um objeto que eventualmente pode ser totalmente preenchido, como uma garrafa, por exemplo.

Outra unidade de capacidade bastante usada é o **mililitro** (**mL**).

O mililitro é a milésima parte do litro.

$1 L = 1000 mL$

INTERAGINDO

Respondam no caderno.

1. Que unidade de medida vocês consideram mais adequada para medir:
   a) o volume de água num tanque com peixes?
   b) a capacidade de uma panela de pressão?
   c) a quantidade de xarope para medicar uma criança?
   d) o conteúdo de um vidro de perfume?
   e) o volume de terra retirado na construção de um túnel?

2. Quantos cubos com 3 cm de aresta cabem em uma caixa cúbica com 7 cm de aresta?

3. Com os colegas, procurem em jornais, revistas e folhetos anúncios ou textos que apresentem medidas em litros ou mililitros. Façam cartazes com os recortes e exponham-nos na sala de aula.

350 mL

10 mL

MEDIDAS 259

EXERCÍCIOS

44. Quando consultamos a quantidade dos produtos contidos em embalagens, observamos várias unidades de medida. Assim, as unidades de medida usuais, respectivamente, para os produtos desodorante, sabonete e caixa de leite são:

a) miligrama, quilograma e litro.
b) grama, quilograma e mililitro.
c) mililitro, grama e litro.
d) mililitro, quilograma e grama.

Escreva a alternativa correta no caderno.

45. Complete.

a) 1 L de refrigerante é o mesmo que ▨▨▨ mL de refrigerante

b) $\frac{1}{2}$ L de água é o mesmo que ▨▨▨ mL de água

c) $\frac{1}{4}$ L de leite é o mesmo que ▨▨▨ mL de leite

46. Considere os seguintes recipientes:

água mineral — refrigerante — leite — suco

Calcule mentalmente quantos recipientes são necessários para obter:

a) 14 L de refrigerante;
b) 30 L de água;
c) 8 L de leite;
d) 9 L de suco.

47. O sr. Quintino produziu 10 litros de licor de jabuticaba e vai encher 12 garrafas de 750 mL para vender na feira. Não havendo desperdício, quantos litros de licor sobrarão depois que ele encher todas as garrafas?

48. A jarra da figura tinha 1 litro de leite.

Sílvia colocou a mesma quantidade de leite em cada um dos 4 copos representados na figura e ainda ficaram na jarra 100 mL de leite. Quantos mililitros de leite foram colocados em cada copo?

49. (Saresp) Das alternativas abaixo, indique a que é mais vantajosa.

a) Comprar uma caixa de iogurte contendo 4 potinhos de 100 mL cada a R$ 2,00.
b) Comprar 2 potes de iogurte de 200 mL cada a R$ 2,40.
c) Comprar 1 litro de iogurte a R$ 3,00.
d) Comprar uma caixa de iogurte contendo 5 potes de 200 mL cada a R$ 3,50.

50. Uma torneira está estragada e, mesmo fechada, pinga. Durante meia hora a torneira perde 2 dm³ de água. Quantos litros de água a torneira perde em 1 dia?

Atenção!

Desperdício, não!
Desperdiçar água não significa só pagar mais pela conta todo mês. A água é um bem precioso e cada vez mais escasso em nosso planeta. Precisamos economizá-la se não quisermos que falte no futuro. Pense nisso!

7. Medidas de massa

Quem tem mais massa: uma formiga ou um elefante?

> **Atenção!**
> Os animais retratados ao lado estão fora de proporção.

Massa é a quantidade de matéria de um corpo.

A massa de um elefante é maior que a massa de uma formiga.

Para medir a massa de um corpo, devemos compará-la com uma massa-padrão.

No sistema métrico decimal, as principais unidades de medida de massa são:

- o **grama** (**g**);
- o **quilograma** (**kg**).

1 kg = 1000 g

> **REFLETINDO**
>
> 1. O que você costuma comprar em quilogramas? E em gramas? Dê exemplos.
> 2. A massa do elefante pode ser expressa em gramas ou quilogramas. Qual delas você usaria?

A milésima parte do grama é o **miligrama**, cujo símbolo é **mg**.

1 mg = 0,001 g
ou
1 g = 1000 mg

> **Atenção!**
> Nos exercícios desta coleção, utilizaremos, algumas vezes, a linguagem comum, ou seja, escreveremos "peso" para indicar a "massa".

Na composição de remédios, por exemplo, é comum encontrarmos massas expressas em miligramas.

Peso não é sinônimo de massa!

O peso de um corpo é a força com que um planeta, estrela etc. atrai esse corpo.

O peso de um corpo depende da gravidade!

Você já viu em filmes como os astronautas ficam "mais leves" na Lua? Isso acontece porque a gravidade na Lua é menor do que na Terra. Por consequência, o peso dos astronautas na Lua é menor do que na Terra. No entanto, a massa (quantidade de matéria) do astronauta é a mesma em qualquer lugar.

Como vivemos todos na Terra, ou seja, estamos todos sujeitos à mesma gravidade, é comum usar a palavra peso em vez de massa:

- Meu peso é de 54 kg.

O correto seria dizer:

- Minha massa é de 54 kg.

A **tonelada** (**t**) é utilizada para registrar massas grandes, como a carga de um caminhão ou de um navio.

1 t = 1 000 kg

Ainda podemos citar duas unidades que não são do sistema métrico decimal mas aparecem com frequência nas atividades agropecuárias: a **saca** e a **arroba**.

1 saca = 60 kg

A saca aparece no comércio de grandes quantidades de grãos, como soja, feijão e milho.

A carne bovina é vendida no atacado por arroba.

1 arroba = 15 kg

As variações dos preços de produtos agropecuários costumam ser divulgadas em jornais, em tabelas como esta:

AGROPECUÁRIA

Mercado Interno

Produtos	Mínimo	Máximo
Soja* (PR)	60,50	62,40
Milho* (PR)	24,00	25,00

Boi gordo** (à vista) 149,00

(*) R$ por saca de 60 kg na Bolsa de Cereais de São Paulo;   (**) R$ por arroba.

Pedro Sotto

Fonte: *canalrural.com.br*. Acesso em 20 abr. 2015.

No caderno, respondam às questões.

1. Que massa, colocada no outro extremo da gangorra, poderia equilibrar o menino?
   a) Uma massa de 30 g.
   b) Uma massa de 300 mg.
   c) Uma massa de 3 000 g.
   d) Uma massa de 30 kg.

2. a) Quantos quilogramas tem um boi com 30 arrobas?
   b) E 2 000 sacas de café têm quantas toneladas?

3. Num planeta com gravidade maior do que a da Terra, nosso peso aumenta ou diminui?
   E a nossa massa?

4. Combine com seus colegas uma pesquisa sobre o quilograma. O que é 1 kg? Como surgiu? Todos devem trazer o que encontraram para compartilhar em aula.

EXERCÍCIOS

51. Coloque em ordem crescente a massa dos bebês:

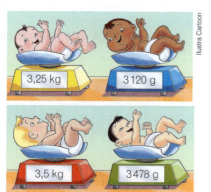

52. O pai de Carlos comprou 2,5 kg de laranja, 1,3 kg de pera e 850 g de maçã. Poderá transportar as compras num saco que só suporta 5 kg?

53. A mãe de Rúbia comprou:

- 2 kg de banana a R$ 2,57 o kg;
- 3,8 kg de laranja a R$ 1,90 o kg;
- 1,5 kg de maçã a R$ 4,58 o kg.

Quanto gastou a mãe da Rúbia?

54. Qual produto é mais leve?

55. Em quase todos os produtos vendidos em embalagens aparecem as inscrições "peso líquido" e "peso bruto". E o que é isso? Veja:

| Peso líquido: massa somente do produto. | Peso bruto: massa do produto com a embalagem. |

Com base nessa informação, responda:

Uma lata de doce tem peso bruto de 10 kg e peso líquido de 9,625 kg. Qual é, em gramas, o peso da embalagem?

56. Um paciente tomou 60 comprimidos durante um tratamento. Cada comprimido tem 25 mg. Quantos gramas de remédio ele ingeriu durante esse tratamento?

57. Leia o cartaz que foi encontrado num elevador e responda:

Qual é o número máximo de caixas de 28,3 kg que podem ser levadas numa só viagem?

58. Leandro trabalha em uma mercearia pesando quantidades variadas de azeitonas. O quadro abaixo mostra os pacotes que ele vai ter de preparar. A balança de Leandro indica o peso em gramas.

A	$\frac{1}{2}$ kg	D	$\frac{3}{8}$ kg
B	$\frac{1}{4}$ kg	E	$\frac{3}{2}$ kg
C	$\frac{1}{8}$ kg	F	$\frac{3}{4}$ kg

Que valores ele deve obter na balança para preparar os pacotes?

59. Em qual das situações o preço do sorvete é mais vantajoso?

REVISANDO

60. Qual é a altura de Lia?

61. O mapa mostra que para ir do bairro A até o bairro E há dois caminhos. As distâncias estão indicadas em quilômetros.

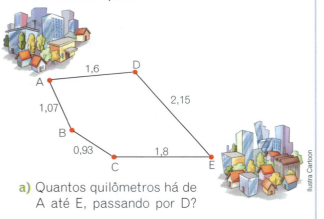

a) Quantos quilômetros há de A até E, passando por D?

b) Quantos quilômetros há de A até E, passando por B e C?

c) Qual é o trajeto mais comprido? Quantos metros a mais que o outro ele tem?

62. (Centro Paula Souza-SP) Marcelo viajava de avião, quando, pelo alto-falante, o comandante do voo deu uma série de informações técnicas, entre elas a de que estavam voando a uma altitude de 18 000 pés. Como está acostumado com o sistema métrico decimal, Marcelo ficou curioso e assim que chegou a seu destino fez uma pesquisa e descobriu que a unidade de medida pé equivale aproximadamente a 30 cm. Qual era, em metros, a altitude do avião?

63. O gráfico abaixo apresenta as alturas, em metros, dos jogadores de uma equipe de vôlei.

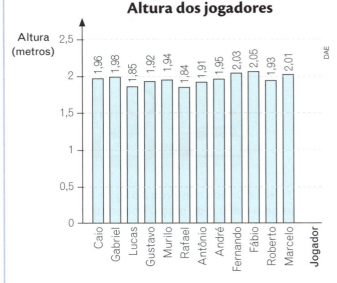

a) Qual é a diferença, em cm, entre as alturas de Fernando e de Murilo?

b) Se as alturas forem organizadas em ordem crescente, qual será o nome do jogador que ocupará a 6ª posição?

c) Utilize a calculadora e calcule aproximadamente a altura média dos jogadores.

64. Quantas pessoas formam uma fila de 222 metros de comprimento, se cada pessoa ocupa, em média, 60 cm?

65. Temos algumas réguas vermelhas que medem 5 cm e algumas réguas azuis que medem 8 cm.

a) Como você consegue medir exatamente 31 cm com essas réguas?

b) Como você consegue medir exatamente 17 cm com essas réguas?

66. (Encceja-MEC) A tabela indica os valores do imposto sobre propriedade rural em um determinado município.

Área da propriedade	Valor do imposto
Até 5 000 m²	isento
De 5 001 até 8 000 m²	R$ 50,00
De 8 001 até 50 000 m²	R$ 100,00
Acima de 50 000 m²	R$ 200,00

Sendo 1 hectare igual a 10 000 m², um proprietário de uma área com $\frac{3}{4}$ de hectare, com relação ao imposto:

a) estará isento.
b) pagará R$ 50,00.
c) pagará R$ 100,00.
d) pagará R$ 200,00.

67. Veja a planta de uma casa e responda:

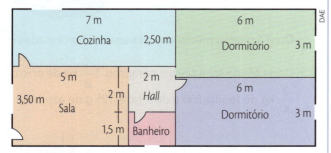

a) Qual é a área de cada dormitório?
b) Qual é a dependência de menor área?
c) Quantos m² de carpete são necessários para cobrir o piso da sala e do *hall*?
d) Quantos m² de cerâmica são necessários para cobrir o piso do banheiro e da cozinha?
e) Qual é a área total da casa?

68. A bandeira da França é formada por três faixas verticais de mesmo tamanho, nas cores azul, branco e vermelho.

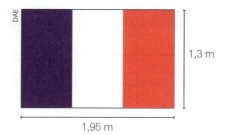

a) Calcule a área da bandeira.
b) Calcule a área correspondente a cada cor.

69. Um quadro de dimensões 30 cm por 30 cm recebe uma moldura cuja largura é de 2,5 cm.

Qual é a área em cm² que cobre somente a moldura?

70. Tomando como unidade o 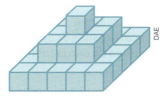, qual é o volume da construção abaixo?

71. Quando a caixa estiver cheia, quantos cubos "caberão":

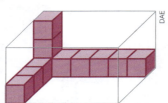

a) na camada inferior?
b) no total?

72. Cássia fez regime de emagrecimento e anotou seu progresso numa tabela:

Semana	Perda em quilogramas
1ª	1,85
2ª	1,2
3ª	2,08
4ª	0,97

a) Em qual semana ela perdeu menos peso?
b) Em qual semana perdeu mais peso?
c) Quantos quilos perdeu nas quatro semanas?

73. Um pãozinho francês tem 50 g. Uma criança come 2 pãezinhos por dia. Quantos quilogramas de pão ela comerá em 30 dias?

74. (Prominp) Antes da medida que estabelece a venda de pão francês a quilo, uma padaria vendia, por R$ 0,20, pãezinhos de 40 g quando, na verdade, estes deveriam ter 50 gramas. Qual seria, em reais, o preço correto de um pãozinho de 40 g?

75. Um caminhão tinha carga de 5,3 toneladas. Foram descarregadas 9 caixas de 82 kg cada uma. Quantos quilos de carga restarão no caminhão?

76. Que peso falta para equilibrar a balança?

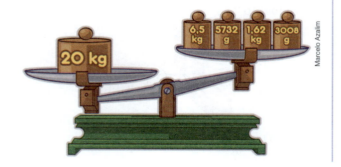

77. Numa caixa de adubo, o quadro abaixo indica as quantidades adequadas para o seu preparo.

Adubo	Água
30 g	0,2 L
150 g	1 L
1 500 g	10 L
3 000 g	20 L

De acordo com o quadro, quantos quilogramas de adubo se deve misturar em 15 litros de água?

78. Observe a figura:

Qual é o peso médio das pessoas representadas?

79. Dona Maria foi à feira e comprou $1\frac{1}{2}$ kg de arroz, $\frac{3}{4}$ kg de feijão, 250 g de alho e 125 g de azeitona.

Quanto ela gastou em sua compra?

80. Quantos litros têm 40 caixas iguais à da figura?

81. Uma piscina de 12 m de comprimento por 6 m de largura e 3 m de profundidade está cheia até os $\frac{5}{8}$ de sua capacidade. Quantos metros cúbicos de água ainda cabem na piscina?

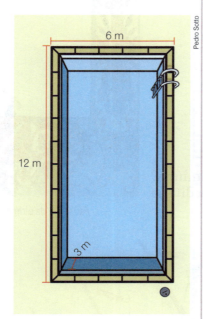

82. O tanque de um posto de combustível tem a forma de um bloco retangular. As dimensões do tanque são 3 m, 4 m e 1 m. O dono do posto paga R$ 1,97 por litro de álcool e revende por R$ 2,15. Qual é o lucro, em reais, que ele tem na venda de um tanque completo de álcool?

83. (Unicamp-SP) Numa lanchonete, o refrigerante é vendido em copos descartáveis de 300 mL e de 500 mL. Nos copos menores, o refrigerante custa R$ 0,90 e, nos maiores, R$ 1,70. Em qual dos copos você toma mais refrigerante pelo mesmo preço?

DESAFIOS

84. Veja a figura e determine o volume de cada cubo e de cada esfera, sabendo que os objetos do mesmo tipo são iguais.

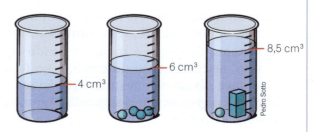

85. As duas torneiras lançam a mesma quantidade de água por minuto e foram abertas ao mesmo tempo.

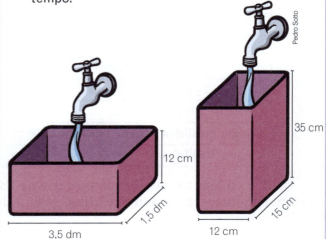

Qual dos recipientes vai encher em primeiro lugar?

86. (OBM) Um litro de álcool custa R$ 1,75. O carro de Henrique percorre 25 km com 3 litros de álcool. Quantos reais serão gastos em álcool para percorrer 600 km?

VALE A PENA LER

Medidas na carta de Caminha

Muitas passagens da carta de Pero Vaz de Caminha citam distâncias medidas em **léguas** ou em **braças**, unidades que hoje não se usam mais, a não ser em um sentido bastante impreciso. Vamos tentar entender o que representam essas medidas.

O sistema de pesos e medidas usado em Portugal à época do descobrimento do Brasil, e no tempo colonial, apresentava sérios inconvenientes: não era uniforme de região para região, mudava segundo o tempo e as circunstâncias e, além disso, as subdivisões eram numerosas e irregulares, tornando os cálculos trabalhosos e imprecisos.

A tabela seguinte dá uma ideia de variedade de unidades de medida usadas antigamente para distâncias (as igualdades devem ser entendidas sempre como aproximações):

1 polegada	= 2,54 cm
1 pé	= 12 polegadas = 30,48 cm
1 passo	= 5 pés = 1,52 m
1 palmo	= 20,32 cm
1 braça	= 2,2 m
1 milha brasileira	= 1 000 braças = 2 200 m
1 légua brasileira	= 3 000 braças = 6 600 m

Qual era a **légua** mencionada na carta de Caminha? Provavelmente, era a **légua marítima**, que ainda diferia da légua terrestre.

Fac-símile da última página da carta de Caminha.

Anônimo. *Caravela Portuguesa*, século XX, litografia colorida, 600 cm × 410 cm.

268

Considerando a necessidade de uma uniformização, o rei da França Luís XVI, em maio de 1790, decretou a criação de uma comissão de cientistas para estabelecer um sistema padronizado de pesos e medidas.

A comissão tomou o comprimento de um meridiano terrestre como referência para as medidas de distância. Assim, foi definido o **metro** como sendo o comprimento de um meridiano terrestre dividido por 40 000 000. Foi então construído um padrão para o metro, feito de platina e cuidadosamente guardado, em 1799, no prédio dos Arquivos do Estado, em Paris.

Assim nasceu o atual **sistema métrico decimal**, no qual as subdivisões e os múltiplos do metro são feitos de 10 em 10: temos portanto o decímetro, o centímetro, o milímetro, bem como os múltiplos do metro, como o decâmetro, o hectômetro e o quilômetro.

Atualmente, as crescentes necessidades tecnológicas exigem um padrão mais preciso e facilmente reprodutível. O metro é hoje definido como sendo o comprimento do trajeto percorrido pela luz no vácuo durante um intervalo de tempo de $\frac{1}{299\,792\,456}$ de segundo.

Luís XVI. Pintura de Joseph Ducreux. Óleo sobre tela, 227 cm × 184 cm.

Mas voltemos ao tempo do descobrimento do Brasil. Como já mencionamos, a légua a que se refere Caminha em sua carta é, provavelmente, a **légua marítima**, cuja definição também variava de lugar para lugar e de navegador para navegador.

$$1 \text{ légua marítima} = 6\,173 \text{ m}$$

A **milha marítima** é talvez a única dessas unidades extravagantes que deverá permanecer sendo usada. Ela é hoje definida como 1 852 m, o que a torna igual ao comprimento de um arco de 1 minuto do meridiano terrestre, ou seja, $\frac{1}{21\,600}$ do comprimento do meridiano. Em navegação, posições são determinadas por ângulos (latitude e longitude), o que torna extremamente cômodo adotar como unidade de distância o comprimento de um arco de ângulo central unitário.

Felizmente, na atualidade, quase todos os países do mundo adotam o sistema métrico decimal.

No Brasil, uma lei de 26 de junho de 1862 e o decreto número 5 089, de 18 de setembro de 1872, tornaram o sistema métrico decimal obrigatório a partir de 10 de janeiro de 1874.

COELHO, Mozart Cavazza P. *Medidas na carta de Caminha*. Revista do Professor de Matemática, n. 36, 1998.

Notas do autor
1. As definições das unidades legais de medidas no Brasil são feitas pelo Conselho Nacional de Metrologia, Normalização e Qualidade Industrial – CONMETRO.
2. O autor pede para citar seus colegas Nilton Lapa (SP) e Maria Inês V. Faria (MG), com os quais desenvolveu a atividade que deu origem a este trabalho.

SEÇÃO LIVRE

87. Você sabe por que esta fotografia é chamada de 3 × 4?

88. Quantos erros há nesta placa?

89. A placa de trânsito abaixo indica a altura máxima que um veículo pode ter para trafegar. Em geral, ela é colocada antes de viadutos e túneis.

Um caminhão de carga com 5,64 m de altura excede em quantos centímetros o permitido?

90. Um quarto tem 3 m por 3 m e altura de 2,70 m. Quantas pessoas no máximo devem dormir nesse quarto, sabendo que o volume de ar aconselhável para uma pessoa é de 11,5 m³?

91. Veja o percurso realizado por quatro formiguinhas A, B, C e D.

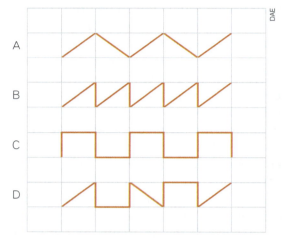

- A percorre 25 cm.
- B percorre 37 cm.
- C percorre 38 cm.
- D percorre ▨ cm.

Quanto mede o caminho percorrido pela formiguinha D?

92. A braça é uma antiga medida de comprimento que equivale a 2,2 m. O alqueire mineiro é uma medida de área que é igual à área de um quadrado cujo lado mede 100 braças. Quantos metros quadrados tem um alqueire mineiro?

> **Lembrete:**
> O alqueire varia de um estado para outro.
> ◆ 1 alqueire paulista = 24 200 m²
> ◆ 1 alqueire nordestino = 27 225 m²

Gado em pasto brasileiro.

AUTOAVALIAÇÃO

NO CADERNO

Anote no caderno o número do exercício e a letra correspondente à resposta correta.

93. A altura aproximada de um prédio de 13 andares é:

Dica! Um andar tem aproximadamente 3 metros.

a) 15 m c) 180 m
b) 40 m d) 120 m

94. Um balconista vendeu 70 centímetros de corda a um freguês. Esse balconista preencheu corretamente a nota fiscal escrevendo:

a) 0,07 m b) 0,70 m c) 0,70 cm d) 0,070 cm

95. (Obmep) Guilherme está medindo o comprimento de um selo com um pedaço de uma régua, graduada em centímetros, como mostra a figura. Qual é o comprimento do selo?

a) 3 cm b) 3,4 cm c) 3,6 cm d) 4,4 cm

96. (Encceja-MEC) Para construir uma banca de frutas, Adão comprou uma folha de madeirite. Ele utilizou o seu palmo para medir e encontrou 10 palmos de comprimento e 7 palmos de largura. Se o palmo de Adão mede 25 cm, quanto a folha de madeirite tem, respectivamente, de comprimento e largura?

a) 7 m e 10 m   c) 15 m e 17 m
b) 10 m e 25 m   d) 2,5 m e 1,75 m

97. Quantos mm há em 1 m e 1 cm?

a) 1001 b) 1110 c) 1010 d) 1100

98. Numa carpintaria, empilham-se 32 tábuas de 2 cm de espessura e outras 18 tábuas de 5 cm de espessura. A altura da pilha é de:

a) 1,54 m
b) 1,64 m
c) 15,4 m
d) 16,4 m

99. Uma agulha é feita com 0,08 m de arame. O número de agulhas que podem ser feitas com 36 m de arame é:

a) 45 b) 450 c) 4 500 d) 45 000

100. (FCC-SP) A milha é uma unidade de medida usada nos Estados Unidos e corresponde a 1,6 km. Assim, uma distância de 80 km corresponde, em milhas, a:

a) 50 b) 65 c) 72 d) 108

101. (Ufac) Num campo de futebol não oficial, as traves verticais do gol distam entre si 8,15 m.

Considerando que 1 jarda vale 3 pés e que 1 pé mede 30,48 cm, a largura mais aproximada desse gol, em jardas, é:

a) 6,3 b) 8,9 c) 10,2 d) 12,5

102. Uma pessoa, andando normalmente, desenvolve uma velocidade da ordem de 1 metro por segundo.
Que distância, aproximadamente, essa pessoa percorrerá andando meia hora?

a) 30 metros   c) 2 quilômetros
b) 180 metros   d) 1,8 quilômetro

271

103. Existem 10 postes com lâmpadas numa avenida retilínea da cidade. A distância entre postes consecutivos é de 32 metros. Quantos metros há desde o primeiro poste até o último?

a) 160
b) 288
c) 320
d) 352

104. Gustavo possui um terreno de 600 m² e quer construir nele um canteiro que ocupe 20% da metade da área do terreno. Para isso contratou um jardineiro que cobra R$ 15,00 por m² de canteiro construído. Quanto Gustavo gastará?

a) R$ 900,00
b) R$ 1.080,00
c) R$ 1.296,00
d) R$ 1.800,00

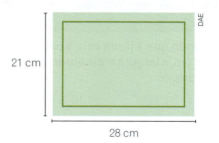

105. Num pedaço de cartolina retangular foi feita uma margem de 2 cm em toda a volta. Que área restou para o desenho?

a) 408 cm²
b) 442 cm²
c) 456 cm²
d) 494 cm²

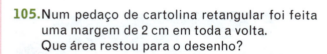

21 cm
28 cm

106. (FGV-SP) Numa piscina retangular com 10 m de comprimento e 5 m de largura, para elevar o nível de água em 10 cm, são necessários (litros de água):

a) 500
b) 5 000
c) 1 000
d) 10 000

107. Por recomendação médica, Paulo utiliza 50 mL de soro fisiológico 3 vezes por dia.
Neste fim de semana, ele comprou 3 garrafas de meio litro de soro. Essa quantidade de soro é suficiente para fazer o tratamento durante:

a) 8 dias.
b) 10 dias.
c) 12 dias.
d) 15 dias.

108. (Cesgranrio-RJ) De um bloco cúbico de isopor de aresta 3 m recorta-se o sólido, em forma de "H", mostrado na figura. O volume do sólido é:

a) 14 m³
b) 18 m³
c) 21 m³
d) 27 m³

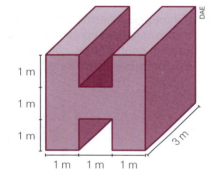

109. (Ufla-MG) Um caminhão basculante tem carroceria com as dimensões indicadas na figura.
O número de viagens necessárias para transportar 136 m³ de areia é:

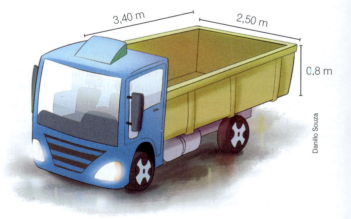

a) 11
b) 17
c) 20
d) 25

SUGESTÕES DE LIVROS E *SITES*

Para ler...

Aritmética da Emília. **Monteiro Lobato.**
São Paulo: Brasiliense, 2009.

Emília, a famosa personagem de Monteiro Lobato, propõe-se nessa história a desvendar o mundo da aritmética.

Como encontrar a medida certa. **Carlos Marcondes. São Paulo: Ática, 2001.**

Quatro amigos participam de uma Olimpíada onde precisam solucionar questões que envolvem medidas.

Coleção Investigação Matemática. **Marion Smoothey. São Paulo: Scipione, 1997.**

Em livros de leitura fácil e rápida, temas da Matemática são apresentados de forma descontraída.

Todos os livros têm atividades como jogos e quebra-cabeças. Para você, aluno do 6º ano, sugerimos os títulos:

- ◆ Ângulos
- ◆ Estimativas
- ◆ Formas

Formas num mundo de formas. **Suzana Laino Candido. São Paulo: Moderna, 1997.**

As formas geométricas, em particular os poliedros, são apresentadas de maneira agradável e interessante.

Medindo comprimentos. **Nílson José Machado. São Paulo: Scipione, 2000.**

"O que é medir?", "De onde vem o metro?" Essas e outras questões ligadas às medidas de comprimento são abordadas nesse livro, partindo sempre de situações práticas que todos nós já vivenciamos.

Números na História da Civilização. **Luiz Márcio Imenes. São Paulo: Atual, 1995.**

Um passeio interessante pela história dos números. Você vai conhecer formas primitivas de contagem, os sistemas de numeração de civilizações antigas como a dos egípcios – e chegar ao sistema de numeração que hoje usamos, compreendendo-o melhor.

O homem que calculava. **Malba Tahan. Rio de Janeiro: Record, 2001.**

Conta as histórias de Beremiz Samir e outros personagens "das arábias". Beremiz, brilhante nos cálculos e nos raciocínios, resolve problemas envolventes e desafiadores. É um clássico da literatura lúdica da Matemática.

Sistemas de Numeração ao longo da história. **Edwaldo Bianchini e Herval Paccola. São Paulo: Moderna, 1997.**

Também trata da história da evolução dos números, num outro estilo de texto. Rico em ilustrações, exemplos e atividades para o leitor. Aborda ainda sistemas de numeração em outras bases de contagem diferentes de dez, como o sistema de base dois usado pelos computadores.

Ciência Hoje na Escola. **Rio de Janeiro, Global Editora.**

Para navegar...

<http://www.ibge.gov.br>

Selecione canais e clique em IBGE *teen*.

- ◆ **Mão na roda:** para encontrar informações gerais sobre o Brasil, em números, gráficos e mapas.
- ◆ **Calendário:** relaciona e comenta datas comemorativas do Brasil e do mundo.
- ◆ **Censo 2007 e Censo 2010:** como o nome já diz, contém dados dos censos, como população, escolaridade, condições de vida do povo brasileiro, produção agrícola e pecuária.
- ◆ **Mapas:** para uso escolar, disponíveis para visualização e *download*.
- ◆ **Biblioteca:** conteúdo para pesquisa, principalmente em História e Geografia.
- ◆ **Notícias:** para ler o que há de novo em dados sobre o Brasil e outros temas.

<http://cienciahoje.uol.com.br>

Clicando em "CH das crianças", você encontra um menu que permite acessar não só as páginas sobre Matemática, mas também sobre outros ramos da Ciência.

<http://somatematica.com.br>

Cadastrando-se gratuitamente é possível acessar listas de exercícios, artigos, biografias de grandes matemáticos, jogos e também fóruns de discussão.

<http://www.obm.org.br>

Site das Olimpíadas Brasileiras de Matemática, contendo provas e gabaritos, com *download* disponível.
Bom para testar seus conhecimentos. Há *links* para *sites* sobre a História da Matemática e sobre constantes famosas como o número π (pi).

<http://www.obmep.org.br>

Site das Olimpíadas Brasileiras de Matemática das Escolas Públicas. Traz provas de anos anteriores e um grande banco de questões.

<http://www.escolakids.com/matematica>

Site interessante com temas da Matemática e de outras ciências.

<http://www2.tvcultura.com.br/aloescola>

Além de assuntos ligados à Matemática, o *site* aborda temas importantes, como a água, de forma leve e atraente.

<https://pt.khanacademy.org>

Plataforma gratuita com videoaulas sobre vários assuntos. Permite ao usuário cadastrar-se para receber um acompanhamento de suas atividades.

<http://www.numaboa.com/escolinha/ matematica>

Site para consulta sobre vários temas.

<http://www.klickeducacao.com.br>

O *site* permite acesso gratuito a algumas páginas. Clique em "Matemática" no menu "Biblioteca Viva" para pesquisar temas em vários campos da Matemática.

<http://tube.geogebra.org>

Neste canal é possível fazer o *download* do *software* GeoGebra, que é gratuito, além de acessar várias atividades interativas principalmente de Geometria.

<http://escolovar.org/mat.htm>

Este *site* é muito interessante para professores e alunos. Há uma variedade enorme de atividades disponíveis: jogos, animações, simuladores, brincadeiras envolvendo números e formas.

<http://www.wisc-online.com/ListObjects.aspx>

Clicando em Learning Objects, General Education, General Math ou Technical Math, há um grande número de objetos educacionais disponíveis, incluindo apresentações em Power Point sobre vários conteúdos como equações, frações algébricas e áreas de polígonos. Não é preciso cadastro. Os textos estão em inglês, mas são simples.

<http://www.matinterativa.com.br/layout.swf>

Contém aulas digitais, *games*, laboratório de matemática, projetos, artigos e variedades.

<http://www.mais.mat.br/wiki/Página_principal>

Repositório que reúne mais de 150 recursos educacionais em diversas mídias (áudios, vídeos, *softwares*, textos e experimentos práticos), voltados para os Ensinos Fundamental e Médio.

<http://www.ime.usp.br/~matemateca/>

Mostra objetos matemáticos expostos anualmente na Matemateca, no Instituto de Matemática e Estatística da Universidade de São Paulo (IME – USP). Eles são confeccionados com o intuito de despertar curiosidade, servir de incentivo ao aprendizado e divulgar de maneira interessante e divertida temas da Matemática.

<http://matematica.com.br/site/>

O *site* reúne as questões de Matemática de grandes vestibulares. Também apresenta um material didático (artigos, vídeos, provas, desafios, curiosidades etc.) sobre a disciplina para os Ensinos Fundamental e Médio, bem como conteúdo sobre a aplicação da Matemática no dia a dia.

<http://www.projetos.unijui.edu.br/matematica/fabrica_virtual/>

Contém objetos de aprendizagem do Laboratório Virtual de Matemática da Universidade Regional do Noroeste do Estado do Rio Grande do Sul (Unijuí) e da Rede Internacional Virtual de Educação (Rived).

<http://www.peda.com/poly>

Em inglês, programa para exploração e construção de poliedros.

<http://www.planetaeducacao.com.br>

Portal educacional que tem como objetivo disseminar as novas tecnologias da informação e da comunicação. Apresenta artigos sobre números inteiros e números decimais para o 6º ano.

<http://alea-estp.ine.pt> e **<http://alea.ine.pt/html/probabil/html/probabilidades.html>**

Ação Local de Estatística Aplicada é um *site* de Portugal que traz textos com noções de Estatística e Probabilidades, textos históricos, problemas, desafios, jogos, curiosidades etc.

<http://www.fc.up.pt/atractor/mat/Polied/poliedros.html>

Página do *site* da Faculdade de Ciências da Universidade do Porto, Portugal, apresenta animações de poliedros em 3D.

<http://nautilus.fis.uc.pt/mn/pitagoras/pitflash1.html>

Contém diversos jogos abordando temas da Matemática, dentre eles sobre o teorema de Pitágoras.

<http://matematica.no.sapo.pt/nconcreto.htm>

Apresenta texto sobre o surgimento do número.

(Estes *sites* foram indicados com base em conteúdos acessados em março de 2015).

REFERÊNCIAS

BORIN, Júlia. *Jogos e resolução de problemas*: uma estratégia para as aulas de Matemática. São Paulo: IME; USP, 1995.

BOYER, Carl B. *História da Matemática*. São Paulo: Edgard Blücher, 1996.

BRASIL. MINISTÉRIO DA EDUCAÇÃO. Secretaria de Educação Fundamental. *Parâmetros Curriculares Nacionais de Matemática*. Brasília: SEF; MEC, 1998.

CARDOSO, Virgínia Cardia. *Materiais didáticos para as quatro operações*. São Paulo: IME; USP, 1992.

CENTURION, Marília. *Conteúdo e metodologia da Matemática, números e operações*. São Paulo: Scipione, 1994.

D'AMBRÓSIO, Ubiratan. *Da realidade à ação –* reflexões sobre educação e Matemática. São Paulo: Summus, 1995.

_____.*Educação matemática*: da teoria à prática. Campinas: Papirus, 1996.

DINIZ, Maria Ignez de Souza Vieira; SMOLE, Kátia Cristina Stocco. *O conceito de ângulo e o ensino de geometria*. São Paulo: IME; USP, 1992.

GUELLI, Oscar. *A invenção dos números*. São Paulo: Ática, 1998. v. 1. (Coleção Contando a História da Matemática).

IFRAH, Georges. *Números*: a história de uma grande invenção. Rio de Janeiro: Globo, 1992.

KAMII, Constance. *Aritmética: novas perspectivas*. Implicações da teoria de Piaget. Campinas: Papirus, 1992.

KRULIK, Stephen; REYS, Robert E. (Org.). *A resolução de problemas na matemática escolar*. São Paulo: Atual, 1997.

LIMA, Elon Lages. *Áreas e volumes*. Rio de Janeiro: Ao Livro Técnico, 1975. (Coleção Fundamentos da Matemática Elementar).

MACHADO, Nílson José. Coleção *Matemática por Assunto*. São Paulo: Scipione, 1988. v. 1.

MOISE, E; DOWNS, F. L. *Geometria moderna*. São Paulo: Edgard Blücher, 1971.

NETO, Ernesto Rosa. *Didática da Matemática*. São Paulo: Ática, 1987.

POLYA, George. *A arte de resolver problemas*. Rio de Janeiro: Interciência, 1978.

RUBINSTEIN, Cléa et al. *Matemática para o curso de formação de professores*. São Paulo: Moderna, 1977.

SANTOS, Vânia Maria Pereira (Coord.). *Avaliação de aprendizagem e raciocínio em Matemática*: métodos alternativos. Rio de Janeiro: IM-UFRJ; Projeto Fundão; Spec/PADCT/Capes, 1997.

STRUIK, Dirk J. *História concisa das Matemáticas*. Lisboa: Gradiva, 1997.

TROTA, Fernando; IMENES, Luiz Márcio; JAKUBOVIC, José. *Matemática aplicada*. São Paulo: Moderna, 1980.

WALLE, John A. van de. *Matemática no Ensino Fundamental*: formação de professores e aplicação em sala de aula. Porto Alegre: Artmed, 2009.

ZABALLA, Antoni (Org.). *A prática educativa: como ensinar*. Porto Alegre: Artmed, 1998.

MOLDES E MALHAS

CONSERVE SEU LIVRO
Tire cópias dos moldes e da malha.

1. Malha triangular

2. Malha quadriculada

CONSERVE SEU LIVRO
Tire cópias dos moldes e da malha.

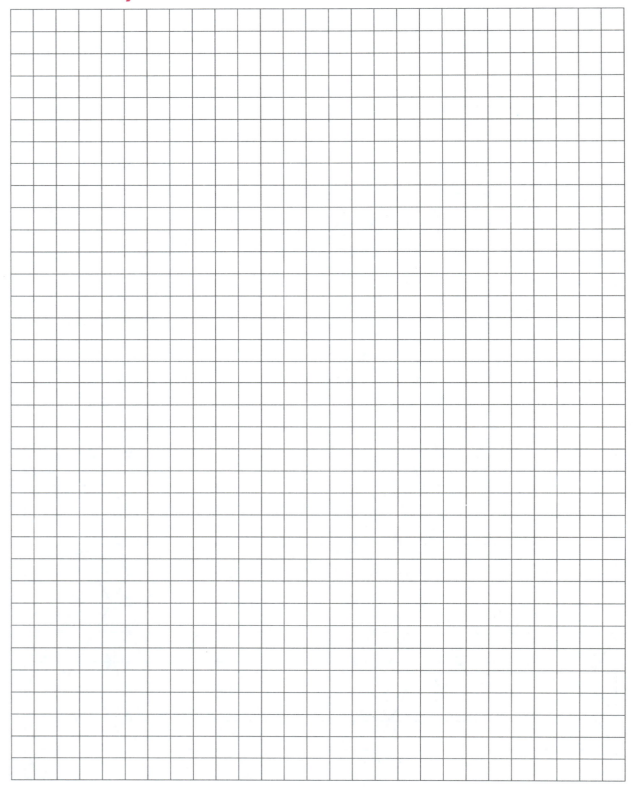

3. Polígonos (atividade Construindo poliedros)

CONSERVE SEU LIVRO
Tire cópias dos moldes e da malha.

CONSERVE SEU LIVRO
Tire cópias dos moldes e da malha.

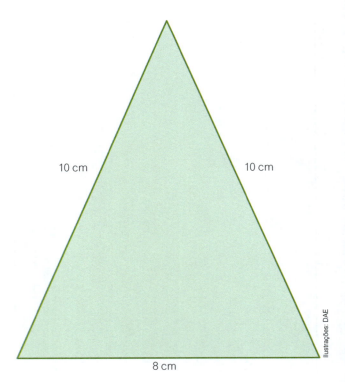

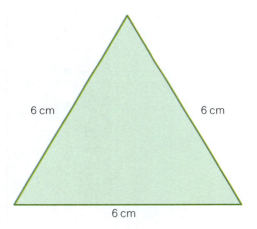

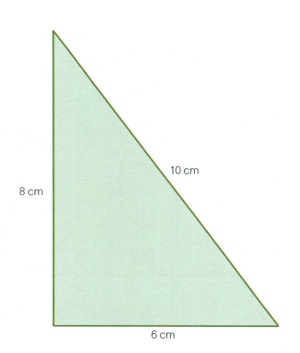

CONSERVE SEU LIVRO
Tire cópias dos moldes e da malha.

4. Pista numerada
(atividade Jogando com múltiplos)

SAÍDA

CHEGADA

5. Polígonos
(atividade Simetria dos polígonos)

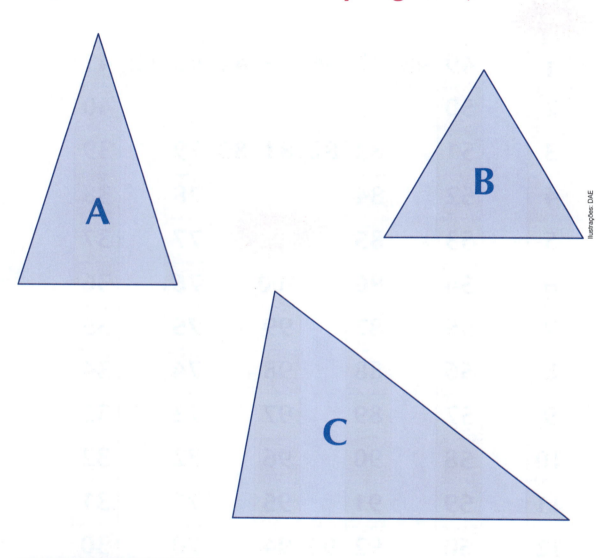

CONSERVE SEU LIVRO
Tire cópias dos moldes e da malha.

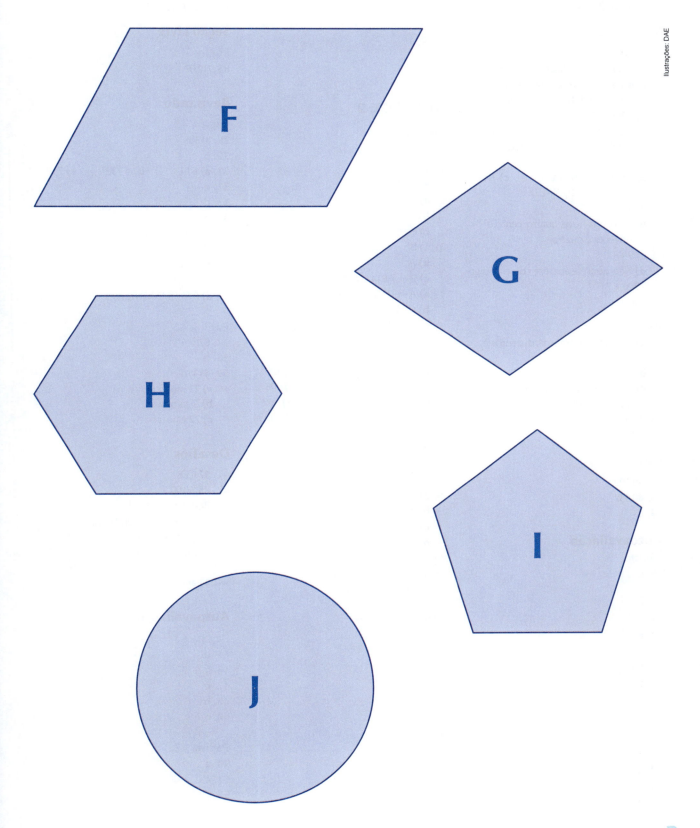

283

RESPOSTAS DOS EXERCÍCIOS

UNIDADE 1

Revisando

Página 21

33. Não. O correto é falar "oito algarismos".
34. Dos 7 000 000 000 de habitantes do planeta, 800 000 000 passam fome.
35. **a)** 4 600 000 000
    b) Quarenta e seis milhões de séculos.
36. Três milhões, cinquenta mil, duzentos e sete.
37. **a)** Uma.   **b)** Três.   **c)** Três.
38. **a)** Sim.   **b)** Sim.
39. **a)** 4
    b) Zero, um, nove, quatro: cento e noventa e quatro.
    c) 9 410
    d) Não, aqui ele aparece como código.
40. 7 700 e 7 707
41. Lucas.

Página 22

42. **a)** Cinquenta e três mil, duzentos e trinta e sete.
    b) 200
    c) Não. Um representa 30 unidades e o outro, 3 000 unidades.
43. Mauro.
44. 104 030

Desafios

45. 38 500
46. 40 832
47. c

Autoavaliação

Página 23

48. c
49. b
50. c
51. c
52. a
53. b
54. b
55. b
56. d

Página 24

57. b
58. b
59. d
60. c
61. d
62. a
63. b
64. c
65. c
66. c

UNIDADE 2

Revisando

Página 32

19. 23 e 65
20. 807, 10 e 46
21. **a)** A = 42; B = 63
    b) C = 4 000; D = 2 500
    c) E = 1 109; F = 1 119
22. **a)** B
    b) A
    c) 999, 7 814, 32 607, 80 001
23. **a)** A = 716; B = 852; C = 434
    b) Curitiba; Brasília.
    c) Curitiba e Brasília.

Página 33

24. **a)** 60   **e)** 481   **i)** 100
    b) 54   **f)** 374   **j)** 998
    c) 10 243 **g)** 5 400   **k)** 999
    d) 479   **h)** 699   **l)** 10 234
25. **a)** 6 427   **c)** 6 247
    b) 2 476   **d)** 4 762

Desafios

26. **a)** 9 prendedores
    b) 20 prendedores
    c) 41 prendedores
    d) $n + 1$ prendedores
27. 34 095 168
28. Rodrigo: 825; Luciana: 396; Paula: 137; Rui: 972.

Autoavaliação

Página 34

29. a
30. b
31. d
32. c
33. b
34. c
35. d
36. b
37. b
38. d

UNIDADE 3

Seção Livre

Página 44

R$ 912,00

Revisando

Página 45

29. 10 305
30. b
31. **a)** 614   **b)** 4 732   **c)** 710
32. c
33. d
34. b
35. 8 419 674 pessoas
36. **a)** São Paulo.
    b) 24 370 116 habitantes
    c) 289 391 habitantes
    d) 8 627 372 habitantes

Página 46

37. 82
38. b
39. 41 km
40. **a)** 21 rapazes
    b) 5 garotas
    c) 22 garotas

Desafios

41. 17 CDs
42. R$ 40,00
43. Resposta possível:
    10 caixas de 10 bombons = 100
    3 caixas de 5 bombons =   15
    4 caixas de 2 bombons = $\dfrac{8\ +}{123}$
44. 11 anos

Autoavaliação

Página 47

45. d
46. a
47. c
48. b
49. c

Página 48

50. a
51. c
52. c

53. d
54. b
55. a
56. c
57. a
58. b
59. d

UNIDADE 4

Seção Livre

Página 59
42. d
43. **a)** ⬤⬤◯   **b)** 48
44. □ = 7; ♥ = 4; ◆ = 5

Seção Livre

Página 74
672; 1 680; 25 908

Revisando

Página 75
94. **a)** 12   **b)** 90
95. d
96. 21 pontos
97. 16 + 4 = 8 + 7 + 5
98. 30 anos
99. R$ 5.850,00
100. R$ 904,00

Página 76
101. 12 maneiras
102. 24 passageiros
103. 6 horas e 30 minutos
104. 16h12min
105. 14 m
106. 38

Desafios

107. 48 anos
108. **a)** 69 clientes
   b) 71 clientes
109. **a)** R$ 2,00
   b) 5 canetas

Autoavaliação

Página 77
110. c
111. d
112. b
113. a
114. d
115. d
116. b

Página 78
117. c
118. c
119. a
120. c
121. a
122. b
123. a
124. b
125. d
126. c

UNIDADE 5

Revisando

Página 86
31. **a)** 128   **b)** 1   **c)** 216
32.

Número	Quadrado	Cubo
1	1	1
2	4	8
4	16	64
5	25	125
3	9	27
10	100	1 000
20	400	8 000

33. 0^{20}; 1^{10}; 2^3; 3^2; 5^2; 3^3; 2^5; 6^2; 7^2; 4^3; 9^2; 10^2
34. **a)** 10   **d)** 10 000
   b) 100   **e)** 100 000
   c) 1 000   **f)** 1 000 000
35. **a)** 9   **b)** 343
36. **a)** 64   **b)** 128   **c)** 81   **d)** 243
37. **a)** 2^6 **c)** $\sqrt{16}$
   b) São iguais.   **d)** 3
38. $25^2 = 625$
39. 7^3; 343 quilogramas
40. **a)** 2 + 45 − 1 = 46
   b) Sim. Ficaria $2 + 3^2 \cdot (5 - 1)$;
     Sim. Ficaria $(2 + 3^2) \cdot 5 - 1$.

Página 87
41. 8 filas
42. **a)** 42   **c)** 42   **e)** 38
   b) 15   **d)** 28   **f)** 28
43. 5
44. $2^8 = 256$

Desafio

45. **a)** 32 figuras
   b) 1 minuto e 20 segundos

Página 89

Autoavaliação

46. b
47. d
48. c
49. d
50. b
51. c
52. a
53. b
54. a
55. c

Página 90
56. a
57. c
58. b
59. b
60. b
61. b
62. a
63. b
64. c
65. c

UNIDADE 6

Revisando

Página 109
37. **a)** 0, 102, 204, 306   **c)** 289
   b) 0, 28, 56, 84   **d)** 306
38. **a)** A e C   **d)** B
   b) C   **e)** 2, 10, 14, 22 e 26
   c) A e B
39. 103
40. 36
41. **a)** 18, 48, 64, 12, 68, 14, 30, 60, 16, 44, 46
   b) 18, 33, 48, 12, 21, 51, 30, 60, 27
   c) 18, 33, 48, 12, 21, 51, 30, 60, 27
   d) 5, 30, 60
   e) 18, 48, 12, 30, 60
   f) 21, 14, 49
   g) 30, 60
   h) 5, 31, 71, 13, 61, 11, 41, 73
   i) Todos.
   j) Nenhum.
42. **a)** Três.
   b) 1, 2, 3, 4, 6 e 12

Página 110
43. **a)** 508, 580, 850
   b) 580, 850, 805
   c) 580, 850

44. R$ 260,00
45. Terminar em dois zeros.
46. 1008 ovos

Desafios
47. 24 e 28
48. As idades são: 11 e 13
49. 21 balas
50. a) 15 pacotes
    b) 5 kg do tipo A + 7 kg do tipo B + + 3 kg de tipo C

Seção livre
Página 111
51. Sugestão de resposta:
    a) 11 + 13   c) 23 + 41
    b) 13 + 17   d) 31 + 41
52. b
53. a) Sim.   c) Não.   e) Sim.
    b) Sim.   d) Sim.   f) Não.
54. 28
55. Porque, utilizando os divisores de 24 (um dia tem 24 horas), não haverá mudanças nos horários de um dia para o outro.

Autoavaliação
Página 112
56. b
57. d
58. c
59. b
60. c
61. b
62. a
63. c
64. c

UNIDADE 7
Seção livre
Página 116
1. Gráfico 1

Atividades de lazer

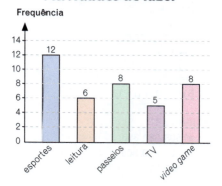

2. Gráfico 2

Frequência de alunos à biblioteca

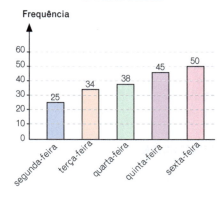

Revisando
Página 120
7. a) 25 pessoas
   b) R$ 940,00
8. a) É o carneiro.
   b) A coruja e o cavalo.
   c) Coruja: 24 anos; carneiro: 15 anos; cavalo: 30 anos; rato: 3 anos; coelho: 12 anos.

Desafio
9. a) 2 700 pessoas
   b) Não.
   c) Sim.
   d) Sim.

Autoavaliação
Página 121
10. c
11. c
12. b
13. d

Página 122
14. a
15. d
16. d

UNIDADE 8
Revisando
Página 138
18. a) Sim.
    b) Não.
19. Resposta pessoal.
20. 36 cubos
21. a) B   b) A   c) C

22.

	A	B	C	D	E
Poliedro	×		×	×	
Não é poliedro		×			×
Quantas faces?	5	–	7	5	–
Quantas arestas?	9	–	15	8	–
Quantos vértices?	6	–	10	5	1

Página 139
23. a) Ambos têm 8.
    b) Ambos têm 12.
    c) Ambos têm 6. Sim.
    d) O cubo e a caixa têm o mesmo número de vértices, faces e arestas.
    e) No cubo, todas as faces são quadradas. Na caixa, há faces retangulares.
24. Rosa e azul. Verde e vermelho. Roxo e amarelo.
25. a) 5
    b) 3
    c) 6
    Balão: 10 pontos

Desafios
26. a) A de um bloco retangular.
    b) A de um bloco retangular.
    c) 12 pilhas
    d) 63 tijolos
27. a) 13 m   b) 19 m   c) 25 m

Autoavaliação
Página 140
28. a
29. c
30. a
31. c
32. b
33. b
34. c

UNIDADE 9
Revisando
Página 154
24. a) 45°   b) 120°   c) 90°
25. Os três ângulos têm medidas iguais a 90°.
26. a) 60°   b) 150°   c) 90°   d) 120°
27. a) Resposta possível: 12h.
    b) Resposta possível: 6h.

Desafios

28. $\hat{A} = 90°$; $\hat{B} = 45°$; $\hat{C} = 135°$; $\hat{D} = 90°$.
29. 105°
30. O ângulo vai diminuir.

Seção livre

Página 155

31. a) João. **b)** Paulo.
32. Dão a ideia de retas paralelas.
33. a
34. a

Autoavaliação

Página 156

35. d
36. a
37. d
38. a
39. c
40. c

UNIDADE 10

Revisando

Página 172

27. a) Dodecágono.
 b) Octógono e quadrado.
28. a) ABC, ACD e ACE.
 b) ABD
 c) ADE
29. a, c, e, f
30. Finlândia: 1; Brasil: 0; Japão: 2;
 Grécia: 0; Colômbia: 1; Jamaica: 2.
31. A: 0; B: 1; C: 2 e D: 2.

Página 173

32. a) 140 cm
 b) 140 cm
 c) Os perímetros são iguais.
 Tal como foi feito o corte, não
 houve alteração no comprimento
 do contorno da figura.
33. 17 cm
34. 1 m
35. $3 \cdot n$; $4 \cdot n$; $5 \cdot n$; $6 \cdot n$

Desafios

36. a)
 b)
 c)
 d)
37. 5 quadrados
38. 16 estacas
39. a) 16 e 25 **b)** 36, 49, 64 ...

Autoavaliação

Página 175

40. c
41. d
42. d
43. d
44. b
45. d
46. c

Página 176

47. c
48. b
49. c
50. c
51. b
52. a

UNIDADE 11

Revisando

Página 200

82. $\dfrac{3}{7}$

83. a) $\dfrac{1}{3}$ **b)** $\dfrac{1}{6}$ **c)** $\dfrac{1}{9}$

84. a) 3 horas
 b) 3 h 15 min; 3 h 30 min; 3 h 45 min

85. $A = \dfrac{2}{3}$; $B = \dfrac{4}{3}$; $C = \dfrac{8}{3}$

86. Resposta possível: Quaisquer três
 frações equivalentes a $\dfrac{1}{2}$.
 Por exemplo: $\dfrac{8}{16}$, $\dfrac{16}{32}$, $\dfrac{32}{64}$ etc.

87. a)

☐ dormindo   ☐ estudando
☐ comendo   ☐ divertindo-se
 b) $\dfrac{9}{24}$

88. Corinthians.
89. R$ 300,00

Página 201

90. a) 36 reais **c)** 25 kg
 b) 8 kg **d)** 24 litros
91. 18 blocos
92. d

93. a) $\dfrac{1}{4}$ **b)** $\dfrac{15}{8}$ **c)** $\dfrac{33}{20}$ **d)** $\dfrac{21}{20}$

94. a) $\dfrac{31}{6}$ **b)** $\dfrac{38}{15}$ **c)** $\dfrac{31}{60}$ **d)** $\dfrac{22}{15}$

95. a) $\dfrac{25}{14}$ **b)** $\dfrac{97}{24}$

96. $\dfrac{11}{14}$

97. a) Não, atingiu 4 $\dfrac{3}{4}$ kg.
 b) Sim, 1 kg a mais.
 c) Sim, $\dfrac{3}{4}$ kg a mais.

Página 202

98. 1$\dfrac{1}{4}$ h ou 1 h e 15 min

99. a) $\dfrac{3}{28}$ **c)** $\dfrac{1}{60}$ **e)** $\dfrac{4}{15}$ **g)** 10
 b) $\dfrac{21}{16}$ **d)** $\dfrac{49}{15}$ **f)** $\dfrac{3}{28}$ **h)** $\dfrac{11}{9}$
100. 10 pastas
101. a) 22 copos
 b) Não.
102. a) $\dfrac{1}{4}$ **b)** $\dfrac{29}{20}$

Desafios

103. 75 alunos
104. 25 litros
105. 600 pessoas

Autoavaliação

Página 203

106. c
107. a
108. a
109. c
110. c
111. d
112. b
113. a
114. d

Página 204

115. c
116. d
117. d
118. c
119. a
120. b
121. b

UNIDADE 12

Revisando

Página 226

71. R$ 0,08; R$ 0,89; R$ 0,98; R$ 1,02;
 R$ 1,20; R$ 2,01; R$ 2,10
72. Quatrocentos e setenta e oito reais e
 sessenta e nove centavos.
73. c
74. a) 3,9 **b)** 30,12 **c)** 16,1

75. a) 1,09   **d)** 2,08
    b) 30   **e)** 29,9
    c) 1,9
76. Roberto, Mário e Carlos.
77. a) <   **d)** >
    b) =   **e)** =
    c) =   **f)** <

Página 227
78. a) 35,4 kg   **b)** 29,6 kg
79. b
80. b
81. 2,8 gols por partida
82. 6 cm
83. 65 litros

Página 228
84. 1,6 + 1,2 + 0,6 ou 1,2 + 1,3 + 0,9
    Há outras possibilidades.
85. a) 3,3 − (1,1 + 2,2)
    b) 12,5 + 2 − (7 + 6,5)
86. a) 3,4   **d)** 0,782
    b) 4,9   **e)** 7,5
    c) 25,7   **f)** 1,9
87. a) 4   **c)** 6
    b) 9   **d)** 7,2
88. a) 7,06 ou 7,60
    b) 6,07 ou 6,70
    c) 0,67

Desafios
89. 62,5
90. d
91. Cada debatedor deverá falar durante
    3 minutos e 45 segundos.
92. 50 canetas

Autoavaliação
Página 229
93. b
94. b
95. d
96. a
97. d
98. c
99. c
100. a
101. b

Página 230
102. b
103. b
104. c
105. d
106. c

UNIDADE 13
Revisando
Página 240
23. a) 1,6; 16   **c)** 8; 80
    b) 4; 40   **d)** 160; 240
24. a) 65%
    b) 490 mulheres e 910 homens
25. a) R$ 210,00   **b)** R$ 297,50
26. R$ 2,65
27. a) Morango.   **c)** 48 alunos
    b) Mamão.
28. R$ 569,80

Página 241
29. água: 54,6 gramas;
    proteínas: 10,08 gramas;
    gordura: 9,24 gramas.
30. A primeira.
31. R$ 59,84

Desafios
32. a) 730   **b)** 9,9
33. R$ 2,50
34. a) R$ 5,00   **b)** 4 *kits*

Autoavaliação
Página 242
35. d
36. c
37. b
38. d
39. c
40. b
41. d

UNIDADE 14
Revisando
Página 264
60. 1,09 m
61. a) 3,75 km   **b)** 3,8 km   **c)** B; 50 m
62. 5 400 metros
63. a) 9 cm   **c)** 1,95 m
    b) Murilo.
64. 370 pessoas
65. a) 3 vermelhas + 2 azuis
    b) 4 azuis − 3 vermelhas

Página 265
66. b
67. a) 18 m²   **d)** 20,5 m²
    b) Banheiro (3 m²).   **e)** 78 m²
    c) 21,5 m²
68. a) 2,535 m²   **b)** 0,845 m²
69. 325 cm²

70. 35 cubos
71. a) 24 cubos   **b)** 72

Página 266
72. a) 4ª   **b)** 3ª   **c)** 6,10 kg
73. 3 kg
74. R$ 0,16
75. 4 562 kg
76. 3,14 kg
77. 2,25 kg
78. 71,5 kg
79. R$ 9,40

Página 267
80. 180 litros
81. 81 m³
82. R$ 2.160,00
83. Nos copos menores.

Desafios
84. Esfera: 0,5 cm³   Cubo: 2 cm³
85. Os dois recipientes vão encher no
    mesmo instante.
86. R$ 126,00

Seção livre
Página 270
87. Porque tem 3 cm de largura por 4 cm
    de comprimento.
88. Três erros: K maiúsculo, plural e ponto.
89. 69 cm
90. 2 pessoas
91. 35 cm
92. 48 400 m²

Autoavaliação
Página 271
93. b
94. b
95. b
96. d
97. c
98. a
99. b
100. a
101. b
102. d

Página 272
103. b
104. a
105. a
106. b
107. b
108. c
109. c